이야기로 신약성서 읽기

이야기로 신약성서 읽기

· **초판 1쇄 발행** 2018년 6월 15일

· **지은이** | 고위공
· **펴낸이** 민상기 ·**편집장** 이숙희·**펴낸곳** 도서출판 드림북
· **인쇄소** 넥스트프린팅 ·**제책** 영광문화사·**총판** 하늘유통(031-947-7777)
· **등록번호** 제 65 호 · **등록일자** 2002. 11. 25.
· 경기도 의정부시 가능1동 639-2(1층)
· Tel (031)829-7722, Fax(031)829-7723

· 독자의 의견을 기다립니다.

성서이해의 길 5

이야기로 신약성서 읽기

서사적 해석과 실천의 응용

고위공 지음

드림북

▪안내의 글

이 책은 '성서이해의 길' 시리즈의 다섯 번째 책에 해당된다. 원래 성서이해의 기본방향을 제시하기 위해 설계된 개인적 구상은 이제 길고 험한 여정의 한가운데 와 있다. 이와 같은 상황에서 지나간 집필의 결과를 한번 정리할 필요를 느끼게 된다. 그것은 앞으로의 계획을 추진하는데 유익하기 때문이다. 2014년《마가복음 읽기》로 출발한 '성서이해의 길'은《요한계시록 해석》을(2016) 거쳐 두 권의 주제관련 서적의 출간으로 이어진다(2017). 구체적 주제의 설정과 전개는 성서본문의 읽기에 따른 후속의 작업이다. 비유이야기와 기적이야기의 해석은 신약성서의 의미와 계시를 이해하기 위한 유익한 토양을 제공한다. 이를 위한 기본관점은 이야기의 형식과 구조이다.

문서로서의 성서(biblia)는 이야기의 범주에서 적절하게 이해된다. 성서에 등장하는 많은 단락이나 블록은 이야기의 형식으로 작성되고 전달된다. 이야기는 성서를 형성하는 기본단위이다. 성서의 형식과 내용은 이야기의 읽기에서 명료하게 이해된다. 성서를 이야기로 읽는 것은 성서의 문안의 의미를 적합한 독서의 방식에 의해 해명하는 것이다. 즉 화자가 전하는 메시지를 이야기의 구조와 기능에서 파악하는 것이다. 이와 같은 작업은 유용하고 풍성한 해석의 결과를 약속한다.

이야기란 어떤 대상이나 사건을 기술하는 원초적 서사방식을 말한다. 일반적 담화와 교훈적 설교도 이야기의 형식을 선호한다. 공관복음과 사도행전에는 설교와 이야기가 뚜렷하게 구분되지 않는다. 예수님과 사도의 설교에는 이야기가 들어있다. 다수의 청중을 향한 설교의 기능에서 보면 이야기는 설교자의 의도를 구체적이고 명료하게 전달할 수 있는 유용한 매체이다. 청중의 교화를 목적으로 하는 비유이야기는 이와 같은 배경에서 생성된다.

신약성서를 이야기의 범주에서 관찰하는 것은 단순한 서사적 사고의 산물은 아니다. 이와 같은 성향은 이미 문서의 생성과정에 내재해있다. 복음서의 저자들은 이야기의 전승에 관한 증인이다. 그들은 이야기의 성격과 의미에 관한 명료한 의식을 소유하고 있었다. 이것은 주어진 자료의 모음에 의거하여 자신의 문서를 작성하는 방법의 활용에서 증명된다. 다양한 종류의 '전거'에는 수많은 이야기의 조각이나 편린이 분산되어 수록되어 있다. 이들은 아직 본격적인 서사의 형태와 구조를 갖춘 것은 아니지만 성서이야기의 원형으로 간주된다. 그 내용은 후세에 체계적으로 재구성되어 전수된다. 성서연구사에서 알파벳 약자 'Q'로 표기된 모음집의 문안은 변화된 시대의 문맥에서 새로이 가공되고 보완된다. 여기에는 작성자와 편집자의 관점과 구상이 중요하게 작용한다. 공관복음의 이야기는 이와 같은 과정을 거쳐 세상에 빛을 보게 된다. 이야기로서의 성서는 성서의 발생과정에 전제되어 있다.

이야기의 읽기에는 해석(interpretation, Interpretation)이 중요한 위치를 차지한다. 두 용어는 서로 연결되어 있다. 읽기의 작업에는 분석과 해석이 포함된다. 이야기의 이해에는 그동안 활발하게 진척된 '내러티브'(narrative) 이론이 큰 도움이 된다. 문학과 문화사의 영역에서 발전된 유용한 방법론은 일반적 이야기뿐만 아니라 성서이야기의 분석과 해석에도 의미 있게 적용된다. 성서이야기의 생성과 구성이 고대의 이야기와 연계되기 때문이다. 형식사와 종교사의 관찰은 이 사실을 증명한다. 물론 세속의 이야기는 의도와 목표에서 종교의 이야기와 구분된다. 이와 같은 사실은 실제의 사례해석에서 밝혀진다. 성서의 이야기에는 그에 고유한 '**성서의 내러티브**'가 존재한다.

'성서의 내러티브'는 성서이야기의 특성과 기능을 규정하는 기본범주이다. 예를 들어 잃어버린 아들의 이야기는 서사적 비유와 기능에서 설명된다. 설화의 성격을 지닌 이야기에서 현실의 사건은 상징의 특성을 지닌다. 세 명의 주인공인 아버지, 맏아들, 둘째 아들은 성서의 세계를 대언하는 비유의 상이다. 예화에 속하는 자비로운 사마리아인의 이야기 역시 성서적 비유의 조망에서 이해된다. 성직자도 거부한 특별한 선행을 실천한 선한 사마리아인은 하나님의 사랑의 풍성한 반사이다. 두 이야기에 등장하는 둘째 아들과 사마리아 사람은 성서적 인물의 모형을 보여준다.

신약성서의 이야기는 **서사적**(敍事的) **해석**의 지평에서 합당하게 조명된다. 서사적 해석이란 서사의 분석에 기초한 해석의 수행을 말한다. 텍스트의 토대에 의거한 일차적 관찰은 보다 넓은 해석의 차원으로 넘어간다. 여기에는 전과 다른 이해의 유희공간이 조성된다. 성서의 해석자는 자유로운 열림의 공간에서 살아있는 텍스트와의 대화를 수행한다. 이것은 새로운 의미의 창출과 구성으로 이어진다. 이야기의 읽기는 여기에서 목표에 도달한다.

오늘날의 이야기 해석에는 **응용의 실천**(practica)이 중심의 역할을 한다. 이미 17세기의 성문서 해석에 대두된 응용의 개념은 20세기 후반에 이르러 영향사와의 연관 아래 새로운 차원으로 발전한다. 영향사는 수신자로의 영향과 수신자의 수용을 중요하게 취급한다. 응용의 이해는 해석자의 상황에 걸맞은 살아있는 의미의 해명을 지향한다. 그것은 인간의 현재의 삶으로의 이전이다. 2000여 년 전에 쓰인 낯선 세계의 산물인 성서가 **오늘의 '나'**에게 절대적 영향을 행사하는 것은 응용의 해석에서 얻어진 성과이다. 이와 같은 방법의 착상은 우리의 사례해석을 인도하는 지침이 된다.

응용의 실천은 '이야기의 읽기'에서 교회의 상황에 관계된다. 화자가 이야기에서 겨냥하는 수신자는 구체적으로 후세에 세워질 교회의 구성원이다. 여기에는 편집의 단계가 중요한 역할을 한다. 부활절 이후의 교회는 전수된 성서의 텍스트를 응용의 관점에서 받아들인다. 즉 선포된 말씀을 자신의 삶, 신앙, 그리고 선교와 연관하여 읽고 이해한다. 이것은 성서의 의미와 계시에 관한 살아있는 해석이다. 실천의 응용은 '나'를 향한 부름과 호소의 차원에서 그 기능이 드러난다.

■ 책의 구성에 관하여

책의 구성은 다섯 부분으로 나누어진다. 제1장은 신약의 이야기의 전신으로서의 구약의 이야기의 조망이다. 구약성서는 이야기체의 문서이다. 구약의 이야기는 본질적으로 하나님에 관한 이야기라 할 수 있다. 즉 하나님의 구원사역에 관한 보편적 이야기이다. 이스라엘의 역사는 여호와 하나님이 지상의 현실에 직접 개입한 기적의 사건이다. 이스라엘 백성에 의한 이집트의 탈출과 가나안 정복을 비롯한 수많은 이야기는 이 사실을 증언한다. 창조시대의 역사의 종반을 장식하는 대홍수(mabbul)의 이야기는 이스라엘 백성의 역사를 위한 상징적 모형이다. 총체적 형벌을 동반한 거대한 구원의 사건은 창조주 하나님의 계획에 의해 이루어진 지상의 기적이다.

여호수아에서 에스더에 이르는 일련의 역사이야기는 서사적 구성과 서술에서 이해된다. 특히 룻기와 에스더는 '역사서의 내러티브'를 구현하는 범례이다. 성서의 독자가 즐겨 읽는 두 전기적 작품은 서사의 구도와 기능에서 같은 위치에 있다. 사사시대의 종반에 생성된 룻기는 구약 유일의 전원문학이다. 부드러운 언어와 문체는 조용한 전원생활의 분위기에 부합한다. 하나님의 자비와 은총은 짤막한 이야기의 중요한 주제이다. 그 구체적 내용은 등장인물의 행동과 발언에 나타난다. 이야기의 표제를 형성하는 룻은 아들의 출생을 통해 다윗 왕의 선조가 된다. 이와 같은 사실은 역사이야기의 성격을 보증한다.

마지막 역사서 에스더는 서사적 해석의 전형을 보여준다. 망명의 시기에 속하는 독립된 이야기는 긴장의 조성과 해소라는 이원적 구도에서 이해된다. 유대인을 말살하려는 하만의 모략으로 유배지의 유대인들은 커다란 위기에 직면한다. 이와 같은 상황에서 하나님은 한 유대 여인을 통해 지상의 현실에 개입한다. 페르시아 왕의 왕비로 궁성에 들어간 에스더는 궁성에서 연회를 베풀고 남편에게 자신과 백성의 생명의 구조를 청원한다. 여기에서 이야기의 상황은 완전히 역전된다. 하만의 모략은 실패로 돌아가고 그 자신도 죽음의 형벌에 처해진다. 이와 같은 놀라운 기적의 동인은 에스더의 지혜이다. 망명의 땅에서 일어난 구원의 사건은 유대민족의 역사에서 잊을 수 없는 기념의 대상이 된다.

시문학의 범위에 속하는 욥기는 구약의 이야기의 정점이다. 기의 대부 분 운문으로 작성된 문서는 한 폭의 거대한 서사시이다. 여기에 다루어진 주제와 기교적 서사방식은 근대적이며 진취적 특성을 보인다. '의인의 고난'이라는 도전적 주제는 후세의 작가들에 의해 매혹의 대상이 된다. 기본주제의 성격은 서막의 장면인 하나님과 사탄의 대화에 나타나 있다. 여기에는 '주의 종'의 고난과 구원이 예시된다. 지상에서의 사탄의 강한 유혹에도 불구하고 인간의 삶과 운명은 하나님의 손길에 놓여있다. 참기 어려운 삶의 재앙을 겪은 욥은 오랜 시간의 내면적 편력과정을 거쳐 하나님과의 직접적 소통에 도달한다. 여기에서 이제까지의 자신의 의에서 벗어나는 회개의 결단이 이루어진다. 하나님의 창조의 권능에 전적으로 의지하는 그의 신앙고백은 구원의 축복으로 이어진다. 오래된 전승의 문서의 주인공 욥은 유대인의 역사에서 역경과 고난을 극복한 인간의 모형으로 인정된다. 이런 의미에서 대속의 죽음을 통해 구원의 사역을 완성한 예수님의 곁에 위치한다.

제1장의 마지막에 첨부된 '창조사의 이해'는 구약의 이야기를 관찰하는 원

천이다. 이 부분이 부록으로 편성된 것은 상대적으로 방대한 분량 때문이다. 내용과 주제의 무게로 보면 제일 먼저 나와야 한다. 구약성서를 열어주는 창조사는 단순한 창조사역의 기술이 아니다. 훌륭한 문학적 서사로 구성된 원초의 이야기는 하나님의 구원사를 해석하는 토양을 제공한다. 동시에 절대의 창조주 하나님에 대한 신앙고백의 표현이다. 이어지는 인간의 역사는 이와 같은 토대 위에서 올바로 이해된다. 창조사와 역사이야기는 서로 분리될 수 없다.

제2장은 이야기의 이해를 다룬다. 이 부분은 신약의 이야기를 관찰하는 토대를 제공한다. 여기에는 이야기의 특징, 구조, 기능, 인물의 설정, 서술기법, 화자의 관점 등 다양한 요소가 포함된다. 특히 서사의 구성과 기능은 화자의 의도와 이야기의 포인트를 포착하는 척도이다. 서사의 전략은 줄거리의 진행에서 수신자를 향하고 있다. 따라서 청중이나 독자의 반응과 영향을 설명하는 일이 중요한 과제가 된다. 오늘날에는 **정서적 지각**의 차원이 흥미로운 관찰대상이 된다. 이것은 이야기되어진 대상과 사건을 받아들이는 감성과 정서의 작용을 의미한다.

제3장은 신약의 이야기의 이해에 바쳐진다. 여기에는 이야기의 생성과 비평이 선행된다. 이들은 이야기의 해석을 수행하기 위한 유용한 전제이다. 공관복음에 나오는 이야기는 장르의 유형에 따라 단편의 이야기, 대화이야기, 역사적 전기 등으로 나누어진다. 그밖에도 여러 형태의 가장자리 이야기가 존재한다. 단편적 이야기에는 주로 통일된 형식의 '**작은 이야기**'가 주를 이룬다. 이와 같은 형태는 화자의 의도를 전달하는데 적합하다. 고전적 수사형식인 대화는 이야기를 구성하는 중요한 요소이다. 상호대화의 진행에는 극적 전기를 마련하는 서사의 기능이 발휘된다. 대화는 담화와 반담화를 통해 논증을 전개하는 유용한 수사법이다. 서로 다른 두 인물 사이의 대화나

문답은 극적 진행의 과정에서 일정한 결론에 도달한다. 대부분의 대화이야기는 이와 같은 도식에 의해 기술되고 이해된다.

제4장에 취급될 대상은 역사적 전기이다. 이 광범한 유형은 예수님의 전기와 사도의 전기로 나누어 관찰된다. 신약성서의 전기적 서술방식은 고대초기의 전기문학에 병행된다. 여기에서 중요한 것은 사건의 발생으로서의 역사와 역사성의 이해이다. 현대의 해석이론에 대두된 의미 있는 범주는 역사이야기를 이해하는 기초가 된다. 예수님의 생애, 활동, 말씀에 관한 중요한 이야기는 이와 같은 관점에서 해석된다. 즉 새로운 현실의 조성과 창출이라는 차원에서 조명된다.

예수님의 전기는 크게 출생사, 고난사, 부활사로 나누어 서술된다. 공관복음 전체의 구성에 비추어 종반을 장식하는 고난사에 비중이 주어진다. 고난사는 줄거리의 진행에 따라 순차적으로 다루어진다. 빌라도의 재판과 십자가의 처형은 전체의 클라이맥스이다. 고난사를 마감하는 십자가 위의 운명의 장면에는 기적적인 초자연의 현상이 동반된다. 빌라도의 재판은 예수님의 죽음이 독자에게 던지는 메시지를 성찰하게 한다는 점에 의미가 있다. 나아가 유대인의 역사를 이해하는 근거를 제공한다. 구약에 약속된 메시아에 대한 십자가 처형은 우매하고 나약한 정치지도자의 변덕과 실수에 기인한다. 그러나 총체적 부조리에 속하는 지상의 악행은 하나님의 구원계획에 의한 대속의 죽음을 실현하기 위한 마지막 통로이다.

메시아의 고난은 죽음과 부활의 연관에서 그 의미가 분명하게 드러난다. 부활의 사건과 부활 이후의 현현에 관한 이야기는 복음서의 대미를 장식한다. 부활자의 지상의 나타남은 그리스도의 현현(Christophanie)이라고 불린다. 고난사에 비해 간결하게 취급된 이 부분은 후세의 영향사에서 매우 중요한 위치에 있다. 빈 무덤의 부활은 사건의 성격에 비추어 담담하게 서술된다. 이것은 부활에 내재된 **계시의 의미**에 부합한다. 마가의 부활기사는 비밀과 신비의 차원에서 조명된다. 이와 같은 성향은 '메시아의 비밀'에 연계된 인자의 신학으로 용해된다.

부활의 현현에 관한 이야기는 빈 무덤의 부활에 비해 상세하게 다루어진다. 예수님 전기의 '저편에' 놓여있는 초자연의 사건은 증인들로 하여금 위임된 선교사역을 수행하는 획기적 계기를 마련한다. 세 차례에 걸친 부활자의 나타남은 부활이 '몸의 부활'이라는 사실을 단계적으로 강화한다. 누가와 요한에 의해 작성된 현현의 이야기는 이야기의 서사적 기능과 효용을 구현하는 탁월한 예이다. 신비로운 초자연의 사건은 이야기 속에서 가시적 현실로 전이된다. 엠마오의 여정과 디베랴 호수의 고기잡이 기적에 관한 이야기는 현현의 이야기의 모형이다. 인상적인 두 이야기는 **'성서의 내러티브'**의 범주에서 이해된다.

사도의 전기는 공관복음에 이어진 사도행전에 의거하여 관찰된다. 사도들의 초기선교 과정을 서술한 독자적 문서는 정확하고 세밀한 역사서이다. 여기에는 다른 문서에 찾아보기 힘든 초대교회의 활동이 기록되어 있다. 독자는 서기 30~60년의 기간과 그 후의 수십 년 동안의 초기기독교의 역사에 관한 유익한 정보를 얻을 수 있다. 문서의 중요한 주제의 하나는 **이스라엘 역사의 연속과 변화**이다. 구약에 약속된 '이스라엘의 회복'은 이방민족과의 대결과 중재에 의해 새로운 차원으로 실현된다. 오랫동안 지속되어온 유대와 이방의 갈등은 초대교회의 선교과정에서 해소된다. 이것이 사도의 역사기가 지니는 역사성의 의미이다. 구약의 역사서와의 연관은 여기에서 증명된다.

전 세계의 복음화를 향한 거대한 선교사역의 중심에 '민족의 선교사' 바울이 서 있다. 유대학자 출신의 그는 베드로와 함께 험난한 이방선교의 길을 개척한 선구적 인물이다. 초기기독교의 역사는 바울의 이름과 행적 없이 생각할 수 없다. 사도행전의 후반은 로마에까지 이르는 그의 세계선교의 활동을 기술하는 데 바쳐져 있다. 그것은 한 폭의 역사적 서사시이다. 문서의 종결부를 장식하는 로마 항해기는 여행이야기의 형식을 취한 문학적 소품이다. 고대그리스의 해양문학은 모험적 항해의 여정을 기술하는 방법의 모델로 작용한다. 구체적인 선원어의 사용은 그 증거이다. 바다의 광풍으로 인한 난파선의 표류와 기적적인 육지의 안착은 위험한 항해기의 정점이다. 말타(Melitae) 섬에서 일어난 기이한 사건과 치유기적 행위는 카리스마의 인물 바울의 권능을 마지막으로 보여준다. 두 장에 걸친 항해이야기의 기교적 구성과 문학적 서술은 역사서의 질적 가치를 상승시킨다. 바울의 마지막 여행인 이태리 항해에 동반한 역사기술가 누가의 서사적 능력을 구현하는 귀중한 대목이다.

마지막 장인 제5장에는 이야기의 실천적 해석이 시도된다. 이 부분이 전체의 중심이다. 구체적인 사례 해석에 들어가기 전에 해석의 수행을 위한 방법의 문제가 다루어진다. 적합한 방법의 설정은 유용한 결과를 약속한다. 성서의 의미는 올바른 독서에 의해 해명된다. 해석방법에 관한 성찰은 해석의 필요성의 제기에서 출발한다. 여기에서 문제해결의 길이 유도된다. 성서읽기의 해석학적 요청은 무엇보다 난해성의 문제에서 증명된다. 성서의미의 은폐성과 개방성은 해석학의 도입과 적용을 정당화하는 근거이다.

해석학적 요구의 타당성은 무엇보다 '난해구문'의 경우에서 확인된다. 신약성서에는 그 의미가 명료하게 드러나지 않는 구문이나 단락이 수없이 존재한다. 이와 같은 경우에는 은폐된 어둠을 밝힐 수 있는 그 어떤 열쇠가 필요하다. 교회의 규율에 관한 바울의 진술이 하나의 예이다. 고린도전서 11장에는 여인의 '머리 가리기'에 관한 논증이 나온다. 여인의 일상생활에 관계된 특별한 대목은 그 진의를 둘러싸고 적지 않은 논쟁을 야기한다. 현대인의 일반적 관념과 의식에 맞지 않기 때문이다. 이와 같은 갈등을 해소하기 위해서는 표면적 독서를 넘어서는 심층의 해석이 필요하다. 전통적 문헌비평에 근거한 상세한 논증은 왜 주석을 넘어서는 해석학의 방법이 필요한가를 보여준다. 여기에는 인간, 사회, 윤리를 포괄하는 폭넓은 이해의 지평이 고려된다.

성서읽기의 해석학적 요청은 응용의 해석의 설정으로 이어진다. 최근의 성서해석학에서 활발하게 대두된 실천의 응용은 비평적 주석을 보완하는 해석학의 과제에 부응한다. 신약성서 해석학의 설계는 응용이론의 체계적 정립에서 최후의 거점을 발견한다. 여기에서 주목할 요소는 **응용과 정서**의 관계이다. 이 주제는 지각의 이해라는 관점에서 흥미를 끈다. **성서의 지각론**은 성서의 중요한 진술이나 담화가 미적 지각의 차원에서 의미 있게 해명된다는 사실에 근거한다. 여기에서 중요한 점은 신체의 지각이 **영적 지각**으로 넘어간다는 사실이다. 보기, 듣기, 느낌과 같은 감각의 활동은 텍스트의 독서에서 영적 지각의 차원으로 이전된다. 영적 지각의 해명은 '언어의 영감(inspiratio)'으로 쓰인 성서의 의미를 포착하는 유용한 통로이다.

방법의 성찰에 이어 실천적 사례해석이 이루어진다. 여기에 선정된 대상은 이미 출간된 비유이야기와 기적이야기의 책자에 다루어지지 않은 텍스트에 한한다. 이들은 특별한 전제나 조건이 없이 개별적으로 관찰된다. 주어진 문맥이나 상황이 다르기 때문이다. 그러나 전체적으로 조망해보면 그 어떤 공통의 요소나 원리가 도출된다. 신약성서의 이야기는 근본적으로 동일한 목표를 지향하기 때문이다. 응용의 해석은 이 사실을 증명하는 적합한 통로이다.

사례해석에 다루어질 일곱 편의 텍스트는 이미 서술된 내용을 기초로 선정된다. 그 범위는 '작은 이야기'를 비롯하여 대화이야기, 고난사, 부활사, 그리고 사도의 전기를 포함한다. 서두에 배치된 삭개오의 구원에 관한 이야기는 서사적 이야기의 해석을 위한 모델로 볼 수 있다. 독자는 다원적으로 전개되는 해석의 유희과정에 스스로 참여할 수 있다. 중요한 것은 화자가 수신자를 향해 호소하는 메시지의 핵심을 놓치지 않는 일이다. 이를 위해서는 성령의 감화가 동반된 준비의 자세가 필요하다. 올바른 의미의 이해에 부응하는 청취의 능력은 신약성서에 거듭하여 강조되는 기본요구이다.

차례

제3장 신약성서의 이야기

제4장 역사적 전기

제5장 이야기의 실천적 해석

제1장
구약성서의 이야기

1. 하나님에 관한 이야기
2. 이야기의 형식과 유형
3. 역사서의 '내러티브'
– 룻과 에스더의 이야기
4. 욥기의 주제와 서사구조
– 의인의 고난과 구원
*부록: 창조사의 이해

1. 하나님에 관한 이야기

성서는 하나님에 관한 이야기이다. 다시 말해 하나님의 구원사역을 증거하는 보편적 역사이야기이다. 이스라엘의 역사는 하나님이 지상의 현실에 직접 관여한 기적의 사건이다. 창조주 하나님에 의한 구속의 역사는 새로운 메시아의 시대에 복음과 선교의 차원으로 들어선다. 구약성서에는 여호와 하나님의 말씀과 행동이 수많은 사건을 통해 직접 표현된다. 그것은 이야기를 통한 하나님의 구체적 가시화이다. 독자는 하나님의 존재와 의지가 지상의 세계에 어떻게 구현되는가를 명료하게 인식한다. 이와 같은 독서경험은 수많은 기적의 행사를 통해 스스로를 계시한 하나님을 향한 신앙고백으로 이어진다.

구약은 하나님과 세계 사이의 관계의 역사에 관한 서술이다. 하나님과 세계 사이의 관계는 구약적 사고를 규정하는 세 개의 원을 통해 우리에게 제시된다. 그 내용은 창조, 계시, 언약이다. 하나님과 세계 사이의 관계는 구약에서 창조론에 의해 근원적으로 개진된다. 여기에는 절대의 창조주, 인간의 창조, 하나님과 역사, 하나님의 성령 등의 요소가 포함된다. 하나님은 세계의 지배에서 지혜롭고 전능하며 거룩한 초월자로 계시된다. 초월의 하나님은 자신을 드러내기 위해 인간에게 가까이 다가간다. 창조행위를 비롯한 모든 사역에서 하나님의 전지전능과 위대함이 유도된다. 언약은 구약의 세계관과 신적 자기계시의 중심에 위치한다. 히브리어 'berit'에 해당하는 이 개념은 하나님에 관한 이론의 핵심이다.

하나님의 이야기에서 '내러티브'의 장르는 이야기체의 역사를 의미한다. 성서연구에는 일마 진부디 '기대서시'(grand narrative) 혹은 '메타 내러티브'라는 용어가 의미 있게 사용된다. 여기에 따르면 66편의 문서는 5막의 드라마로 설명된다. 즉 창조, 반역(타락), 구속, 구속의 성취, 복음전파(교회의 선교)의 다섯 단계이다. 이와 같은 다원적 구속사의 진행에서 구약과 신약의 문서는 총체적으로 이해된다. 창조의 이야기에서 시작된 '거대서사'는 종말의 묵시에서 주님의 재림의 약속으로 막이 내린다. 그것은 '새로운 에온'의 출발이며 완성이다.

이야기체의 역사는 이미 창조사의 기술에서 증명된다. 창조사는 구약의 이야기의 원형이다. 이스라엘의 역사는 세계의 창조의 문맥에서 이해된다. 창조의 이야기는 천지창조의 성업에서 시작된다. 하나님의 권능의 말씀은 천지와 인간을 창조한 원동력이다. 이후에 진행된 모든 역사적 사건은 여기에 근거를 두고 있다. 창조사의 범위는 천지창조와 창조시대의 역사를 포괄한다. 후자의 경우는 넓게 보아 에덴동산의 이야기에서 시작하여 바벨탑의 비극으로 마감된다. 그 사이에 노아의 홍수를 비롯한 여러 이야기가 삽입되어 있다. 에덴동산과 노아의 방주에 관한 이야기는 인간의 원초의 역사를 규정하는 두 개의 축이다. 창조의 서사의 정수를 보여주는 두 이야기는 하나님의 구원사의 진행을 예시하는 상징적 모형이다.

창조시대의 역사를 마감하는 대홍수의 이야기는 인간의 역사를 조종할 하나님의 구원계획을 고귀한 '언약의 징표'를 통해 계시한다. 노아(Noah)라는 이름은 방주(teba, arca)의 '머물음'을 가리키는 'nuach'에 유래한다(8.4). 이 동사는 정착하다, 안주하다를 뜻한다. 대홍수의 진행은 방주의 나라의 안정에서(창 7.11-16) 위협적인 물의 지배로(7.17-24) 넘어간다. 신속하고 강력한 물길의 범람은 거대한 사건의 후반을 형성한다. 물의 넘침은 나중에 일어날 물의 줄어들음에 대조된다. 물길의 범람을 나타내는 단위 15규빗은 방주를 위로 들어 올릴 정도의 높이에 해당한다. 지상에 불어난 물은 모든 산을 뒤덮어 인간의 피신처를 제거한다.

지상의 모든 영역에 걸친 대홍수의 재앙은 40일 동안 지속된다. 결코 짧지 않은 기간 동안 방주의 탑승자를 제외한 모든 생명체가 소멸된다. 이것은 인간의 죄악에 대한 완전무결한 형벌이다. 승선의 과정이 완료된 이후 하나님이 방주의 문에 빗장을 친 것은 외부세계로의 이행을 의미한다. 심한 폭우가 진정되면서 물이 줄어드는 과정은 무려 110일이나 소요된다. 따라서 대홍수의 기간은 150일에 해당된다. 높은 산봉우리가 창밖으로 보이면서 배가 정박한 곳은 아라라트(Ararat) 산의 중턱이다. 이곳은 아르메니아의 'Wan' 바다 근처의 육지이다. 멀리 떨어진 이역의 장소가 새로운 이주를 위한 거점이 된다.

까마귀와 비둘기의 거듭된 정탐은 육지로 나아갈 시간을 알기 위함이다. 비둘기의 입에 물려있는 감람나무 잎은 이미 자연이 회복된 증거이다. 젖은 대지가 마르고 새로운 식물이 자라나기까지 상당한 시간이 걸린 것이다.

노아의 가족은 다시 보낸 비둘기가 돌아오지 않자 방주 밖으로 나온다. 육지를 향한 모험의 탈출은 새의 알림 이후 한 달이 지나 감행된다. 노아가 방주의 천장의 문을 연 것은 하나님의 새로운 날의 빛이 '상자의 무덤'에 깃든 어둠을 비추는 것을 의미한다. 이것은 죽음의 항해 이후 이루어진 소생의 사건이다.

전체의 이야기는 크게 세 단락으로 나누어진다. 이를 위한 기본도식은 멸망과 구원의 이중의 양상이다. 제1부의 내용은 하나님의 저주의 심판(7.11-24), 제2부는 선택된 자들의 보호와 탈출(8.1-19), 제3부는 홍수가 끝난 이후 이루어진 언약의 위임과 그에 따른 약속의 징표이다(9.1-17). 제2부와 제3부 사이에 노아의 번제에 관한 짧은 단락이 놓여있다(8.20-22). 대홍수의 모든 과성을 긴장감으로 주시한 독자의 시선은 마지막 결론부로 모아진다. 이 단락의 주제인 언약의 체결은 이스라엘의 언약의 공동체의 형성을 위한 출발점이 된다.

하나님과 노아 사이에 이루어진 언약의 특징은 종말의 형벌이 없는 완전한 구원이며 자연질서의 보존에 관한 약속이다. 여기에는 비인칭의 피조물과 지상의 세계가 모두 포함된다. 삶의 언약의 제시는 9장 12-17절에서 '언약의 징표'로 이어진다. 빛의 무지개는 이를 위한 의미 있는 매체로 등장한다(9.13).

> 내가 내 무지개를 구름 속에 두었나니 이것이 나와 세상 사이의 언약의 증거니라.

'무지개'에 해당하는 히브리어 명사 'qeschet'에는 무기의 뜻이 들어있다. 새로이 솟아오르는 태양광선에 의해 소멸되는 소나기에서 생성되는 하늘의 무지개는 투쟁에 대한 방어의 문맥으로 등장한다. 둥근 모양의 활은 분노의 화살의 공격을 중지시키는 화해와 은총의 상징이다. '나의 무지개'는 세계의 보호자로서의 하나님의 의무를 상기시키는 아름다운 징표이다. 무지개의 의미를 규정하는 '언약의 증거'는 인간과 세계의 구원을 위한 하나님의 보증을 나타낸다. 노아에게 구현된 언약의 약속은 이스라엘 민족의 조상 아브라함을 거쳐 그의 후손으로 이어진다.

이스라엘의 역사는 백성의 지상의 경험에 하나님이 스스로를 계시한다는 점에 의미가 있다. 여호와 하나님은 자신의 목적을 실현하기 위해 선택한 백성의 역사에 직접 관여한다. 하나님은 여기에서 **'행동하는 하나님'**으로 나타난다. 이것이 이스라엘 민족이 지니고 있는 여호와 하나님의 상이다. 이와 같은 하나님의 모습은 수많은 이야기를 통해 현실화된다. 구약의 역사서는 유대인에 의해 '선행하는 예언서'라고 불린다. 역사서에는 자신의 백성을 향한 하나님의 **예언과 계시**가 들어있다. 두 요소는 역사이야기를 규정하는 기본특징이다.

이스라엘 백성의 이집트 탈출과 가나안 정복의 이야기는 하나님의 이야기의 전형이다. 서로 연계된 두 이야기는 이스라엘의 역사가 여호와 하나님의 인도와 배려 아래 있음을 보여주는 명백한 증거이다. 이집트를 탈출한 이스라엘 백성이 모세의 인도로 '갈대의 바다'(jam suph)를 통과하여 행진한 역사적 사건은 여호와 하나님에 의한 마지막 형벌이며 동시에 되돌릴 수 없는 해방이다(출 14,1-31). 그것은 하나님의 사랑에 대한 집약적 증거이며 백성의 헌신에 대한 하나님의 정당화의 표시로 이해된다.

이집트를 탈출한 이스라엘 백성은 하나님의 현존 아래 막다른 골목으로 들어선다. 호수와 산악에 의해 포위된 그들의 앞에는 건널 수 없는 바다가 놓여있고 뒤에는 무서운 적군이 따르고 있다. 이처럼 긴박한 상황 가운데에서 지도자 모세에게 위로와 격려의 계시가 주어진다. 겉으로 나타나는 심한 어려움에도 불구하고 모든 것은 하나님의 손길에 달려있다. 이집트의 억압에서 해방된 노예는 더 이상의 추적을 두려워할 필요가 없다. 단절된 희망과 구조의 회복에서 하나님의 위대함이 드러난다.

하나님은 이스라엘 백성을 구름을 통해 보호한다(14.19-20). 구름은 이집트의 군대를 어둠으로 가리는 반면 이스라엘 백성에게 밝은 빛을 선사한다. 하나님은 강한 동풍을 불게 하여 바다의 물이 갈라지는 초자연의 기적을 행사한다. 이것은 자신의 영광(kabod)을 드러내는 위대한 계시의 사건이다. 이스라엘 백성은 생명의 위협의 한복판에서 하나님의 창조의 권능에 의한 구조의 기적을 경험한다. 잊을 수 없는 은총의 사건에 대한 회상은 구원받은 자의 노래에 보존되이 후세에 전헤진디(출 15.1 21).

모세의 후계자 여호수아는 광야의 생활을 마친 유대민족을 약속의 땅으로 인도한 전쟁영웅이다. 그에 의한 가나안 정복은 하나님의 구조의 손길 아래 놓여있다. 하나님은 기적의 승리를 선사하며 카리스마의 지도자를 부른다. 요단강의 횡단(수 3.14-4.18)과 여리고의 나팔의 울림(6.1-27)은 전체의 전쟁을 특징짓는 두 개의 기적이다. 앞의 이야기는 열두 종족의 강의 건넘(3.14-17), 석조 기념비의 건립(4.1-9), 횡단의 종식(4.10-18)의 세 부분으로 구성된다. 뒤의 이야기는 성의 공격을 위한 하나님의 지시(6.1-5)와 도시의 멸망(6.6-27)의 두 단계로 진행된다.

두 편의 정복이야기 사이에 여호수아를 전쟁의 승리로 이끌 중요한 계시의 사건이 삽입된다(5.13-15). 그것은 '손에 칼을 들고 있는' 한 남자와의 만남이다. 요단강을 건넌 여호수아가 여리고에 이르러 견고한 도시의 요새에 관해 정탐할 때에 스스로를 '주님의 군사의 영주'로 칭한 하나님의 대리자가 출현한다. 여기에서 하나님은 구체적으로 설명되지 않은 인간의 형상으로 나타난다. 여호수아는 무장한 전사에게 그의 동맹자인지 물어본다. 상대방의 대답에서 여호수아는 그가 자신이 복종해야 할 명령의 사령관이라는 사실을 알게 된다. 이로써 여호수아가 종의 역할을 담당해야 할 성스러운 전쟁의 수행이 다시금 상기된다. 군대의 사령관의 마지막 책임은 인간적 지휘관의 어깨가 아니라 하나님 자신으로 귀속된다(5.15).

요단강의 횡단은 네 절의 범위에서 간략하게 보고된다(3.14-17). 여기에 서술된 내용은 모세의 손에 의한 갈대바다의 횡단을 상기시킨다. 언약궤를 짊어진 제사장들이 눈이 녹아 물이 범람한 강으로 들어서자 북쪽에서 흘러내린 강물이 그치고 마른 바닥이 드러난다. 이스라엘 백성은 안전하게 맞은편 강가에 도달한다. 마른 강바닥의 한가운데 서있는 제사장의 모습은 일어난 사건이 하나님의 기적이라는 사실에 대한 징표이다(3.17). 요단강 횡단은 여호수아에 의해 돌 기념비의 건립으로 역사에 보존된다(4.1-9).

2. 이야기의 형식과 유형

구약의 문서는 팔레스타인 유대교에 유래하는 두 가지 유형에 근거를 두고 있다. 이들은 서로 대조되는 '할라카'(halacha)와 '하가다'(haggada)이다. 'halacha'는 '가다'의 동사 'halach'에서 온 것으로 영적인 길을, 'haggada'는 '말하다'의 동사 'nagad'에서 온 것으로 교사의 말을 지시한다. 하나는 율법에서 삶과 제식의 규율을 유도하며, 다른 하나는 역사와 소재에서 백성을 교훈한다. 탈무드의 1/3을 차지하는 '하가다'는 알레고리 해석의 근원으로 언급되기도 한다.

구약성서의 구성원칙인 율법과 시가의 이원성은 위에 언급한 두 가지 문서 유형에 의거한다. 법전, 제식, 연대가 하나의 형식이라면 설화, 노래, 시, 격언, 경구, 예언은 또 다른 장르이다. 그러나 문서의 실제의 서술에는 두 기본 형식이 서로 용해된다. 율법서나 역사서에도 운문의 모음집에서 취한 문안이 자주 등장한다. 이로 인해 문서 전체가 문학작품의 성격을 띠게 된다. 민수기와 사사기에 나오는 '여호와의 전쟁기의 노래'와 드보라의 노래가 여기에 속한다(민 21.14-18, 삿 5.2-31). 두 편의 노래는 전승된 유대민족의 모음집에서 취해진다.

구약의 이야기는 위에 설명한 '하가다'의 유형에 연결된다. 여기에는 설화, 격언, 예언, 노래, 시 등이 모두 포함된다. 다원적 요소의 구성은 구약의 이야기의 특징이다. 구약성서는 이야기체의 역사로 기술된다. 역사서뿐만 아니라 율법과 예언서에도 역사의 문제가 다루어진다. 창세기와 출애굽기의 내용은 천지창조와 이스라엘 역사의 시작이다. 민수기와 신명기에는 출애굽기에 이어진 역사이야기가 등장한다. 민수기 1-10장에는 시내에서 가데스(Kadesch) 광야를 거쳐 모압 평야에 이르는 긴 방랑의 여정이 기술된다. 가데스 바네아의 시험은 약속의 땅으로 들어가기 위한 관문이다. 하나님은 광야의 방황을 통해 이스라엘 백성을 사랑의 훈육으로 단련한다.

민수기의 중반에는 구약의 가장 오래된 문학적 소품에 속하는 발락의 이야기가 나온다(22-24장). 모압 족속의 왕인 그는 이스라엘 민족에 대한 공포로 사신을 보내 예언자 발람(Bileam)을 불러오도록 명령한다. 발람은 오랜 저항 끝에 네 개의 주술을 시행한다. 여기에는 이스라엘 백성이 축복받은 백성으로 나타난다. 운문으로 된 긴 주술의 내용은 고풍의 히브리어로 표현된다. 주어진 구문에서 보면 대략 기원전 10세기로 거슬러 올라간다. 물론 원래의 형식은 더욱 오래된 것으로 추정된다.

신명기는 역사적 회고에서 시작된다. 제1장은 호렙 산에서 가데스까지의 광야의 방랑에 대한 회상이다. 언약의 증인 모세는 '요단강 저편'(eber hajjarden)의 아라바 광야에 운집한 이스라엘 백성에게 귀한 말씀을 선포한다(1.1-18). 의미 있는 연설을 이해하기 위해서는 당시의 역사적 배경에 관한 지식이 필요하다. 언약의 백성은 한 세대의 기간 동안 시내 반도에서 가혹한 생활을 통해 훈련된다. 그들은 약속된 땅으로의 진입을 위해 하나님의 은총으로 준비된 영적 공동체를 형성한다. 동시에 거대한 유혹과 시련에 부딪친다. 다가오는 죽음을 예견하는 모세는 하나님이 이스라엘 민족에게 보여준 권능의 행위를 상기시킨다. 미래에 이루어질 가나안 정복을 내다보며 약속된 땅에서 제정될 하나님의 헌법에 관해 설명한다. 이스라엘 백성을 향해 믿음과 순종을 촉구하며 우상숭배와 타락에 대한 형벌을 경고한다. 동시에 하나님의 부름에 충실한 경우의 축복을 약속한다.

이스라엘의 멸망과 회복은 예언서의 중요한 주제이다. 이사야에는 역사적 위기에 처한 민족의 운명에 대한 예언의 소리가 담겨있다. 그 내용은 크게 심판(1-39장)과 위로 및 소망(40-66장)의 두 부분으로 구성된다. 예레미야의 전반은 하나님의 선택된 백성에 대한 예언이며, 후반은 역사적 이야기이다. 예언과 역사는 서로 분리되지 않는다. 에스겔과 다니엘에는 남유다의 포로시기의 이야기가 들어있다. 에스겔의 생성이 바빌론 포로의 초기에 속한다면 다니엘은 바빌론 포로의 후기에 속한다. 두 예언서에는 미래의 역사에 관한 계시가 환상으로 나타난다. 환상의 이야기는 예언서를 구성하는 중요한 요소이다. 다니엘의 후반은 기원전 2세기에 유대사회에 대두된 묵시문학과의 연관을 보여준다. 후세에 큰 영향력을 행사한 특수한 문학유형은 헬라제국의 종교탄압이라는 시대적 상황에서 생성된다. 이런 점에서 남유다의 바빌론 포로시기에 대두된 후기예언서와 맥이 통한다.

에스겔서에는 포로로 잡혀온 백성에 대한 책망과 경고뿐만 아니라 위로와 소망이 담겨있다. 36-37장의 두 장에는 이스라엘의 회복과 도성과 성전의 재건이 기술된다. 새로운 시대의 표식은 다음과 같이 서술된다(36.26).

또 새 영을 너희 속에 두고 새 마음을 너희에게 주되 ...

'너희'에게 부여되는 '새로운 영'과 '새로운 마음'은 동일한 의미를 지닌다. 그 근원은 하나님에 의한 초자연의 성령의 은사이다. 성령의 은사는 예언자를 통해 새로운 시대의 출발에 연결된다. 37장은 백성의 정치적 혁신과 분단된 국가의 통일을 예언한다. 복합단락의 전반에는 성령에 의한 마른 뼈의 소생이 인상적으로 묘사된다(37.1-14). 이와 같은 초자연의 기적은 47장 1-12절에서 성령의 물결로 이어진다. 성전에서 흘러나오는 생수의 강물은 회복과 구원의 징표이다.

구약의 이야기는 신약의 이야기의 전신으로 볼 수 있다. 신약의 기적이야기, 소명이야기, 비유이야기, 안내의 이야기, 환상이야기, 묵시의 이야기 등은 구약에 이미 그 원형이 존재한다. 고전적 예형의 해석은 이야기의 읽기에도 통용된다. 소명의 이야기는 이 사실을 증명하는 범례이다. 아브라함과 모세의 소명은 대표적 사례이다. 여호와 하나님의 부름은 신약에서 예수님의 부름으로 이어진다. 즉각적인 따름의 결단은 부르는 자의 권위에 기인한다.

아브라함의 소명은 구약의 소명이야기의 출발점이다. 하나님은 75세가 된 아브라함을 하란 땅에서 불러내어 민족의 형성을 위한 약속과 축복을 선사한다(창 12.1-2). 여기에서 아브라함은 모든 족속에게 복의 주체이며 원천으로 선언된다. 이처럼 완전한 축복의 제공은 **'믿음의 순종'** 때문이다. 히브리서 저자는 이스라엘 믿음의 역사에서 아브라함의 경우를 다음과 같이 기술하고 있다(11.8).

믿음으로 아브라함은 부르심을 받았을 때에 순종하여 장래의 유업으로 받을 땅에 나아갈새 갈 바를 알지 못하고 나아갔으며.

아브라함은 '장래의 유업'을 소유하기 위해 떠나라는 하나님의 명령에 순종한다. 그는 자신의 상속이 무엇인지 그것을 어떻게 소유할 수 있는지 전혀 알지 못한다. 그의 믿음은 오로지 미래에 실현될 하나님의 선언에 붙들려 있다.

호렙산에서 일어난 모세의 소명은 앞날의 성공을 보증하는 과업의 부여이다(출 3.1-6). 모세는 하나님의 나타남에서 자신을 낮춘다. 하나님의 현존은 자기지시의 어법으로 증거된다. 기적적인 현현의 사건에서 떨기나무의 숲은 타오름에도 소멸되지 않고 불길은 그 스스로 보존된다. 하나님은 살아계시며 거룩한 분이다. 불길은 보통 정결을 상징한다. 모세의 소명이야기에는 하나님의 자기계시뿐만 아니라 하나님이 모세의 삶에 어떤 의미를 갖는가 하는 사실이 분명하게 드러난다. 그것은 언약의 백성에게 구현되는 하나님의 영광의 시작이다.

환상의 이야기와 묵시의 이야기는 서로 연결된다. 루터(Luther)에 의해 예언서의 핵심으로 평가된 스가랴는 묵시의 환상으로 점철되어 있다. 후반부의 9-14장은 신약성서에서 메시아의 지평에서 이해된다. 1-8장의 전반부에는 옛 점성술에서 묵시로의 이행이 감지된다. 1장 7절-6장 15절은 8개의 환상으로 구성된다. 여기에 묘사된 내용은 요한계시록에 직접 영향을 미친다. 스가랴의 종결부를 구성하는 세 개의 마지막 환상(20.4-22.5)은 에스겔 37-40장에 근원을 두고 있다. 40장의 서두에 기술된 '이상 중의 성읍'은 요한계시록의 새로운 예루살렘 환상의 모형이 된다. 다니엘서의 환상 역시 요한의 계시록으로 이입된다. '보좌에 앉은 자'의 환상에 보인 천상의 보좌(4.1-11)는 다니엘 7장 9절에 나오는 '옛적부터 항상 계신 이의 왕좌'의 계승이다. 다만 계시록의 서두에 제시된 보좌는 움직이는 보좌의 마차가 아니라 고정된 보좌이다.

환상이야기는 다니엘서의 중심을 형성한다. 7장에는 앞으로 출현할 여러 제국의 멸망이 짐승의 환상을 통해 예시된다. 이것은 왕의 꿈과 글을 해석한 시대적 예언자에게 주어진 특별한 계시이다. 여기에 등장하는 바다의 네 짐승은 네 개의 제국, 즉 바빌론, 메대(Meder), 페르시아, 그리스를 상징한다. 이스라엘 민족을 위협하는 주변의 강대국은 포악한 짐승으로 대언된다. 이어지는 8장에 나오는 숫양과 숫염소의 형상 역시 페르시아 왕국과 헬라 제국을 지시한다. 다니엘의 제국환상은 신약시대의 도래를 알리는 의미 있는 예표이다.

구약의 이야기의 구성에서 중요한 역할을 하는 요소는 운문의 시행이다. 성서의 시행은 사고와 음향의 리듬에 기초한다. 서로 다른 두 요소는 시행의 구성에서 하나로 용해된다. 따라서 시행의 의미는 통일된 방향에서 읽혀진다. 운문은 산문과 달리 청각적, 음악적 효과로 인해 낭송과 연주에 적합하다. 이런 점에서 예로부터 제식과 예배에 즐겨 사용된다. 악기의 반주를 동반하는 시편이 대표적 사례이다. 시편의 표제에 동반된 옛 해설은 해당 본문이 어떤 예배의 상황에 적합한가를 표시한다. 이들은 노래, 찬미, 칭송, 슬픔의 노래 등이다. 여기에 음악의 실천에 관련된 특별한 기술적 용어가 추가된다.

구약에 자주 사용되는 기본시형은 2행시이다. 여기에 보이는 이중의 반복은 '동의어의 병행'이라고 불린다. 이와 같은 시행구성은 운문의 시가뿐만 아니라 예언서에도 활용된다. 이사야서는 6-7장의 두 장을 제외하면 대부분 운문으로 되어있다. 예레미야서는 다른 예언서에 비해 민족의 멸망에 대한 탄식과 애곡의 정도가 강하다. 이와 같은 성향은 슬픔과 애도의 노래인 예레미야 애가로 이어진다. 주로 2행시에 의거하는 애가 혹은 비가는 구약에 선호되는 찬가에 대조된다.

찬가는 구약의 이야기에서 중요한 자리를 차지한다. 이야기의 중간에 등장하는 크고 작은 칭송의 노래나 찬가는 산문으로 기술된 줄거리에 정서적 질감을 부여하고 문학적 가치를 높여준다. 대표적 실례를 들어보면 모세의 찬가, 모세의 두 번째 노래와 종결의 축복, 드보라의 노래, 한나의 기도, 다윗 왕의 승전가와 마지막 말씀 등이다. 서로 이어진 다윗의 두 찬미가는 형식과 내용에서 모세의 노래와 종결의 축복을 상기시킨다.

출애굽기에 실린 모세의 찬가는 선행하는 산문의 문안에 대한 시적 형상화이다(출 15.1-18). 전체의 주된 내용은 주권자 하나님의 행위에 대한 칭송이다. 하나님이 행사한 은총의 권능의 경험은 앞으로 일어날 사건에 대한 충분한 보증이다. 하나님의 해방의 행위는 그의 본질의 깊이를 드러낸다. 나아가 하나님은 백성과 함께 거주하며 백성에 의해 존경받기를 원한다. 후속의 단락의 결구에는 여선지자 미리암에 의해 동일한 내용이 요약해서 칭송된다(15.21). 그녀는 한 절의 노래를 통해 여인들을 자발적이고 장엄한 기쁨의 춤으로 안내한다.

언약의 증인으로서의 모세의 노래는 신명기 32장 1-43절에 발견된다. 갈대의 바다를 통과한 이후 주님을 향한 찬가를 부른 모세는 여기에서 약속된 것을 눈앞에 바라보며 기쁨의 노래로 자신의 직무를 완수한다. 두 편의 노래는 광야의 방황에 이어지는 장엄한 미래를 서술한다. 두 번째 노래의 주제는 주님의 이름, 백성을 위한 사랑의 배려, 주님의 의와 은총이다. 방대한 찬가는 절대적인 하나님의 주권의 보증에서 정점에 도달한다(32.39). 이어서 열두 지파를 위한 모세의 종결의 축복이 서술된다(33.1-29). 그 내용은 열두 아들을 향한 야곱의 축복과 비교된다(창 49.1-33). 죽음의 침상에서 이루어진 마지막 축원은 예언의 언약이다.

여성 사사 드보라의 노래는 가장 훌륭한 구약성서의 찬가에 속한다(삿 5.2-31). 드보라와 바락에 의해 불린 노래는 가나안 정복의 사건을 다룬 다른 문학적 서술과 맥을 같이한다. 사사시대에 생성된 운문의 작품은 〈정직한 자의 책〉(수 10.13)과 〈여호와의 전쟁기〉(민 21.14) 같은 유대민족의 노래집에 수록되어 후세에 전해진다. 무려 30절에 달하는 방대한 분량의 전쟁시는 사사기에서 가장 중요한 대목에 속한다.

찬가에 사용된 고풍의 언어는 70인역 성서의 번역자에게도 이해하기 어려울 정도이다. 따라서 예리한 보완과 수정을 통해 원래의 노래의 형태를 재생하려는 시도가 일어난다. 그러나 그 가운데 공적으로 인정받는 경우는 소수에 불과하다. 전체의 찬가는 칭송의 부름(2-3), 하나님의 부름(6-8), 억압자에 의한 곤궁(9-18), 종족의 견본(19-23), 기손 강의 전투(24-27), 시스라의 죽음(28-30), 종곡(31)으로 구성된다. 여호와의 적을 저주하고 여호와의 친구에게 축복을 내리는 마지막 시행은 시편 68편 2-4절과 일치한다. 주님을 사랑하는 자에 대한 축원은 떠오르는 태양의 비유로 표현된다.

주를 사랑하는 자들은 해가 힘 있게 돋음 같게 하시옵소서.

사무엘상에 실린 한나의 기도는 운문의 시행이다(2.1-10). 여기에서 기도자는 예언의 시각으로 사무엘의 출현과 이스라엘의 구원을 내다본다. 그리고 사무엘의 출생과 삶을 전능한 하나님의 사역으로 노래한다. 열행의 운문에서 첫 행은 시편의 인용이며, 마지막 행은 다가올 메시아(meschiach)의 예시이다.

2.1 내 마음이 여호와로 말미암아 즐거워하며

2.10 자기의 기름을 부은 자의 뿔을 높이시리로다.

다윗이 사울을 비롯한 모든 원수를 물리치고 부른 승전가는 사무엘하에 실려 있다(22.2-51). 장엄한 노래는 시편 18편 1-50절의 내용과 거의 일치한다. 여기에는 찬가의 일반적 활용을 위해 약간의 수정이 이루어진다. 비교적 긴 표제에는 다윗의 노래라는 사실이 명기된다. 그를 가리키는 '주님의 종'은 사무엘하에 없다. 이것은 여호수아나 모세, 나아가 예언의 문서에서 메시아에 관련하여 사용되는 특별한 존칭이다. 50절에 걸친 승전의 노래는 서곡, 최고의 위험과 하나님의 해방, 하나님의 개입의 근거, 고귀한 소명, 결론으로 구성된다.

13년에 걸친 길고 힘한 고난의 역경을 이겨낸 다윗 왕의 위대한 기도는 시편 18편 6절에서 읽을 수 있다. "내가 환난 중에서 여호와께 아뢰며/ 나의 하나님께 부르짖었더니/ 그가 그의 성전에서 내 소리를 들으심이여/ 그의 앞에서 나의 부르짖음이 그의 귀에 들렸도다." 네 행의 시구는 사무엘하 22장 7절의 재생이다. 하나님 이외에 그 누구도 극심한 곤궁의 상황에 처한 사람을 구해줄 수 없다. 때문에 기도자는 가장 깊은 곳에서 하나님을 향해 부르짖는다. 이와 같은 절규는 하나님의 '들음'에 의해 응답된다. 전체의 내용은 '부르짖음'과 '들음'의 도식에 의거한다. 다윗의 승전의 노래에 이어진 마지막 말씀은 영적으로 매우 높은 수준을 보인다(23.1-7). 아울러 특정한 시기에서의 특정한 인간에 관한 영화와 언약을 보여준다. 그것은 신명기에 기술된 모세의 종결의 축복에 비견된다.

구약에 나오는 이야기의 형태는 창조사, 기적이야기, 구조의 이야기, 전기적 이야기, 인물의 이야기, 전쟁이야기, 망명의 이야기, 예언의 이야기 등 광범하다. 이들은 모두 하나님의 이야기의 단면을 보여준다. 여기에 열거한 다양한 유형은 내용과 주제에서 서로 중첩된다. 예를 들어 전기적 이야기에 속하는 다윗과 골리앗의 투쟁에 관한 기사는 기적적인 구조이야기의 전형이다(삼상 17.41-49). 고대의 전쟁양식을 보여주는 이야기의 핵심은 단락의 마지막에 제시된 다윗의 선언이다(17.47).

전쟁은 여호와께 속한 것인즉 그가 너희를 우리 손에 넘기시리라.

이 문장은 단락이 속한 전체의 장의 기본음조이며 동시에 성서전체의 본질을 규정한다. 성서의 이야기는 근본적으로 하나님에 의한 구조의 이야기, 즉 구속사이다. 구약성서에 등장하는 대부분의 이야기가 여기에 속한다.

인물의 이야기에는 영웅이야기와 왕의 이야기가 포함된다. 역사서의 전체적 서술방향은 영웅적 주인공이나 권능을 받은 예언자의 인물에 집중된다. 대표적 예를 들면 여호수아, 드보라, 기드온, 삼손, 사무엘, 다윗, 나단, 솔로몬, 엘리야, 엘리사 등이다. 사사와 왕은 신적 카리스마의 인물로 나타난다. 기드온은 영적 재능을 소유한 이스라엘의 구원자, 삼손은 약점을 지닌 신적 영웅, 드보라는 여선지자이며 노래를 만든 사람이다. 사무엘은 예언자이며 왕의 추대자, 두 명의 예언자 엘리야와 엘리사는 예수님에 선행하는 기적의 수행자이다. 다윗 왕을 참회의 길도 인도한 선지자 나단은 약속과 저주의 중재자이다(삼하 12.1-15).

여호수아는 세계역사가 위대한 남성의 역사라는 사실을 증거하는 사례이다. 역사서의 시리즈를 열어주는 이 책은 여호수아에 관한 이야기만을 다룬다. 여호수아의 일대기는 하나님에 의한 소명과 위임에서 시작하여 죽음에 관한 보고로 끝난다. 여호수아라는 지도자의 인물은 이스라엘에 의한 가나안 정복의 이야기를 통일된 전체로 결합시킨다. 여호수아는 당시 이스라엘 사회에서 큰 권위를 지닌 요셉의 가문에 유래한다. 예수님의 그리스어 이름 'Josua'(마 1.21)는 히브리어 'Jehosua'에 연원한다. 이 복합어는 '여호와가 구원하다'라는 뜻이다. 이와 같은 명칭의 의미는 하나님이 사명을 위임한 여호수아의 행적이 이스라엘 민족의 역사에 미친 영향력이 얼마나 막강한가를 보여준다.

여호수아에 이어진 사사기(schophetim)에는 12명의 사사를 중심으로 한 중요한 인물의 활동이 소개되어 있다. 판결과 심판의 기능을 지닌 사사는 국가창건의 초기단계를 담당한 최고의 계급이다. 사사기에는 전쟁에 승리하는 용감한 전사로 기술된다. 미디안의 억압을 물리친 기드온의 이야기는 6장 1절-8장 31절에서 읽을 수 있다. 전체의 줄거리는 주의 천사의 나타남, 기드온의 빌(Baal) 제단 제기, 군사의 모병과 축소, 미디안 진영의 기드온, 기드온의 승리, 기드온의 이스라엘 통치의 순서로 전개된다. 삼손의 행동에 관한 기사는 13장 1절에서 16장 31절에 걸쳐 서술된다. 삼손의 출생과 혼인예식은 전체의 전제를 형성한다. 이야기의 중심은 두 단계에 걸친 삼손의 용맹스러운 행위이다.

왕의 이야기는 주로 사무엘서와 열왕기에서 다루어진다. 두 문서는70인역 성서에서 동일하게 '왕의 통치에 관한 책'(Basileion)으로 표기된다. 두 권의 사무엘서는 통일된 책으로 간주된다. 열왕기 상하도 마찬가지이다. 사무엘과 열왕기에는 다윗 왕과 솔로몬 왕의 통치 시기가 기술된다. 사무엘의 구성적 특징은 다수의 이중이야기(Dublette), 다시 말해 서로 유사한 이야기의 중복이다. 가장 명료한 실례는 다윗이 사울의 생명을 구해준 두 개의 이야기이다(삼상 24, 26장). 사울이 왕이 되는 과정에 관해서는 2-3개의 버전이 있다(8-12장). 서로 병행하는 이야기들은 분리하여 관찰하는 것이 좋다. 이중구조의 설정에는 특정한 의도가 들어있는 경우가 적지 않기 때문이다. 두 개의 유사한 이야기를 단순한 중첩의 현상으로 보는 것은 이야기의 원래의 의도를 간과하기 쉽다.

사무엘서의 가장 중요한 부분은 나단의 예언(삼하 7.1-17)이다. 나단은 사무엘의 존엄한 후계자이다. 주님에게 '집'을 지어드리려는 다윗의 소원은 거절당한다. 그 대신에 하나님은 다윗에게 영원히 지속될 왕조의 '집'을 약속한다(7.16). 이것은 신약에 성취될 메시아 소망에 대한 기초이다. 하나님은 다윗의 '집'을 통해 이스라엘의 구원을 실행한다. 이어지는 단락에서 다윗은 자신의 기도를 통해 예기하지 못한 하나님의 약속을 겸손하게 받아들인다(7.18-29). 그리고 자신에게 주어진 약속을 백성을 향한 초기의 약속과 결부시킨다. 다윗의 언약과 시내산의 언약은 서로 연계된다. 열두 절의 단락은 이스라엘의 역사에 대한 새로운 조망을 열어준다.

망명의 이야기는 역사서의 마지막 단계를 장식한다. 페르시아 제국의 왕 고레스(Cyrus)의 칙령에 의해 이루어진 바빌론 포로의 귀환과 귀환 이후의 역사적 사건은 에스라와 느헤미야에 기록된다. 서로 연결된 두 책은 역대기의 역사책이라 할 수 있다. 역대하와 에스라는 문체와 관심에서 유사한 면모를 보인다. 역대하의 종결부와 에스라의 도입부는 그 내용이 거의 일치한다(대하 36.22-23, 스 1.1-3). 그것은 바빌론 포로의 종식에 관한 보고이다. 이와 같은 사실은 동일저자의 상정을 가능하게 한다. 그러나 에스라와 느헤미야에는 전체적으로 열왕기하에서 다루어지지 않은 귀환 이후의 역사가 다루어진다. 이런 점에서 히브리어 정경의 제3부에 해당하는 '소문서'의 그룹에서 중요한 위치를 차지한다.

에스라와 느헤미야의 역사적 배경은 다음과 같다. 바빌론 대국은 기원전 539년에 일어난 메대와 페르시아의 점령으로 멸망한다. 페르시아 제국의 창건자인 계몽의 통치자 고레스는 자신의 조상에 의해 강제로 이주한 민족에 대해 유화정책을 펼친다. 그는 가능한 한 예속된 백성에게 지역적 자주성을 부여하고 토착의 종교를 보장한다. 이와 같은 정책으로 인해 수많은 유대인들이 기원전 538년 다윗의 후예의 인도로 예루살렘으로 돌아간다. 에스라의 공적이 도덕적, 종교적 성격을 지닌다면 느헤미야의 개혁은 정치적 성향을 지닌다. 율법의 새로운 의미를 정립하는 데 크게 기여한 두 인물의 혁신적 활동은 몇 세기에 걸쳐 유대인의 생존과 신앙의 보존을 가능하게 한다.

소예언서의 그룹에 배치된 요나서는 인접한 다른 예언서와 구분된다. 그 내용은 요나의 삶에 관한 전기적 이야기이다. 그러나 여기에 계시된 의미는 예언의 차원에서 이해된다. 따라서 예언의 이야기로 볼 수 있다. 기원전 760년경에 생성된 것으로 추정되는 작가 미상의 이야기는 항해의 선원들에 의해 구누로 전해져 이스라엘에 알려졌을 것으로 추정된다. 주인공 요나의 활동을 다룬 이야기에는 시대적 위기감이 반영되어 있다. 앗수르 제국의 수도 니느웨 백성의 회개는 북이스라엘의 파멸에 대한 경고이다. 이런 점에서 비판적 예언의 성격을 띠고 있다.

네 장에 걸친 이야기는 문체, 언어, 분위기와 기적의 내용에서 열왕기 상하에 서술된 엘리야와 엘리사의 이야기와 유사하다. 북이스라엘의 예언자인 이들은 요나의 직접적 선구자이다. 두 인물은 요나와 마찬가지로 자신들의 사역의 일부를 이방인을 위해 제공한다. 엘리야는 시돈, 엘리사는 시리아, 요나는 니느웨가 활동지역이다. 문서의 전반에는 주인공이 생명의 위험을 감수하면서 자신의 길을 걸어간다. 그러나 후반에 이르면 영적 패배의 한가운데에서 하나님의 은총을 받아들인다.

운문으로 작성된 요나서는 문학적 특성을 강하게 보여준다. 사흘 동안 물고기 뱃속에 갇힌 요나가 부르짖은 구원의 기도는 전체가 감동어린 한 편의 시 작품이다(욘 2.2-9). 여덟 절의 시구는 고난의 절규에서 시작하여 구원의 감사로 끝난다.

2 내가 받는 고난으로 말미암아 여호와께 불러 아뢰었더니
9 구원은 여호와께 속하였나이다.

역사적 인물 요나는 이스라엘에 있는 여호와의 예언자이다. 이야기에 다루어진 내용은 예언자의 경험이다. 니느웨 사람들의 참회는 예수님에 의해 실재의 사건으로 받아들여진다. '큰 물고기 뱃속의 사흘 낮과 밤'은 그대로 인용되어 설명된다(마 12.40-41). 요나를 향한 하나님의 강한 명령은 이방의 도시를 위한 과감한 전도의 요구이다. 이와 같은 위임은 실제의 회개와 화해로 이어진다. 요나에게 주어진 계시는 사도행전에 나오는 베드로의 가이사랴 설교에서 '이방인의 회개'라는 고백으로 수용된다(11.18).

이야기의 마지막 결구는 하나님의 말씀이다. 여기에서 하나님은 은혜, 자비, 인내, 커다란 선함을 갖춘 하나님으로 묘사된다(욘 4.2). 전체의 문서는 하나님의 구원에 관한 완전한 계시를 증거한다. 구원은 누가에 의해 하나님의 은총과 자비에 따라 '이방을 비추는 빛'으로 나타난다(2.32). 요나서의 기독교 복음은 바울에 의해 다음과 같이 표현된다(롬 9.15).

내가 긍휼히 여길 자를 긍휼히 여기고 불쌍히 여길 자를 불쌍히 여기리라.

은총과 긍휼은 절대적으로 하나님에게 속한 것이다. 인간은 그것을 이해할 수 없고 단지 하나님의 뜻에 맞는다는 사실만을 인식할 수 있을 뿐이다. 이와 같은 교리는 새로운 것이 아니라 이미 모세의 시대에 계시된다(출 33.19).

적은 분량의 요나서는 욥기와 함께 신적 구속사의 새로운 지평을 연 획기적 운문문학으로 평가된다. 욥과 요나의 수난과 구원은 미래의 메시아 사역을 예시한다. 이런 점에서 신약에서 거듭하여 언급된다. 요나는 예수님과 직접 비교될 수 있는 유일의 구약의 예언자이다. 예수님은 그가 위임받은 전도사역에 큰 의미를 부여하고 있다. 두 사람은 모두 '갈릴리의 선지자'이다. 요나가 감행한 위대한 행적은 예수님에 의해 '시대의 표적'으로 인용된다. 예수님은 표적의 제시에 대한 바리새인의 요구에 대해 '선지자 요나의 표적' 밖에는 보여줄 표적이 없다고 응수한다(마 12.39). 요나서는 구약이 신약의 예형임을 보여주는 가장 확실한 증거이다.

3. 역사서의 '내러티브'
– 룻과 에스더의 이야기

여호수아에서 에스더에 이르는 12 권의 문서는 정복의 시대에서 사사시대와 왕조시대를 거쳐 식민지 시대로 넘어가는 이스라엘 민족의 초기역사를 다룬다. 여기에 등장하는 수많은 이야기의 연쇄는 역사서의 '내러티브'라는 관점에서 관찰된다. 즉 내용과 형식에서 서사의 특성과 기능을 보여준다. 줄거리의 명료화, 극적 장면의 연쇄, 등장인물의 부각, 비유언어의 사용은 문학적 서사의 이야기에 유추된다. 서두에 제시된 인물의 성격은 줄거리의 진행에서 뚜렷하게 인지된다. 조성된 긴장을 해소하는 극적 계기의 설정은 신약의 이야기처럼 고대 극작술의 범주에서 분석될 수 있다.

역사서의 특징인 '구약의 내러티브'는 룻기와 에스더에서 증명된다. 서로 다른 시기에 생성된 두 편의 문서는 배경과 성격의 차이에도 불구하고 하나님에 의한 역사의 조종이라는 점에서 공통된다. 선택된 백성을 향한 하나님의 구원계획은 동일하게 진실한 유대여인을 통해 구현된다. 그 구체적 과정은 서사의 구성과 서술방식에서 명료하게 드러난다. 독자는 이야기의 독서에서 하나님이 어떻게 주인공의 삶과 운명에 사랑으로 참여하는가를 확인하게 된다. 언약의 공동체에 의거한 사랑의 힘은 줄거리의 운동을 움직이는 동력이다.

사사시대의 마지막 문서에 속하는 룻기는 전원적 이야기이다. 유대인의 시골생활을 소재로 삼은 서사적 소품은 높은 질적 가치를 지닌다. 균형 잡힌 표현, 인물의 특성화, 농촌의 정감과 분위기에 어울리는 단순하고 부드러운 문체는 이야기의 특징이다. 문학적 단편의 경우와 유사한 표현의 성향은 다른 문서에 발견하기 힘들다. 전체의 줄거리는 그 어떤 마찰이나 충돌이 없이 유연하게 진행된다. 등장인물의 행동은 칭송의 대상이 되며, 진정한 순종의 자세는 보상을 받는다. 사사기와 역사서의 중간에 놓인 작은 책이 오랜 기간에 걸쳐 인기를 누린 것은 어렵지 않게 설명된다.

이야기를 시작하는 시간의 부사구 '... 할 때에'는 역사적 이야기의 도입공식이다(1.1). "사사들이 치리하던 때에 그 땅에 흉년이 드니라." 베들레헴에 닥친 기근은 사사기의 기록처럼 '40년간의 안정된' 시기의 일로 보인다(3.11). 여기에서 사사의 문서와의 연관이 암시된다. 이야기의 서두에는 인물과 사건의 배경이 소개된다(1.1-5). 베들레헴에 기근이 들어 곤궁이 발생할 무렵 엘리멜렉이라는 한 남자가 이방인으로 살기 위해 모압으로 이주한다. 그의 부인 나오미는 남편이 죽자 두 아들과 함께 이역의 땅에 거주한다. 이들이 부인으로 삼은 모압의 여인 가운데 한 사람의 이름이 룻이다. 10년 정도의 시간이 흘러 두 아들도 죽게 되자 나오미는 두 며느리와 함께 외로운 삶을 이어간다.

이야기의 내용은 평이하고 소박하다. 세 사람의 주인공 나오미, 룻, 보아스가 겪는 삶의 과정이 담담하게 그려져 있다. 보아스는 죽은 엘리멜렉의 남은 가족을 위해 중요한 역할을 담당한다. 전체의 줄거리는 룻과 나오미의 베들레헴 귀환, 룻과 보아스의 만남, 나오미의 충고에 대한 룻의 수용, 룻과 보아스의 가까워짐, '구원자'로서의 보아스, 보아스와 룻의 결혼, 의미 있는 족보를 제시하는 후기의 순서로 진행된다. 서사적 이야기의 운동은 보아스와 룻이 결합하는 종결의 장면을 향해 움직인다.

1장의 내용은 모압의 이별과 베들레헴으로의 귀향이다(1.6-22). 두 여인이 오랫동안 살던 모압 땅을 떠나 고향 베들레헴으로 돌아온 것은 모압 여인 룻의 결정에 기인한다. 자신의 다른 가족이 아니라 시어머니와 운명을 같이 하려는 그녀의 자세는 주님을 향한 믿음에 기인한다(1.16).

> 어머니의 백성이 나의 백성이 되고 어머니의 하나님이 나의 하나님이 되리니

위의 고백의 발언에는 더 이상 이방의 신이 아니라 이스라엘의 하나님을 믿으려고 결단하는 룻의 자세가 분명하게 나타난다. 여호와 하나님에 관해서는 그녀의 남편과 시어머니의 삶과 증언에서 알게 된다. '백성'과 '하나님'을 통해 '어머니'와 '나'의 일체감을 증언하는 운문의 시행은 집약된 형식으로 최고의 순종과 자아폐기의 헌신을 표현한다. 그녀는 자신을 나오미와 동일시하며 죽을 때까지 운명을 함께할 것을 맹세한다. 이어지는 진술 "주님이 이것, 저것을 행하다"는 사무엘서와 열왕기에 등장하는 구문이다. 화자는 1장의 마지막에서 독자를 다음 장면으로 안내한다(1.22). 두 여인이 모험적

여정을 거쳐 베들레헴에 도착한 때는 보리추수가 시작되는 시기이다. 이 시기는 농부의 달력에 의하면 4월에 해당된다.

2장은 이야기의 진행에 관한 하나님의 배려를 서술한다(2.1-23). 첫 절에서 화자는 베들레헴에 엘리멜렉의 친척이 살고 있다는 사실을 기술적으로 삽입한다. '그 안에 힘이 있다'를 뜻하는 보아스는 정직하고 '명망 있는' 남자이다. 히브리어 표현은 그가 명성 있는 인물일 뿐만 아니라 부유함을 가리킨다. 보아스에 관해 알지 못하는 룻은 궁핍한 자에게 허용되는 옛 권리, 즉 추수의 시기에 밭에서 이삭을 줍는 일을 요청한다. 그러나 그녀는 어디에서 일을 해야 할지 알 수 없어 밭에 있는 다른 여인들을 따라간다. 남자들은 보통 추수의 밭에서 곡식을 자르고 여인들은 자른 곡식을 단으로 묶는다. 룻이 이삭을 줍는 밭이 '보아스에게 속한' 것이라는 사실은 하나님의 예비의 손길을 지시한다(2.3). 보아스는 룻에 관한 이야기를 전해 듣고 기뻐하며 그녀를 찾아간다. 그리고 룻에게 자신의 밭에서 계속해서 일하기를 청하며 특별한 보호를 약속한다.

3장의 주제는 룻과 보아스의 친밀한 관계이다(3.1-18). 유대의 관습에서 결혼은 부모에 의해 주선된다. 나오미가 룻을 위해 거처를 마련하고 앞으로의 삶을 안내한 것은 정상적 조처이다. 단락의 중반은 룻과 보아스가 서로 가까워지는 과정을 극적으로 묘사하고 있다. 그것은 또 다른 내부의 이야기이다. "보아스가 가서 곡식 단 더미의 끝에 눕는지라"는 앞으로 전개될 사건을 예시한다(3.7). 보아스가 갑자기 일어나 한 여인이 곁에 있는 것을 보자 처음에는 그녀가 누구인지 알아보려 한다. 룻이 그의 외투를 자기 위에 덮어 줄 것을 청원한 것은 결혼에 관한 상징적 행위이다. 보아스는 룻의 의외의 행동을 호의로 받아들일 뿐만 아니라 사랑(인애)의 감정을 지닌 그녀에게 축복을 선사한다. 추수의 밭에서 보인 룻의 관용과 도덕의 성품은 보아스와 주민에게 이미 알려져 있다. 보아스가 룻의 요청에 기꺼이 응한 것은 가까운 친척이 '구원자'(goel)의 권한을 행사할 수 있다는 관례에 근거한다(3.13).

날이 밝자 보아스는 룻에게 집으로 돌아갈 것을 요청한다. 그가 천에 담아 룻에게 전한 여섯 통의 보리는 번영의 표식이며 동시에 나오미를 향한 관대함의 선물이다. 나오미는 집으로 돌아온 룻을 환영의 인사로 맞이한다. 룻은 "어떻게 되었느냐"라는 시어머니의 물음에 보아스가 자기에게 행한 일을 그대로 알려준다. 그러자 나오미는 룻에게 "내 딸아 이 사건이 어떻게 될지 알기까지 앉아있으라"라고 말한다(3.18). 이제 룻은 다음 사건이 일어날 때까지 조용히 인내로 기다리게 된다. 새로운 단락의 출발은 드라마의 긴장으로 기대감을 부여한다.

종결의 장면은 도시의 성문에서 연출된다(4.1-12). 단락의 주인공 보아스는 여기에서 실제의 '구원자'가 된다. 이야기의 진행에서 거듭하여 언급되는 '구원자'는 부족의 재산을 관리하는 사람 혹은 죄의 노예를 '풀어주는' 사람을 말한다. 여기에서 '해결하다', '해방하다'라는 동사가 파생한다. '구원자'로서의 보아스의 위치는 룻과의 만남의 단락에 이미 예시된다. 장로들을 비롯한 도시의 증인들은 종족의 재산관리 문제를 해결한 보아스를 엘리멜렉의 법적 상속인으로 보증한다. 유대의 관습에서 신발을 벗는 행위는 명백한 증언의 표식이다(4.7). 앞으로 태어날 룻의 첫아들은 '엘리멜렉의 아들'로 통용된다. 그는 조상의 유업을 이어받을 가문의 상속자이다.

이어지는 두 절에는 보아스와 룻의 결혼과 룻의 임신이 지적된다(4.13-14). 이제 출생할 아들은 주님의 배려에 의한 것이다. 새로이 태어난 아이에 대한 축복은 나오미에게 주어진다. 그녀는 엘리멜렉의 이름이 보존되는 아들을 얻었기 때문이다. 이 아들은 나오미에게 '생명의 회복자', '노년의 부양자'이며 '이스라엘을 유명하게 만들' 인물이다. 여인들에 의한 약속의 축원 속에 아이의 이름은 오벳이라고 명명된다(4.17). 오벳(Obed)은 '주님의 일꾼'을 뜻하는 'Obadja'의 약자이다. 이것은 위대한 왕 다윗의 할아버지를 위한 존귀한 명칭이다. 다윗의 이름의 언급과 함께 이야기는 정점에 이른다.

사무엘상에는 다윗의 모압 방문이 소개된다(22.3-4). 여기에서 다윗은 사울의 복수로부터 자신의 부모를 보호한다. 룻기를 읽은 독자는 다윗이 모압의 피를 지니고 있음을 알고 있다. 다윗은 모압의 여인 룻의 혈통에 관해 알고 있었던 것으로 보인다. 일부의 주석가는 전체의 이야기가 오벳의 출생에 관한 대목에서 끝난다는 견해를 제시한다. 이것은 다윗의 가계가 그만큼 중요하기 때문이다. 오벳은 다윗의 아버지 이새의 아버지이다. 여기에서 베레스에서 다윗에 이르는 족보가 형성된다.

족보의 리스트는 룻을 앞으로의 성서이야기와 연관시킴으로써 적절한 결말을 조성한다(4.17-22). 여기에 제시된 족보색인은 역대기상 2장 4-15절과 동일한 근원에 유래한다. 이야기의 종결부는 룻과 보아스를 다윗 왕과 연결시킨다. 룻은 다윗의 종족의 어머니로 예수 그리스도의 조상에 속한다. 이 중요한 사실은 마태의 족보색인에 명시된다(1.5-6). 룻기의 결론은 저자가 자신의 작품을 역사적으로 이해하기를 바라는 표식이다. 그것은 진실되고 섬세한 역사이야기이다. 여기에는 미지의 저자의 깊은 신앙과 영적 통찰이 반영되어 있다.

이야기의 주제는 사용된 어휘에서 드러난다. 하나님의 이름, 구원, 자비와 같은 용어는 문서 전체를 관류한다. 여호와라는 이름은 전체이야기에 유사한 명칭을 포함하여 18회 등장한다. 모든 등장인물은 여호와 하나님에 대한 깊은 신앙을 소유하고 있다. 이것은 그들의 행동과 발언에서 증명된다. 히브리어 'gaal'에 해당하는 '구원하다'는 무려 20회의 빈도를 갖는다. 이 동사는 이야기의 문맥에서 '구원자'라는 명사와 연관된다. 구원이라는 명사는 이스라엘에서 일반적으로 통용되는 기본어이다. 구원은 줄거리의 진행에서 가족의 질서라는 범주로 소속된다. 모든 가족의 구성원은 다른 사람을 도와주고 보호할 의무를 지닌다.

세 번에 걸쳐 사용된 명사 '자비'(hesed, chesed)는 하나님의 사랑에 연결된다. 이 단어는 유사어 '긍휼'에 비해 그 의미가 풍성하다. 하나님의 자비로운 돌봄은 2장의 주된 내용이다. 긴 단락의 마지막에는 주님이 보아스를 통해 룻을 도와주리라는 사실을 예견하는 나오미의 모습이 소개된다. 그녀는 하나님이 룻을 보아스의 밭으로 인도한 사실에 대한 놀라움을 기쁨의 외침으로 표현한다(2,20).

그가 살아있는 자와 죽은 자에게 은혜 베풀기를 그치지 아니하도다.

위의 문장에 표기된 명사 '은혜'는 자비를 뜻한다. 이 단어는 언약의 개념과 밀접하게 연관된다. 언약에는 죄의 인간을 향한 하나님의 자비가 명백하게 드러나기 때문이다. 언약은 하나님과의 공동체의 따스함과 하나님을 향한 충성의 확신을 포함한다. 주님의 자비를 경험한 자는 스스로 변화되어 타인을 위해 사랑의 자비를 베푼다. 나오미와 룻은 이와 같은 사실을 실천한 인물이다.

마지막 역사서인 에스더는 서사문학의 전형이다. 이야기의 플롯은 '구약의 내러티브'의 모형으로 간주된다. 역사서의 성격은 여기에서 문학적 서사로 고양된다. 이야기의 중심은 유대의 여인 에스더의 지혜의 행위이다. 하나님에게 속한 권능의 지혜는 지상에서의 삶의 위기를 벗어나게 하는 원동력이다. 하나님은 이역의 유대인에게 닥친 극도의 위협의 상황에서 한 여인을 통해 현실의 사건에 직접 개입한다. 이에 관한 내용은 이야기의 중심을 형성한다.

에스더는 가장 훌륭한 망명의 이야기이다. 여기에 제시된 장소의 배경은 팔레스티나나 바빌론이 아니라 페르시아 제국의 수도이다. 유대인들은 망명후기의 시기에 이곳에 분산되어 거주한다. 바빌론의 패망 이후 새로이 세워진 제국에 소속된 것이다. 유대민족에 대한 고레스의 친화정책에 관해서는 에스라의 서두에 소개된다. 에스더 시기의 페르시아 통치자인 아하수에로 왕은 제국을 위한 행정기구를 설치한 다리오 왕의 후계자이다. 아하수에로 왕은 기원전 486년에서 465/4년에 이르는 긴 기간 동안 방대한 영역을 포괄하는 왕국을 다스린다. 문서의 서두에는 아하수에로가 다리오 왕의 뒤를 이어 '수산(Susa) 궁에 즉위한다'고 보고된다(1.2).

지난 200년 동안의 비평적 주석은 에스더를 정확한 역사의 기술로 평가한다. 그것은 **'역사적 단편'**으로 규정될 수 있다. 유대인의 망명의 역사는 한 편의 문학적 소품으로 가공된다. 그것은 생소한 유배지에서 벌어진 놀라운 사건의 보고를 넘어 앞으로의 유대민족의 삶과 운명을 인도할 계시의 지침으로 고양된다. 부림절의 시행을 서술하는 마지막 복합단락은 문체의 차이에도 불구하고 전체의 문맥에 자연스럽게 편입된다(9.20-10.3). 부림절이라는 축제의 명칭은 이미 3장 10절에 언급된다. 언어와 어휘의 변화는 원래의 이야기에서 후속의 담화로의 교체를 지시한다.

전체의 구성은 명료한 서사의 구도에 의거한다. 그 내용은 상황의 제시, 긴장의 조성, 긴장의 해소, 축복의 결론이다. 비교적 상세하게 기술된 이야기의 줄거리는 왕의 화려한 연회, 왕후의 폐위, 새로운 여왕의 선발, 하만의 음모, 에스더의 청원, 하만의 최후, 적의 세력에 대한 복수, 부림일 축제의 제정의 순서로 진행된다. 하만의 책략으로 조성된 극도의 긴장 속에서 극적 전환의 계기를 마련한 것은 에스더의 청원이다. 유대인의 구원을 위한 왕비의 요청에 대한 왕의 수용 이후 이야기의 상황은 정반대로 역전된다. 그 결과는 거대한 민족의 축제로 나타난다.

극적 긴장을 야기하는 이야기는 최고의 대신 하만을 중요한 인물로 설정한다. 그는 유대인 모르드개와의 개인적 분쟁으로 제국에 거주하는 모든 유대인을 추방할 것을 계획한다. 베냐민의 자손 모르드개는 고아 에스더를 양녀로 데려와 자기 딸처럼 키운 덕망 있는 인물이다. 그는 에스더가 왕의 후처로 발탁되는데 큰 역할을 담당한다. 유대의 백성은 하만의 음모로 낯선 땅에서 소멸될 상황에 처해진다. 이와 같은 위기의 국면에 하나님은 에스더라는 이름의 유대 처녀를 통해 직접 개입한다. 왕비 와스디는 남편에게 반항한 이유로 폐위된다. 궁녀출신의 에스더는 페르시아 왕에 의해 부인으로 선발되어 궁성으로 들어간다. 하만은 예측할 수 없는 앞날의 운명에서 자기 자신의 행동에 대한 희생자가 된다.

유대인들이 극도의 위협에서 벗어나는 계기를 제공한 것은 새로운 왕비 에스더의 지혜에 기인한다. 그녀는 궁성에 거대한 잔치를 베풀어 왕과 하만을 초대한다. 그리고 즐거움에 가득 찬 왕의 새로운 지시에 따라 담대하게 청원한다(7,3).

내 소청대로 내 생명을 내게 주시고 내 요구대로 내 민족을 내게 주소서.

반복어법의 문장은 자신과 백성의 생명의 보호를 단계적으로 개진한다. 유대인은 오늘날까지도 개인의 생명이 백성의 운명과 결부되어 있다고 생각한다. 에스더의 요청은 두 개의 유대예식을 통해 수용된다.

24시간 내에 전체의 상황은 완전히 뒤바뀐다. 왕궁의 대신의 우두머리 하만의 음모는 결국 수포로 돌아가고 처참한 죽음의 형벌에 처해진다. 모르드개는 왕의 봉인의 반지의 수여에 의해 최고의 대신으로 임명된다(8.8). 새로운 왕의 사면은 문서로 작성되어 모든 사람에게 보내진다. 사면의 문서의 출간과 함께 모르드개는 처음으로 관을 쓰고 대중 앞에 나타난다. 그의 출현은 수산의 주민에 의해 환영의 갈채로 받아들여진다. 하만의 행동이 극단의 혼란을 초래하였다면 모르드개의 사면은 커다란 기쁨을 선사한다. 이와 같은 사실은 수산을 넘어 제국의 모든 지역으로 파급된다. 유대인에 의한 은총의 사건은 많은 주민들이 하나님의 권능에 대한 확신으로 유대인이 되도록 유도한다(8.17).

본토 백성이 유다인을 두려워하여 유다인 되는 자가 많더라.

유배의 땅에서 위기에 처한 민족이 극적으로 구원받은 사건은 유대인의 역사에서 특별한 기념의 대상이 된다. 일곱 절에 걸친 종결의 단락은 이에 관한 보고이다(9.26-32). 여기에 저자가 문서를 집필한 원래의 의도가 들어있다. 유대인을 위한 행운의 출발은 축제를 통해 일어난 사건에 대한 기억을 보존할 만큼 큰 의미를 지닌다. 모르드개가 작성한 규정에 따르면 매년 '아달월'(Adar) 14일과 15일에 축제가 거행된다. 부림일이라는 명칭은 하만이 제비를 뽑은 '부르'(pur)에 유래한다. 이 단어는 9장 26절에 다시 등장한다.

무리가 부르의 이름을 따라 이 두 날을 부림이라 하고.

위의 문장에서 '부르'는 히브리어 명사의 복수어미를 동반하는 'purim'으로 표기된다. 이와 같은 변화는 '두 날'이라는 축제의 기간에 기인한다. 이제 유대민족의 축제는 '부림'이라는 명칭 아래 모든 시대에 알려지게 된다.

9장 31절에는 처음으로 부림절에 연관된 금식이 언급된다. 금식의 시기는 명시되어 있지 않지만 '행운의 날'인 '아달 월' 13일로 정해진다. 이 날은 오늘에 이르기까지 원래의 축제에 선행하는 '에스더의 금식'으로 보존된다. 유대민족의 마지막 축제에 해당하는 의미 있는 행사에는 전통적 노래로 작곡된 에스더의 서한이 낭독된다. 여기에 축제의 식사와 즐거운 오락의 행사가 이어진다. 유대인들은 이방민족과의 대결에서 어려움에 처할 때마다 구원의 여인 에스더에게 주어진 하나님의 계시를 상기하며 고난을 극복한다. 이런 점에서 에스더의 여인상은 후세의 고난문학에 즐겨 다루어진다.

짤막한 종결의 부록은 서사적 이야기의 역사성을 보증한다(10.1-3). 아하수에로 왕에 의한 조공의 명령과 왕의 일기에 기록된 모르드개의 사적이 그 증거이다. 저자는 에스더의 이야기를 모르드개의 명성으로 끝내고 있다. 여기에서 독자는 계속적인 정보의 진원으로 안내된다. 후세에 미친 커다란 영향력을 강조하는 결구의 문장은 전형적인 성서의 언어로 표현된다(10.3).

> 그의 백성의 이익을 도모하며 그의 모든 종족을 안위하였더라.

유사한 내용의 구절이 스가랴 9장 10절에도 발견된다. "그가 이방사람에게 화평을 전할 것이요." 여기에서 선지자는 미래의 '구원의 왕'이 '백성에게 화평을 전하리라'고 예언한다. 그 어떤 통치자도 '모든 종족의 이익과 안위'보다 더 큰 업적을 이룰 수 없다. 모르드개는 유대인의 평화와 복지를 현재의 상황에서 분명하게 의식하고 있다.

4. 욥기의 주제와 서사구조
– 의인의 고난과 구원

욥기는 구약의 이야기를 대표하는 책이다. 유대인들은 삶의 역경이 닥칠 때 욥기를 낭독하며 위로를 얻는다. 주인공 욥은 마지막 시점에 구원의 축복을 받는 고뇌의 인내자로 승격된다. 이와 같은 인간의 유형은 고뇌의 삶을 살아야 하는 모든 사람에게 하나의 표본이 된다. 이런 점에서 욥기의 영향은 특정한 민족이나 국가의 범위를 넘어선다. 시문학의 범주에 속하는 욥기는 역사적으로 기독교 복음의 관점에서 해석된다. 여기에 다루어진 고난의 구원은 골고다와 십자가의 상을 예시한다. 그 근원에는 인간을 향한 하나님의 사랑이 자리하고 있다.

욥은 구약의 여러 문서에 언급된다. 에스겔에는 "자신의 의로 생명을 구한" 사례로 노아와 다니엘과 함께 욥이 거명된다(14.14). **"그들은 자기의 공의로 자기의 생명만 건지리라."** 세 사람은 모두 하나님의 심판에서 벗어난 성서의 인물이다. 신약성서에도 욥의 이름이 등장한다. 야고보서에는 욥의 인내가 축복의 대상으로 칭송된다(5.11). **"인내하는 자를 우리가 복되다 하나니 너희가 욥의 인내를 들었고."** 여기에서 '욥의 인내를 들었다'는 것은 백성의 입에서 뿐만 아니라 구약의 낭송을 통해 들었음을 의미한다. 두 구문에는 각기 욥의 공의와 인내가 높이 평가된다. 이처럼 욥기가 성서의 저자에 의해 지대한 관심의 대상이 되는 것은 그 속에 담긴 깊은 신앙의 가치 때문이다.

욥(Hiob, Ijob)이라는 특이한 이름은 히브리어 '에브', 아랍어 '아바'에서 유래한다. 이들은 각기 '미워하다, 대적하다'와 '돌아오다, 회개하다'를 뜻한다. 두 의미는 이미 욥기의 성격을 나타낸다. 문서의 제목은 이미 그 생성을 지시하고 있다. 욥기는 원래 아랍어나 에돔어로 작성된 이후 히브리어 방언으로 고쳐 쓴 것으로 판단된다. 따라서 일반적 구약의 언어와 차이가 있다. 이것은 문서의 이해를 어렵게 만드는 요인이 된다.

욥기의 집필 시기는 확실하지 않다. 역사적 데이터에 관한 직접적 지시는 문서에 발견되지 않는다. 서언과 후기에 제시된 역사적 배경과 이야기 자체의 연대는 구분되어야 한다. 앞의 두 부분은 의심할 여지없이 망명 이전의 시대에 속한다. 여기에는 고대 족장시대의 모습이 나타나 있다. 가정의 부유함은 가축의 소유에서 측정되며 욥은 고유의 사제의 모습으로 소개된다(1.5). 이야기의 역사적 자료는 여러 세대를 거쳐 전승되면서 문학적 대화의 보완과 함께 최종의 문서에 가공된 것으로 보인다.

욥기가 유대의 역사에서 독립된 문서로 완성된 것은 대략 기원전 6-4세기로 추정된다. 이와 같은 연대의 제시는 무엇보다 서술된 내용에 의해 뒷받침된다. 유대민족이 비극적인 망명생활에서 돌아온 후로는 새로운 형태의 고백문학이나 비애문학이 활발하게 출현한다. 이와 같은 문학의 유형에는 이역의 유배지에서 겪은 삶과 신앙의 경험이 반영된다. 개인의 고난이라는 욥기의 주제는 망명 이후의 시대적 배경에서 설명될 수 있다.

전래된 실화에서 소재를 취한 전기적 작품은 몇 가지 점에서 다른 문서와 구분된다. 첫째, 장소의 배경과 등장인물이 이국적이다. 주인공의 고향인 '우스(Uz) 땅'은 정확한 위치를 알 수 없으나 북부 아라비아나 레바논 남부의 동쪽지역으로 추측된다. 엘리바스, 발닷, 소발이라는 세 명의 친구는 모두 히브리인이 아닌 외국인이다. 둘째, 백성이나 종족의 구원이 아니라 인간 개인의 구원을 다루고 있다. 구약성서에서 전체의 내용이 주인공 한 사람의 신앙문제에 집중하는 경우는 욥기가 유일하다. 이런 점에서 매우 근대적이고 진취적이다.

셋째, 의로운 인간의 고뇌라는 특별한 주제이다. 이 도전적 명제는 후세의 문학에 거듭하여 수용된다. 주인공 욥은 '온전하고 정직한' 하나님의 종이다(1.1). 이와 같은 모범적 인간이 불의의 재앙에 처하게 되는 서두의 동기부여는 일반인의 상식과 통념을 벗어난다. 실제로 욥기의 해석을 둘러싼 토론은 신학을 위시한 인접분야에서 오늘날까지 지속된다. 때로는 심한 갈등을 야기하는 논쟁의 초점은 다음과 같은 하나의 질문에 모아진다.

욥의 구원의 동기는 어디에 있는가?

위의 물음은 여러 신학적 문제를 포함한다. 즉 전통적인 구원신학의 대상이다. 그러나 주어진 본문의 범위에서 보면 일정한 답변의 방향이 주어진다. 그것은 근본적으로 두 가지 측면에서 조명될 수 있다. 첫째, 이야기의 대전제인 사탄과 하나님의 약속이다. 서두의 두 장에는 사탄과 하나님 사이의 대화가 두 차례에 걸쳐 진행된다. 이에 따르면 하나님은 자신의 종을 시험하려는 사탄의 요청을 허락한다. 그러나 그의 '생명'은 해치지 말 것을 지시한다(2.6). '생명'은 '몸'과 달리 하나님에게 속한 고유의 본성이다. 사탄의 끈질긴 유혹에도 불구하고 욥의 삶과 운명은 하나님의 손에 달려 있다. 문서의 결론은 이 사실을 명백하게 증명한다. 하나님은 세계와 인간의 삶을 주관하는 전능자이다. 전능자를 뜻하는 히브리어 'shaddai'는 문서 전체에 31회나 등장한다.

둘째, 주인공이 논쟁과 변론을 통해 내면의 갈등을 풀어가는 근본적 척도이다. 강한 자기주장의 성향에도 불구하고 욥의 정신세계를 움직이는 기본요소는 지혜의 사고이다. 특히 **지혜의 창조**는 욥을 협소한 자신의 울타리에서 벗어나 창조주의 전능에 관한 인식으로 인도하는 동력이다. 여기에서 이제까지 단절되었던 여호와 하나님과의 개인적 소통이 이루어진다. 하나님에 의한 창조의 선포인 38장은 이 사실을 증거한다. 장엄한 자연의 시는 욥의 마지막 독백에 속하는 28장의 지혜의 노래에 연결된다. 하나님의 지혜를 칭송하는 운문의 단락은 다음과 같은 통찰로 끝난다(28.28).

주를 경외함이 지혜요 악을 떠남이 명철이니라.

경구형식의 문장은 시편 111편 10절과 잠언 1장 7절에 병행한다. 잠언을 인도하는 표어 '지혜와 명철'은 보이지 않는 하나님의 권능을 깨닫고 경험하는 기본요소이다. 하나님의 고유의 속성인 지혜의 능력에 접근하려는 사람은 '**하나님을 경외하여야**' 한다. 욥기 전체를 관류하는 이 기본요구는 종국적으로 자기 자신을 과감하게 버린 욥을 통해 실현된다.

욥기가 고뇌하는 인간에게 전하는 메시지는 다음과 같이 요약된다. 인간의 이성이나 판단은 주어진 고뇌의 문제를 해결하기에 부족하다. 논쟁과 변론에 의해서는 통일된 결론이나 합의에 도달할 수 없다. 인간의 불완전이라는 한계가 존재하기 때문이다. 인간 사이의 담화는 개인의 정신적 고통을 제거할 수 없다. 오직 하나님의 말씀의 경청에 의한 내적 변화만이 짙은 어둠을 환하게 비추어 청명한 밝음으로 인도한다. 이와 같은 명제는 빛으로 세상에 온 예수님의 사역에 연결된다(요 1.9). "참 빛 곧 세상에 와서 각 사람에게 비추는 빛이 있었나니."

욥기는 형식의 구사에서 거의 대부분 운문으로 되어있는 거대한 서사시이다. 이와 같은 문학적 장르의 실현은 구약성서 전체에서 독보적 위치에 있다. 구체적으로 처음의 두 장과 마지막 장을 제외한 나머지 모든 장이 운문이다. 산문과 운문의 두 문체형식은 하나님에 대한 명칭의 구분과 일치한다. 즉 산문에는 여호와가, 운문에는 엘(el) 혹은 전능자라는 단어가 사용된다. 고대의 민중서에 연유하는 세 장의 산문부는 운문의 대화로 구성된 방대한 중심부와 차이가 있다. 그러나 기본주제의 설정과 개진에서 통일된 전체로 읽을 수 있다.

42장으로 구성된 이야기는 여섯 부분으로 구성된다. 이들은 하나님과 사탄의 대화와 욥의 재앙(1-2장), 욥과 세 친구 사이의 3회의 논쟁(3-26장), 욥의 마지막 담화(27-31장), 청년 엘리후의 경고(32-37장), 하나님의 말씀(38-41장), 그리고 욥의 회개와 하나님의 축복이다(42장). 산문으로 된 처음과 나중의 부분은 전체의 틀을 형성하며, 방대한 분량의 중간부는 그 안에 담긴 내용물이다. 서언과 결론이 가운데의 줄거리를 둘러싸고 있다. 이와 같은 틀의 구조는 체계적으로 짜인 문학작품의 특성을 보여준다. 전체의 줄거리를 간단히 정리해보면 아래와 같다.

1) A1(산문): 서언(1-2장)

하나님과 사탄의 대화(1.1-12, 2.1-10)

욥의 재앙(1.13-22)

2) B(운문): 중간부(3-41장)

욥의 탄식(3장)

3회의 논쟁(4-26장)

욥의 마지막 독백(27-31장)

엘리후의 권면(32-37장)

하나님의 말씀(38-41장)

3) A2(산문): 결론(42장)

욥의 회개(42.1-6)

하나님의 축복(42.7-17)

위에 제시된 산문-운문-산문의 3원적 도식에서 일정한 서사의 원리를 도출할 수 있다. 그것은 순환과 전진의 이중구조이다. 앞의 경우는 서론과 결론의 상호연계이며, 뒤의 경우는 가운데 놓인 중심부의 전개방식이다. 서로 다른 두 요소의 기교적 접합은 전체의 줄거리를 규정한다. 여기에서 서사적 이야기의 의미가 유도된다. 상대적으로 길게 서술된 중간부의 내용은 앞뒤의 순환부에서 이해된다. 하나님의 보증과 보증의 실현은 다원적으로 전개된 담화와 논증을 관찰하는 척도이다. 이와 같은 구성작법은 방대한 내용의 작품을 체계적 연관에서 관찰하게 한다. 순환과 전진의 이중구조는 서사의 방식과 기능에서 매우 진전된 형태의 것이다.

이제 전체의 전개과정을 구체적으로 살펴보자. 이야기의 서두는 죄의 세계에서 살아가는 선한 인간 욥에 관해 서술한다(1.1-5). '경건하고 의롭다'는 조화로운 성품을 지닌 흠 없는 사람을 가리킨다. 이와 같은 도덕적, 정신적 안정은 보장된 세계에서 형성된 것이다. 욥의 도덕적 성숙은 하나님을 경외하는 마음에 근거한다. 그가 지닌 경건의 깊이는 가정예배의 준수에서 드러난다. 그가 드리는 규칙적 제사는 자식들이 하나님에 거역하는 죄를 지을 수 있다는 사실에 대한 예방의 조처이다(1.5).

이어지는 장면은 독자를 천상의 모임으로 안내한다(1.6-12). 사탄을 포함한 천사들을 가리키는 '하나님의 아들들'이 하나님 앞에 모습을 드러낸다. 정관사로 표기된 사탄은 천상의 고발자이며 우월감을 지닌 조롱자이다. 하나님의 대리자인 그의 과제는 인간의 도덕성을 시험대에 올려놓는 것이다. 욥에 대한 하나님의 칭찬은 그에게 비천한 질문을 제기하도록 만든다(1.9).

> 욥이 어찌 까닭 없이 여호와를 경외하리이까.

사탄은 욥의 경건이 하나님의 그의 소유를 보호하는데 있다고 설명한다. 이와 같은 배려가 중단된다면 욥의 경건도 사라질 것이다. 다시 말해 욥의 소유와 '몸'이 제거되면 그도 어쩔 수 없이 다른 사람처럼 죄를 짓고 멸망한다는 것이다. 사탄은 욥의 믿음이 물질적 풍부에 근거한다고 생각한다. 이것은 근본적으로 잘못된 판단이다. 하나님은 사탄의 요구를 받아들이면서 욥의 인물은 건드리지 못하도록 명령한다. 이와 함께 심한 논쟁과 함께 일어날 이야기의 사건이 시작된다. 이어서 네 개의 운명의 돌풍이 욥의 세계를 강타한다(1.13-19). 그 내용은 '스바' 외부인의 공격, 낙뢰에 의한 양떼의 죽음, 갈대아인의 강탈, 폭풍의 재앙이다. 이와 같은 곤궁의 상황에서도 욥은 하나님을 향한 신뢰와 믿음을 잃지 않는다(1.21).

주신 이도 여호와시요 거두신 이도 여호와시오니 여호와의 이름이 찬송을 받으실지니이다.

위의 문장은 믿음의 순종과 겸손에 관한 최고의 표현이다. 이처럼 진실한 신앙은 구원의 축복을 위한 동인이 된다.

2장 1-6절에는 천상의 두 번째 모임을 통해 사탄의 시험이 계속된다. 하나님은 다시 나타난 사탄을 향해 욥에게 심한 재앙이 주어졌지만 그가 여전히 '온전함을 지켰다'고 말한다. 이에 대해 사탄은 욥에게 주어진 시험의 내용이 불충분하다고 불평한다. 그것은 다른 사람의 불행에 관련된 것이다. "가죽으로 가죽을 바꾼다"는 표현은 다른 물건으로 대가를 치루고 자신은 보호된다는 뜻이다(2.4). 가죽은 상행위에서 지불수단으로 사용된다. 욥은 가축, 일꾼, 아이들을 희생시키고 자신의 몸을 보존한 것이다. 만일 욥 자신의 '뼈와 살'이 상한다면 그 역시 믿음을 유지하지 못할 것이다. 하나님은 다시금 욥의 '생명'을 보존하는 조건으로 사탄의 요구를 승인한다.

이어지는 단락에는 사탄의 작용에 의한 욥의 육체적 고통과 그에 따른 부정적 반응이 서술된다(2.7-10). 욥의 몸에 생긴 피부병은 일종의 나병으로 보인다. 욥이 처한 상황을 지시하는 부사구 '재 가운데'의 '재'는 도시의 성벽 바깥의 쓰레기장을 가리킨다(2.8). 한때 '동방의 모든 사람'보다 부유했던 남자는(1.3) 이제 온갖 더러운 잡동사니 사이에 앉아 참기 힘든 육체의 질병으로 괴로워한다. 남편의 가족, 소유, 건강의 상실은 욥의 부인의 믿음을 파괴한다. 그녀는 남편을 향해 "하나님을 욕하고 죽으라"고 심하게 저주한다(2.9). 차라리 죽는 것이 지금의 재앙보다 낫다는 극단의 발언이다. 그러나 욥은 그와 같은 행동은 하나님으로부터 떨어져 나가는 것이라고 질책하며 그녀의 잘못된 요구를 단호하게 물리친다. 인간의 삶과 운명은 선물을 받든 빼

앗기든, 사랑을 받든 얻어맞든 하나님의 손길에 달려있다. 단락을 마감하는 문장 "욥이 입술에 범죄하지 아니하였다"(2.10)는 앞 단락의 결구 "원망하지 아니하였다"(1.22)의 계승이다.

그러나 욥이 지닌 하나님에의 예속의 신앙은 시간이 지나면서 변하기 시작한다. 세 친구의 방문에 이어진 단락에서 욥은 자신의 출생과 삶에 관해 저주하고 불평한다. 고뇌하는 인간의 절규는 3장 전체를 관류한다(3.1-26). 이 부분은 예레미야 20장 14-18절의 내용과 유사하다. 예레미야의 단락을 시작하는 첫 절 '내 생일이 저주받다'는 욥기 3장 1절과 일치한다. 욥의 부정적 독백의 중심은 고통의 삶과 축복받은 죽음이다. 출생의 날에 대한 저주는 태양의 어둠에 의한 공포의 유발로 표현된다. 불안한 삶의 현실은 죽음의 매혹으로 이어진다. 약동하는 삶과 부드러운 죽음의 잠은 첨예하게 대조된다. 삶의 빛은 가련한 자와 마음이 상한 자의 운명을 드러낼 뿐이다. 전체의 단락은 '탄식은 나의 일상의 양식'이라는 절망의 고백으로 대언된다(3.24).

운문의 형식으로 기술된 중간부는 세 개의 대화시리즈로 구성되어 있다. 구체적으로 제1의 대화(4.1-14.22), 제2의 대화(15.1-21.34), 제3의 대화(22.1-27.23)이다. 이들은 동일한 방식으로 전개된다. 즉 세 명의 친구 엘리바스, 발닷, 소발의 담화에 욥이 순서대로 답변하는 형식으로 되어있다. 세 명의 친구들은 욥의 재앙과 고통에 관해 개인적 의견을 피력한다. 이를 위한 척도는 현실의 정죄에 따른 상벌주의이다. 즉 인간의 형벌은 죄악의 결과이다. 지상의 관념과 판단에 의존하는 이와 같은 사고는 문서의 종반에서 하나님에 의해 질책의 대상이 된다(42.7-8). 하나님의 경외에 근거하는 종속과 순종의 믿음이 결여되어 있기 때문이다. 이와 같은 반성에는 유대인의 종교에서 보이는 신앙의 오류가 반영되어 있다.

세 차례에 걸친 욥의 변호의 중심은 13장과 19장에 드러난다. 두 장의 주된 내용은 하나님을 향한 호소와 내면의 신앙고백이다. 13장에는 주님을 향한 기도가 포함되어 있다(13,20-28). 욥은 여기에서 하나님에 의한 정당한 취급을 청원한다. 이것은 자신에게 부과된 무거운 짐과 고통스러운 공포가 하나님의 주권 앞에서 제거됨을 의미한다. 그는 자신이 무슨 죄를 지었는지 알지 못하고 있다. 때문에 자기 자신을 가혹한 판결로 인도한 하나님의 적개심에 관한 설명을 요청한다. 마지막 절에서 욥은 자기가 부패의 표식을 몸에 지닌 비참한 피조물이라는 의식에 도달한다(13,28).

19장에는 '나의 구속자'를 확인하는 영혼의 절규를 통해 극적 변화의 가능성이 암시된다(19,25).

나의 대속자가 살아계시니 마침내 그가 땅 위에 서실 것이라.

욥은 자신을 받아들이며 인정하는 미래의 '구원자'를 보게 된다. 이것은 그리스도에 대한 예언적 암시이다. 그러나 욥을 기독교인으로 규정하기는 어렵다. 그는 자신의 발언에 담긴 계시의 의미를 정확히 인식하지 못하고 있다. 히브리어 명사 'goel'로 표기된 '구원자'는 가장 가까운 혈육의 친족을 뜻한다. 즉 민법에 의거하여 친족의 소유와 인물을 '해방하는' 사람이다. 이와 같은 표현은 룻기에 거듭하여 사용된 '구원자'의 개념과 통한다(3,12-13, 4,6). 욥의 독백에 등장하는 '구원자'의 의미는 그 기능에 무게가 실린다. 그는 욥을 사람 앞에서 정당화하고 하나님과 화해하도록 유도하여야 한다.

문서 전체의 전개에서 중요한 의미를 지니는 부분은 28장이다. 욥의 마지막 독백에 속하는 독립된 장은 하나님의 지혜에 관한 노래이다. 후세의 보완으로도 추정되는 특별한 단락은 한 편의 시 작품이다. 신적 창조의 지혜는 여기에서 다양한 비유의 상을 통해 서술된다. 독자는 진정한 지혜가 하나님에 대한 믿음이며 악의 거부라는 사실을 터득하게 된다. 지혜는 하늘과 지상에 인간의 지식보다 더 많은 것이 존재한다는 인식이다. 결과적으로 하나님의 뜻에 대한 순종이다. 단락의 중간에는 지혜의 추구가 다루어진다. 이 과제의 해결은 인간의 숙련과 창의성을 훨씬 넘어선다. 지상의 세계에는 '지혜의 발견'에 관한 대답이 주어지지 않는다(28.13). 인간은 결국 지혜의 물음에 대한 응답의 주체인 창조주 하나님에게 의존하게 된다.

27장에 이르러 대화의 진행에서 쉼표가 감지된다. 친구들의 충고는 더 이상 계속되지 않는다. 대신에 두 개의 욥의 담화가 이어진다. 이들은 각기 동일한 문장으로 시작된다(27.1, 29.1). "욥이 풍자하여 이르되." 여기에서 '풍자하다'라는 동사는 '격언으로 말하다'의 뜻이다. 친구들을 향한 욥의 답변은 문장의 도식에 따라 27-28장과 29-31장의 두 부분으로 구성된다. 27장은 욥의 무죄의 변명, 28장은 하나님의 지혜, 29장은 보다 나은 날의 회상, 30장은 치욕의 상황, 31장은 자신의 무죄에 관한 마지막 강변이다. 지혜의 부분을 제외하면 다른 장들은 전체적으로 서로 연결되어 있다. 가운데 배치된 지혜의 장은 엘리후에 의한 하나님의 등장을 예비한다. 다섯 장을 마감하는 무죄의 주장의 반복은 죄의 인식에 도달하기 위한 최후의 통로이다.

31장의 종결의 변론에서 욥이 내세운 무죄의 근거는 여섯 가지이다. 이들은 과거의 삶의 회상을 통해 얻어진 것이다. 그 내용을 열거해 보면 비도덕의 오염, 사고의 결여, 소유에 대한 강박, 비밀의 우상숭배, 남을 향한 적개심, 부정직으로부터의 자유이다. 한마디로 말하면 생활과 신앙의 모범이다. 결국 욥은 인간의 판단이나 하나님의 음성이 더 이상 자신을 혼란에 빠뜨릴 수 없다는 결론에 이른다. 친구들이 비난한 것과 같은 잘못을 저지른 적이 없기 때문이다.

이와 같은 암흑의 상황에서 탈출의 출구를 열어준 것은 네 번째 친구 엘리후의 등장이다(32-37장). 엘리후는 '그는 하나님이다'의 뜻이다. 셈족의 히브리인 엘리후는 욥과 세 친구 사이에 조성된 갈등을 해소하는 중재자이다. 동시에 하나님의 출현을 예비하는 안내자이다. 그는 욥이 지닌 강한 의의 자세를 강하게 비판하면서 동시에 하나님을 향한 순종의 자세를 권고한다. 그에 의하면 재앙으로 인한 고통은 형벌이 아니라 보다 지혜로운 삶의 영위를 위한 하나님의 훈육이다. 이점에서 재앙과 고통을 원인의 결과로 보는 다른 세 친구의 견해와 다르다. 무려 여섯 장에 걸친 엘리후의 엄숙한 충고는 드디어 욥으로 하여금 하나님의 공의와 권능으로 눈을 돌리게 한다.

엘리후는 방대한 담화의 마지막 단계에서 하나님의 위대함을 지적한다(36.26-37.24). 문학적으로 아름답고 영적으로 의미를 지니는 긴 단락은 다음 장으로의 이행을 준비한다. 여기에 언급된 모든 자연현상, 즉 비의 생성, 소나기, 눈과 얼음, 구름 등은 하나님이 지닌 권능의 표시이다. 하나님에 의한 기적은 욥의 경우로 이전된다. 이제 욥은 거부와 저항의 오도된 자세에서 벗어나 겸손하게 주님의 말씀에 귀를 기울여야 한다. 하나님의 길에 관한 인간의 이해는 영적 한계로 인해 제한되기 마련이다. 그와 같은 상태에서는 하나님과의 대화가 이루어지지 않는다. 그 어떤 인간도 자신의 영광이 숨겨진 하나님 앞에 신뢰를 가지고 나설 수 없다. 고통의 인간에게 남은 마지막 과제는 경외함으로 하나님에게 예속되는 것이다. 이것은 욥의 원래의 믿음의 자리로 돌아가는 것이다.

엘리후의 발언이 끝나기도 전에 여호와 하나님이 욥의 앞에 직접 출현한다. 38-41장의 네 장은 서사적 극시의 정점을 이룬다. 이 부분은 고백의 장인 19장과 28장에 연결되어 있다. 하나님의 말씀은 38-39장과 40-41장의 두 단계로 개진된다. 그 중간에 욥의 겸손한 반응이 놓여있다(40.4-5). 욥을 향한 하나님의 부름은 "여호와께서 폭풍 가운데 말씀하시되"라는 동일한 문장도식으로 시작된다(38.1, 40.6). 이어지는 하나님의 말씀은 '나와 너'의 인칭도식에 의해 직접적으로 서술된다. 여기에 구사된 수사의 어법은 상대방을 설득하는 효력을 발휘한다.

38장의 서두에서 욥은 자기반성의 결단으로 촉구된다. 여호와 하나님은 준엄한 경고는 다음과 같이 울려나온다(38.2-3).

2 무지한 말로 생각을 어둡게 하는 자가 누구냐?

3 너는 대장부처럼 허리를 묶고 내가 네게 묻는 것을 대답할지니라.

하늘의 침묵은 드디어 막을 고한다. 도전적 물음의 도식 '누구냐'는 상대방의 경각심을 일깨운다. '생각을 어둡게 한다'는 것은 욥을 향한 하나님의 선언이 우연히 아니라 준비된 계획에서 나온 것임을 의미한다. 이제까지의 모든 담화는 이 사실을 간과한 것이다. 특별한 명사 '대장부'(geber)는 투사로서의 강한 인간을 가리킨다. '허리를 묶다'는 단호한 결단의 자세를 지시한다. 욥은 이제까지 하나님에게 맞서는 자로 이해될 수 있는 말투를 스스로 사용하여 왔다. 그러나 나약한 피조물은 이제 곧 창조주의 권능 앞에 무릎을 꿇을 것이다. 강한 투사는 겸손한 경배자가 된다.

하나님 자신에 의한 적극적 말걸기는 진정한 소통과 화해의 표시이다. 확고한 **은혜의 부름**은 강한 자기변호의 목표에 도달한 욥의 내면세계를 흔들어놓는다. 하나님이 그에게 들려준 것은 육지와 바다를 창조하고 피조물과 자연을 제어하는 창조주의 능력과 섭리이다. 한마디로 창조의 질서를 선포하는 위대한 자연시이다. 지혜의 창조는 이미 28장의 독백에 암시된다. 지혜는 우주의 힘에 척도를 부여한 창조의 하나님의 소유이다. 이와 같은 심오한 **지혜의 자연관**이 38장으로 이어진다. 창조의 질서와 지배를 강조하는 하나님의 선언은 닫힌 욥의 눈을 열어주는 결정적 동인이 된다.

38-39장의 두 장에는 자연과 동물의 세계의 기적이 서술된다. 구체적 대상은 대지와 바다, 새벽의 여명, 자연현상, 우주, 야생의 짐승, 매와 독수리 등이다. 이어지는 40-41장에는 하나님의 위대한 권능이 천명된다. 여기에서 욥의 자기주장은 좌절된다. 세계의 질서에서의 하나님의 활동은 베헤못(Behemoth)과 리워야단(Leviathan)의 비유담화로 진술된다. 베헤못은 강가의 말과 동일시되며 리워야단은 용처럼 생긴 생물이거나 악어와 유사하다. 물리적 힘을 지시하는 두 괴물의 형체는 인간에게 제어할 수 없는 힘을 과시한다. 그러나 이들 역시 창조주 하나님에게 예속되어 있다. 하나님이 얼마나 지혜롭고 강하며 의로운가를 터득한 피조물은 겸손하고 진실되게 창조주에게 복종하여야 한다.

하나님의 강한 촉구에 대해 욥은 매우 낮은 자세로 순응한다. 40장 4-5절의 두 절은 전능한 하나님이 스스로를 계시할 때에 일어나는 현상에 대한 고전적 실례이다. 욥은 이제까지의 변명과 불평에서 벗어나 진정한 자신의 모습을 발견한다. "나는 비천하오니"는 자신의 작음과 낮음에 대한 고백이다(40,4). 욥이 자만의 굴레에서 벗어나 하나님을 향해 시선을 돌릴 때 새로운 조망이 펼쳐진다. 욥의 대답은 하나님에 관한 인식의 길에서 커다란 진전을 보여준다. 그는 하나님이 수수께끼처럼 숨겨진 비밀을 자신에게 계시한 사실을 깨닫는다.

42장의 서두는 38장 2-3절에 제기된 하나님의 촉구에 대한 응답이다(1-6). 하나님의 계시는 욥을 이전에 경험하지 못한 용서의 덕목으로 안내한다. 자신의 죄에 관한 변화된 인식과 함께 하나님의 돌봄에 관한 새로운 신뢰가 조성된다. 여섯 절의 단락은 이 사실을 명료하게 증거한다.

3 무지한 말로 이치를 가리는 자가 누구니이까 나는 깨닫지도 못한 일을 말하였고 스스로 알 수도 없고 헤아리기도 어려운 일을 말하였나이다.
5 내가 주께 대하여 귀로 듣기만 하였사오나 이제는 눈으로 주를 뵈옵나이다.
6 그러므로 내가 스스로 거두어들이고 티끌과 재 가운데에서 회개하나이다.

위에 인용한 세 절의 내용은 세 단계로 개진된다. 첫째, 하나님이 경고한 '무지한 말'에 대한 자성이다. 그것은 깨닫는 것, 아는 것, 헤아리는 것의 회복이다. 둘째, 신체의 지각에 의한 완전한 '깨우침'의 구현이다. '귀의 들음'에서 '눈의 봄'으로의 이행은 새로운 자각의 수행이다. 시각의 열림은 영혼의 개안을 의미한다. 영적 지각은 복음서의 기적이야기에 거듭하여 강조되는 구원의 조건이며 표식이다.

셋째, 깨우침에 따른 실천의 행동이다. 마지막 절은 죄의 뉘우침을 통한 회개의 결단을 분명하게 표명한다. '티끌과 재'의 벗어남은 이제까지의 모든 현실적, 인간적 구속과 질곡에서 완전히 해방됨을 말한다. 성서의 모티브 '재'는 청결과 씻음의 매체이다. 욥의 회개는 한마디로 철저한 자기포기와 자기부정에 근거한다. 자신의 정당성에 대한 방어로 일관하던 그는 하나님과의 직접적 만남에서 과거의 행동이 잘못된 것임을 확인한다. 이와 같은 영적 깨달음에서 은혜로운 구원의 길이 열린다. 내적 존재의 변화에 의한 욥의 인간 회복은 실존적이며 전인적 성격의 것이다. 이 점에서 매우 근대적 면모를 보인다.

42장 7-17절은 욥기의 에필로그이다. 이 부분은 프롤로그처럼 다시금 산문으로 돌아간다. 열한 절의 단락은 세 친구에 대한 심판으로 시작된다. 그들이 비난을 받은 것은 여호와 하나님에 관해 올바르지 못하게 말하였기 때문이다. 그들의 관념과 발언은 지상의 세계에 대한 하나님의 통치와 인간을 향한 하나님의 행동에 관한 한 잘못된 것이다. 이에 비해 욥은 칭송의 대상이 된다. 물론 이것은 그의 말이 모두 옳다는 뜻은 아니다. 42장 7-8절은 탁월한 대화의 평가이다. 욥은 자신의 죄가 '자기의 높임'에 있다는 사실을 인식한다. 그러나 이것은 친구들을 포함한 모든 유한한 자의 죄이다. 친구들의 가장 큰 오류는 자신의 믿음의 확신을 하나님의 뜻과 동일화한 데 있다. 이것은 올바른 믿음의 원리에서 간과하기 쉬운 부분이다.

욥은 자신을 괴롭힌 친구들을 용서할 뿐만 아니라 그들을 위해 기도한다. 여기에서 하나님은 욥의 의로움을 공적으로 인정한다. 욥의 용서의 기도는 그를 아비멜렉을 위해 기도한 아브라함과 바로 왕을 위해 기도한 모세의 곁에 위치하게 한다. 독자는 여기에서 물질적, 영적 은사에 관한 탁월한 서술을 발견한다. 그러나 보다 중요한 것은 영적 은총이다. 단락의 서두에는 네 차례에 걸쳐 '나의 종'이라는 애호의 명칭이 등장한다. 이것은 이사야 53장의 '고뇌하는 주님의 종'을 상기시킨다. 하나님은 지칠 줄 모르는 욥의 진리의 욕구를 칭찬한다. 그리고 이와 같은 욕구를 부정한 친구들을 질책한다. 욥의 관심이 다른 사람의 영적 욕구로 향할 때 모든 것이 그에게 이루어진다. 이어지는 구절은 우정, 소유, 가정의 회복에 관해 보고한다. 이와 같은 다원적 축복은 욥이 처한 시대의 종교적 구원관을 반영한다. 욥의 생애의 편력에 관한 이야기는 탁월한 결구로 종료된다(42.17).

욥이 늙어 나이가 차서 죽었더라.

이제 욥기의 의미를 정리해보자. 욥의 정신적, 영적 회복은 하나님이 소유한 의의 승리이다. 사탄의 힘은 하나님의 권능에 대적할 수 없다. '주의 종' 욥은 험난한 지상의 싸움에서 결국 악마를 물리친다. 여기에는 여호와 하나님을 향한 부단한 정진의 노력이 중요하게 작용한다. 그 결과는 하나님과의 진정한 만남으로 나타난다. 인간의 구원은 가로막힌 하나님과의 장벽을 제거하는 화해의 기적에서 이루어진다. 욥의 회개에서 증명된 고귀한 명제는 새로운 메시아의 시대에 십자가의 죽음으로 완전히 성취된다. 욥의 이야기는 요나의 경우처럼 예수님의 오심을 지시한다. 그의 고난과 죽음은 예수님의 구속의 사건에서 완전하게 이해될 수 있다.

부록: 창조사의 이해

창조의 이야기는 '거대서사'의 구성에서 제1막에 해당한다. 구약성서를 열어주는 창세기는 모두 10개의 이야기로 편성된다. 2장 4절이 표지판의 역할을 한다. 이 의미 있는 구절은 천지창조의 사역을 마감하고 새로운 창조시대의 시작을 알리는 경계의 지점이다. 두 부분으로 구성된 문장의 전반에 해당하는 "이것이 …의 내력(세대; elle toledot)이니"는 5장 1절에서 "이것은 …의 족보이다"로 변형되어 표현된다. 이후 창조시대의 이야기를 인도하는 기본공식으로 통용된다. 구체적인 계보의 서술은 전통적인 왕의 족보를 따르고 있다. 광대한 범위의 창조이야기는 천지창조의 성업과 이어지는 창조시대의 역사의 두 부분으로 나누어 관찰된다.

창조사는 구약의 이야기의 모형으로 인정된다. 이어지는 이스라엘의 역사는 여기에서 올바로 이해된다. 따라서 창조의 이야기를 살펴보는 것은 구약의 역사이야기를 파악하는 근간이 된다. 창세기는 이를 위한 대전제이다. 창세기의 히브리어 원어 'geneseos'(그리스어 'genesis')는 '기원', '생성'을 뜻한다. 이것은 우주의 발생뿐만 아니라 모든 문서의 시작을 가리킨다. 구약성서 전체가 최초의 문서인 창세기에 근원을 두고 있다. 창세기의 서두를 장식하는 천지창조는 구약적 역사기술의 원형이다. 천지와 인간의 창조의 역사에 관한 보고는 문학의 형식으로 작성된 훌륭한 이야기이다. 여기에는 내용과 주제에 걸맞은 서사적 문체가 도입된다. 이와 같은 작법은 일반적 창조설화와 확연히 구분된다. 창조사의 기술에는 저자 고유의 표현의지가 반영되어 있다. 이것을 밝히는 것은 창조사의 해석에 큰 도움을 준다. 여기에는 서사적 구조의 해명이 중요한 역할을 한다.

창조사를 이해하기 위해서는 그것이 문서 전체에서 차지하는 위치와 의미를 파악할 필요가 있다. 원초의 역사인 창조사는 인간의 역사의 근원이다. 구약 전체를 관류하는 이스라엘 민족의 역사는 창조의 역사에 기원을 두고 있다. 창조주 하나님은 스스로 선택한 백성의 삶과 역사를 운행하는 주체이다. 언약의 역사는 그 증거이다. 창조사는 하나님과 백성 사이의 언약의 관계에서 그 의미가 분명하게 드러난다. 대홍수의 이야기를 마감하는 하나님과 노아 사이의 언약의 체결은 이 사실을 증언한다. 하나님의 언약은 그의 최고의 존귀와 함께 새로운 삶의 질서를 창조한다.

창조사의 기술에는 절대의 창조주 하나님에 대한 확고한 신앙이 중심에 놓여있다. 창조의 신앙은 기독교 복음의 출발점이다. 이 사실을 명확하게 지적한 경우는 히브리서이다. 믿음의 위대한 행위를 서술하는 거대한 장의 서두에서 저자는 다음과 같이 언명한다(11.3).

믿음으로 모든 세계가 하나님의 말씀으로 지어진 줄을 우리가 아나니

위의 문장은 믿음에 의해 하나님의 '말씀의 창조'를 알 수 있다고 강조하고 있다. '말씀의 창조'는 창세기 1장의 천지창조 단락에서 '하나님이 이르시되'라는 문장도식으로 열 차례나 반복된다. 이와 같은 말씀의 지시에 따라 6일 동안의 성업이 순서대로 진행된다. 경배와 감사의 노래인 시편 33편 6절에도 '말씀의 창조'가 고백된다.

여호와의 말씀으로 하늘이 지음이 되었으며

믿음은 세계의 근원, 인간의 원래의 역사를 파악할 수 있는 기초이다. 우주창조와 같은 초자연의 사실을 현실적 감각과 지각의 동로를 통해 포착하는 것은 불가능한 일이다. 살아있는 하나님의 실존과 그의 권능의 창조를 인정할 때 비로소 성서의 증언은 진리로 받아들여진다. 이것이 창조사의 의미이다. 인간의 합리적 인식이 도달하기 어려운 초월적 성질의 이야기에서 과학적 증명의 근거를 찾으려는 시도는 무의미한 일이다.

창조사의 이해는 역사적 사실성을 둘러싸고 논란을 야기한다. 다루어진 대상이 문자의 기록 이전의 시점에 해당하기 때문이다. 그러나 여기에 쓰인 내용은 전승된 전거에 근거하고 있다. 예를 들어 창조사와 창조의 후속사의 연결은 서로 다른 문서의 유형에 기인한다. 즉 1장 1절~2장 3절은 제사장문서(P)에서, 2장 5절~3장 24절은 여호와문서(J)에서 취해진다. 하나는 하나님의 뜻에 의거하는 창조사의 보고이고, 다른 하나는 태고의 낙원에서 일어난 인간의 범죄와 추방이다. 완전히 다른 성격의 두 이야기의 공존은 보다 높은 상위명제에서 찾아진다. 그것은 하나님의 구속사의 완전한 구현이다. 신성한 창조의 사역과 인간의 죄악에 따른 형벌은 인류구원의 역사를 규정하는 두 기본축이다. 창세기 전체의 전개는 이와 같은 대전제에서 이해된다.

신비로운 우주의 생성에 관해서는 고대 그리스의 철학에도 여러 견해와 이론이 존재한다. 옛 동방의 신화에도 창세기와 유사한 내용이 발견된다. 그러나 구약성서의 창조사는 이들과 상관이 없다. 창세기 1장 2절에 언급된 '혼돈과 공허'(tohu wabohu)는 바빌론의 혼돈의 바다 'Tiamat'나 그리스 신화의 혼돈의 관념과 전혀 다르다. 그것은 절대의 창조주에 의해 형태, 생명, 질서가 부여될 '비어있는 공간'이다.

동방의 신화는 창세기에서 철저하게 배격된다. 바벨탑의 비극은 이를 보여주는 증거이다. 대홍수의 시기의 역사를 마감하는 특별한 사건은 노아의 자손의 동방으로의 이동과정에서 발생한다(11.2). 그것은 이방의 바빌론 지역에서 일어난 범죄에 대한 심판이다. 바빌론의 서사시는 창조사에서 자리를 상실한다. 신화의 세계상은 구약에 제시된 창조의 정신에 배치된다. 창조사의 서술에 보이는 문학적 병행은 역사성의 정당화를 부인하는 것이 아니다. 신화적 소재나 요소의 도입은 신적 창조의 역사를 기술하기 위한 소도구에 불과하다.

창조시대의 역사를 마감하는 바벨탑의 비극은 창조주의 권위에 도전하는 교만한 인간의 말로를 상징적으로 보여준다(11.1-9). 하늘에까지 도달하려는 드높은 탑의 축조는 지상의 언어혼란을 가져온다. 이것은 초자연의 권능을 가진 하나님의 개입으로 인한 심판의 수행이다. 탑의 히브리어 'migdol'에는 '요새'의 뜻도 들어있다. 다시 말해 여러 층으로 된 성벽의 탑을 지시한다. 바벨(babel)과 유사한 음향의 히브리어 'balal'은 '혼돈', '혼잡'을 의미한다. 바벨탑이 세워진 '시날' 평지에는 후일 바빌론 제국이 건설된다. 때문에 바빌론은 하나님에게 거역하는 세력을 나타내는 부정적 대명사로 사용된다. 한편 바빌론의 분산은 저주를 넘어서는 축복의 의미도 포함한다. 그것은 문화의 진전으로 진행될 불의의 확장을 지연시키는 역할을 하기 때문이다(11.6). 바벨탑의 이야기에 중심주제로 제시된 언어소통의 단절은 예수님의 부활 이후 발생한 오순절 성령의 기적에서 언어의 일치로 해소된다(행 2.1-13).

창조사의 기술은 창세기 1장 1절에서 2장 3절까지 이른다. 방대한 복합단락은 인간의 역사를 위한 전사(前史)이다. 전체적으로 통일된 이야기는 인간의 삶과 사고의 기초가 되는 역사의 진리를 중재한다. 인간의 원래의 역사는 창조의 역사에 바탕을 두고 있다. 창조의 사역에서 인간의 창조가 이루어지며 인간의 본성과 행위가 규정된다. 전체의 서술은 단순하고 객관적인 관찰의 언어에 의거한다. 그러나 여기에는 대상을 활성화하는 강한 표현의 힘이 내재되어 있다. 이와 같은 성향은 단락의 주제인 '말씀의 창조'에 부합한다. 성서의 언어를 규정하는 창조의 능력은 창조시의 서술에서 본질적으로 구현된다. 창조사 고유의 문체적 특성은 구약의 다른 문서와 비교해보면 분명하게 드러난다.

태초에 하나님이 천지를 창조하시니라.

위의 문장은 창세기를 열어주는 첫 행이다. 독립된 성격의 문장은 서곡 전체의 표제의 역할을 하고 있다. 간단한 과거형 진술문은 창조의 사실을 한마디로 요약한다. 히브리어의 시행은 평이하나 성숙된 문체를 보이고 있다. 문장을 시작하는 부사구 '태초에'(bereshith)는 다른 책에서처럼 원래의 표제로 선정된다. 창조사의 문맥에서 보면 창조행위의 시점을 규정한다. 이 시간 부사에는 지속의 의미가 내포되어 있다. 천지의 창조는 6일간에 걸쳐 단계적으로 진행된다. 그리고 제한된 시간의 범위를 넘어 그 영향력을 행사한다. 창세기의 표제어 '태초에'는 창조의 역사의 진행을 지시하는 포괄적 시간개념이라 할 수 있다. 이어지는 인간의 역사는 그 전제 아래 있다.

신적 창조의 영속성은 요한복음 1장 1절에서 보다 선명하게 제시된다. **"태초에 말씀이 계시니라."** 여기에서 '처음'은 중간과 마지막과 있는 고정된 시간이 아니라 **'영원의 처음'**이다. 영원(nunc stans)이란 '언제나 머물러 있음'을 뜻한다. 이 속성은 여호와 하나님에게만 해당된다. 창조의 말씀인 '로고스'(logos)는 이어지는 두 절에서 남성의 주어로 인격화된다. 이것은 하나님과 예수님의 동일화를 지시한다. 다시 말해 예수님의 '선존재'를 가리킨다. '태초에'는 전후의 문맥으로 보아 '처음부터 지금까지'로 풀어쓸 수 있다. 한마디로 지금도 작용하는 '선재의 말씀'이 있었던 시간이다. '선재'란 예수 그리스도의 선천적 존재성을 보장하는 실존개념이다. '로고스'로서의 그는 창조의 시점부터 활동한 영원한 존재자이다.

'창조하다'의 히브리어 동사 'bara'는 하나님의 말씀(dabar)에 의거한 창조의 행위를 가리킨다. 이것은 절대적인 '새로운 시작'이다. 창세기 1-2장에 여섯 차례에 걸쳐 사용된 'bara'는 이와 같은 문맥 아래 있다. 새로운 창조행위의 대상은 하늘과 땅이다. 서로 대조되는 두 명사의 합성은 창조의 성격을 지시한다. 창조의 주체는 하나님이다. 여기에는 유일신의 사상이 나타나 있다. 하나님은 천지와 인간을 만든 유일의 존재이다. 그는 말씀의 권능으로 만물을 창조한다. 1장 3절에는 말의 실행에 의해 빛이 생성된다. '하나님이 이르시되'는 모든 창조행위를 인도하는 기본공식이다. 이 과거형 문장은 천지창조의 기술에서 10회나 등장한다. 하나님의 말씀은 활동적이며 생산적인 힘과 능력을 갖는다. 권능의 말씀에 근거하는 창조는 새로운 생명의 생성이라는 총체적 변화의 차원에서 올바로 이해될 수 있다. 신적 계시와 영감은 이를 위한 매체이다.

창조사의 중심은 창조주 하나님의 행위이다. 창조의 방법이나 과정, 창조물의 상태에 관해서는 구체적 설명이 없다. 이것은 서술의 기본방향이 창조자의 권능의 구현에 있음을 의미한다. 창조의 주체의 강조는 하나님이 문장의 주어로 연속하여 등장하는 사실에서 확인된다. 창조사의 진행은 마지막 단락을 형성하는 '창조주 왕'의 성화에서 정점에 이른다. 창세기의 천지창조에 보인 초자연의 기적은 종말의 시점에서 '새 하늘과 새 땅'의 창조로 이어진다(계 21.1-8). '새로운 창조'는 신구약성서 전체를 둘러싸는 거대한 틀이다. 이것은 영원히 지속될 하나님의 구원사의 현실화이다.

> 땅이 혼돈하고 공허하며 흑암이 깊음 위에 있고 하나님의 영은 수면위에 운행하시니라.

창세기 1장 2절은 창조의 사역 이전의 원초의 상태를 묘사한다. 이 문장은 두 부분으로 구성된다. 전반의 주어 '땅'은 깊고 어두운 단계에 놓여있는 인간의 장소를 지시한다(사 45.18). 이를 형용하는 두 요소 '혼돈과 공허'는 물질의 창조를 위한 터전이다. 여기에서 시간과 공간, 우주, 자연, 인간의 형체가 조성된다. 그것은 한마디로 '무로부터의 창조'(creatio ex nihilo)라고 할 수 있다. 이 복합어는 성서의 창조개념을 설명하는 기본범주로 통용된다. 문장의 후반은 전반과 다른 상태를 지시한다. 그것은 이미 존재하는 '하나님의 영'의 활동이다. 이것은 '혼돈과 공허'를 명료한 실재로 변화시키는 원동력이다. 즉 하나님의 의지의 중재라고 할 수 있다. 창조의 행위를 인도하는 성령은 '로고스'의 그리스도와 함께 삼위일체의 창조를 정립하는 근거가 된다.

창조사의 기술은 연대가 아니라 주제에 의거한다. 이것은 창조주에 의해 계획된 내용의 실천이다. 창조의 대상은 6일의 시간범위에서 적절하게 분배된다. 6일 동안의 천지창조는 일정한 도식에 따라 병행적으로 기술된다. 즉

'하나님이 이르시되'로 시작하여 '보기에 좋았더라'를 거쳐 '…째 날이니라'로 끝난다. 창조의 일과를 마감하는 날짜의 지시는 시간의 연속적 진행을 지시한다. 창조사의 전체줄거리를 통일시키는 이와 같은 구성방식은 서사적 이야기의 진면목을 보여준다. 천지창조의 보고는 성서적 역사이야기의 범례적 원형이다.

창조사의 기록은 거대한 서사시이다. 그 구성은 시의 형식을 취하고 있다. 7일간의 창조의 성업은 3원적 구도로 전개된다. 즉 3일간의 연속, 3일간의 통일, 그리고 하루의 완성이다. 3-3-1의 기본도식은 3연형 시의 구성원칙과 일치한다. 마지막 행은 이제까지 서술된 것의 총화이다. 3연 7행의 구성을 요약하면 아래와 같다.

제1연: 천지창조의 범위

제1행: 빛과 어둠(낮과 밤)

제2행: 물과 궁창(하늘과 바다)

제3행: 자연식물(풀, 채소, 나무)

제2연: 창조의 통치

제4행: 천체기관(해, 달, 별)

제5행: 생물, 새, 짐승

제6행: 가축, 인간

제3연(제7행): '창조주 왕'의 성화

시를 열어주는 처음의 두 절은 전주곡의 역할을 한다. 여기에서는 창조의 기본원리가 제시된다. 그것은 이미 존재하는 '하나님의 영'에 의한 '무의 창조'이다. 이와 같은 전제 아래 6일간의 창조행위가 단계적으로 이루어진다. 첫 연의 내용은 천지창조의 범위이다(1.1-13). 최초의 3일간의 사역은 빛과 어둠(낮과 밤), 물과 궁창, 자연식물의 순서로 진행된다. 낮의 빛은 낮과 밤이 교체되는 시간적 질서를 세우기 위한 것이다. '있으라'는 존재의 생성을 지시하는 말씀의 명령이다. 그 결과가 하나님의 뜻에 합치되는 한 '보기에 좋은' 것이다. 여기에는 질서와 조화의 미가 포함된다. 이 고전적 아름다움은 체계적이고 정교한 성전의 건축에 비견된다.

궁창(raqia)은 하나님의 거처를 둘러싼 아치 모양의 거대한 장막으로 하늘을 말한다. 궁창 위의 물은 지상에 습기를 제공하는 구름이다. 궁창 아래의 물은 하나로 모여 바다를 형성한다. 물과 물의 가름은 하늘과 지상의 명확한 구분이다. 새로운 현실인 지상의 세계는 풀, 채소, 열매 맺는 나무 등으로 채워진다. 이 녹색 식물은 씨앗의 작용으로 싹이 피어나고 성장하는 유기적 생명체이다. 상황의 부사 '각기의 종류대로'는 다채로운 식물의 번성을 지시한다.

둘째 연에는 창조의 통치가 다루어진다(1.14-31). 이것은 피조물에 대한 '다스림'을 의미한다. 마른 땅에 창조된 것에 대한 지배의 권한은 마지막으로 창조된 인간에게 귀속된다. 후반의 3일의 사역은 전반의 3일에 연결되어 있다. 넷째 날에는 천체기관, 즉 해, 달, 별이 창조된다. 첫날에 이루어진 빛과 어둠의 창조의 연속이다. 우주의 창조는 점진적으로 진행된다. 크고 작은 빛의 물체는 낮과 밤을 조정함으로써 인간이 삶을 영위하고 일을 할 수 있는 표적('징조')을 제공한다. 구체적으로 날(日), 해(年), 계절의 조성이다(1.14). 하늘의 세계를 구성하는 천체의 요소는 천상의 군사와 함께 하나님의 봉사자로 간주된다. 다섯째 날에는 벌레를 포함한 생물, 날아다니는 새, 들판의 짐승, 바다의 물고기가 지상의 세계에 주어진다. 이로써 셋째 날의 사역이 완전하게 보완된다.

여섯째 날의 사역의 중심은 인간의 창조이다. 창조주는 여기에서 천군천사를 대동한 '천상의 왕'으로 표현된다. 특별한 화법의 서술형식은 이를 뒷받침한다(1.26).

> 하나님이 이르시되 우리의 형상을 따라 우리의 모양대로 우리가 사람을 만들고

위의 문장에는 일인칭복수 대명사 '우리'가 주어로 사용된다. '우리가 … 하자'라는 명령문 형식은 주체에 의한 적극적인 행동을 나타낸다. 인간의 창조는 하나님의 강한 의지의 산물이다. 여기에서 중요한 것은 하나님의 '형상'에 따라 이루어진 창조이다. 거듭하여 사용된 명사 '형상'(tselem, demut)은 외형의 형태와 내면의 본질의 양면을 포괄한다. 다시 말해 완전한 동일의 '형상'이다. 이와 같은 사실은 다음 단락에서 보다 구체적으로 다루어진다(2.7). 여섯째 날의 업적에는 '보기에 매우 좋다'라는 만족의 어구가 마지막에 주어진다.

이어지는 세 절에는 모든 피조물을 제어하고 소유할 수 있는 축복이 인간에게 주어진다(1.28-30). 마른 땅에서 자라는 자연식물과 동물은 식량의 재료로 제공된다. 삶의 공간의 지배를 위한 왕권의 위임은 인간에 의한 문화의 통치를 의미한다. 이 통치의 권한은 이후의 인간역사의 기술에서 반복하여 언급된다. 9장 1-7절에는 하나님이 노아에게 위임한 축복의 언약으로 제시된다. 시편의 창세기라 할 수 있는 8편 5절은 하나님이 인간에게 '영화와 존귀의 관'을 부여하였다고 노래한다. 여기에서 '관'의 히브리어 '아타라'는 왕

관을 뜻한다. 인간은 하나님을 대리하여 모든 피조물을 다스리는 최고의 존재이다.

마지막 연은 앞 연에 암시된 '창조주 왕'의 성화이다(2.1-3). 그것은 완성과 안식으로 나타난다. 완성은 창조의 종식이 아니라 창조의 연속을 위한 마무리이다. 이것은 창조의 일과를 마감하는 시간적 지시 '아침과 저녁'의 반복에서 증명된다. 안식일을 규정하는 '거룩함'은 하나님 고유의 속성이다(2.3). 창조주의 안식은 피조물을 향한 안식의 요구를 포함한다. 안식일의 설정과 준수는 하나님의 통치에 관한 새로운 봉헌이다. 상징적 의미를 지니는 '7일 주간'의 리듬은 인간의 삶의 리듬으로 전이된다. 하나님의 '형상'으로 지어진 인간의 삶은 하나님의 창조의 직무에서처럼 일과 휴식의 관계로 영위된다. 이것이 '성일'로 마감되는 일주일의 일정이다.

인간의 창조는 창조사의 정상이다. 여기에 제시된 '동형상'의 명제는 다음 단락에서 인간창조의 원리로 넘어간다(2.7). 그것은 '땅의 흙'과 '생명의 입김'으로 탁월하게 정리된다. 앞의 경우는 육체의 요소이며, 뒤의 경우는 정신의 요소이다. 외형적으로 자연의 지배를 받는 육신(basar)이지만 내면적으로 물리적 차원을 넘어서는 영혼(nefesch)을 지시한다. 영혼은 의식이 있는 삶의 개성이다. 인간의 본질을 규정하는 '생령'(히브리어 'nefesch hajja')은 호흡이 있는 영적 생명체를 말한다. 하나님이 인간에게 부여한 입김, 즉 성령(ruach)은 인간의 삶의 충동력이며 에너지이다.

창조사의 기술은 2장 4절을 기점으로 새로운 단계로 넘어간다. 이 대목은 앞뒤의 단락을 맺어주는 고리의 역할을 한다.

> 이것이 천지가 창조될 때에 하늘과 땅의 내력이니
> 여호와 하나님이 땅과 하늘을 만드시던 날에

두 부분으로 된 문장에서 전반의 구문 "이것은 …의 내력이다"는 5장 1절 이후 반복되는 "이것은 …의 족보이다"와 같은 위치에 있다. 히브리어 문법에서 2격의 사용은 출발과 진전의 표시이다. 즉 창조의 원천이 아니라 창조의 연속에 관계된다. 시간의 지시문 '창조될 때에'는 천지창조 이후의 지상의 주민의 삶의 시기이다. 문장의 후반을 인도하는 하나님의 명칭에는 창조주 하나님(Elohim)이 언약의 하나님 여호와(Jahwe)와 결합된다. 이중의 호칭 여호와 하나님은 이후 인간의 역사를 주관하는 하나님의 존재를 표기하는 용어로 사용된다.

2장 4절에 제시된 '창조의 때'는 2장 5절에서 4장 26절에 이르는 역사의 기간을 지시한다. 그러나 넓게 보면 11장 32절까지의 내용을 포괄한다. 전체적으로 창조시대의 역사이다. 인간의 원초의 역사에 해당하는 광범한 시기는 에덴동산의 이야기에서 시작된다. 최초의 인간의 모습을 보여주는 독립된 복합단락은 구약에 나오는 문학적 설화의 정형이다(2.8-3.24). 여기에 언급된 옛 동방의 지형이나 성격을 지시하는 이국적 요소는 태초의 인간의 환경과 상태를 나타내기 위한 보조매체이다. 전체적 구성의 중심은 인간의 죄악과 구원에 연결된 생명나무의 모티브이다. 생명의 나무는 영생의 나라에 주어질 영화된 삶에 대한 상징이다. 에덴의 동산에 관한 이야기는 하나님의 구원사를 구현하기 위한 선행적 모형이다.

성서의 지명 에덴에 연결된 태고의 낙원은 후세에 인간이 돌아갈 원초의 고향으로 받아들여진다. 페르시아어 명사 'Heden'(혹은 수메르어 'edinu')에서 유래하는 에덴은 '기쁨의 장소' 혹은 '환희의 정원'이라는 의미를 지닌다. 여기에서 그리스어 단어 낙원이 파생된다. 명사 'paradeisos'는 '울타리를 두른 과수원'이라는 뜻이다. 에덴의 동산은 하나님이 스스로 창조한 인간을 위해 마련한 생명의 터전이다. 하나님의 호의로 주어진 강물은 자연과 인간에 생명을 제공하는 원천이다. 여기에 제시된 **'생명의 샘'**은 에덴동산의 성격을 규정하는 기본적 비유어이다.

에덴의 동산은 온갖 종류의 나무가 무성하게 자랄 수 있는 천연의 조건을 갖추고 있다. 여기에서 흘러나오는 네 줄기의 강물은 주변의 토양을 완전히 적셔준다. 풍성한 자연의 선물은 앞의 단락에 등장하는 안개(ed)의 모티브에 연결되어 있다. 2장 6절의 주체가 되는 안개는 지하의 바닥에서 솟아오르는 물의 형상을 의미한다. 바로 이 물길이 네 개의 강으로 흘러든다. 하나님의 호의로 주어진 강물은 자연과 인간에 생명을 제공하는 원천이다. '생명의 샘'인 에덴동산의 창설에는 창조주 하나님의 특별한 뜻과 계획이 들어있다.

에덴동산의 이야기는 크게 세 부분으로 구성된다. 제1부는 인간의 원래의 행복(2.8-25), 제2부는 인간의 죄악의 시작과 범죄자에 대한 형벌(3.1-19), 제3부는 미래의 회복에 대한 소망이다(3.20-24). 이와 같은 단계적 전개를 통해 이야기의 주제가 비교적 명료하게 개진된다. 서로 대조되는 두 단락은 마지막 단락에서 중재의 가능성을 발견한다. 그것은 생명나무의 보존에 암시된 **복음의 계시**이다. 전체줄거리의 중심은 중간부에 다루어진 최초의 인간의 죄악과 이에 따른 동산에서의 추방이다. 그 주된 내용을 살펴보면 아래와 같다.

하나님은 자신이 만든 아담이 독거하는 것이 좋지 않아 '돕는 배필(ezer)' 이브를 선사한다. 이 여자는 아담과 동일하게 만들어진 '조력자'이다. 그리고 이들을 에덴동산의 정원수로 임명한다. 최초의 부부는 하나님의 정원을 가꾸고 돌보는 신성한 임무를 부여받는다. 이것은 더할 수 없는 하나님의 축복이다. 그런데 정원수의 자리를 유지하는 데에는 하나의 조건이 있다. 그것은 동산에서 자라는 두 개의 나무 가운데 중앙에 있는 나무의 열매를 건드리거나 먹지 말라는 규율이다. 그것은 선과 악을 구분하게 하는 지혜와 지식의 나무이다.

이에 비해 생명의 나무는 영원한 생명을 제공하는 은혜의 나무이다. 인식의 나무는 생명의 나무로 가는 길목에 놓여있는 시험대이다. 그것을 먹는 날에는 '정녕' 죽게 된다. 그럼에도 불구하고 아담과 이브는 불행하게도 간교한 뱀의 계략에 넘어가 선악과를 따먹는 결정적 실수를 저지른다. 사탄의 도구인 뱀은 이브를 향해 말한다(3.5).

> 너희가 그것을 먹는 날에는 너희 눈이 밝아져 하나님과 같이 되어 선악을 알 줄 하나님이 아심이니라.

이것은 하나님을 자만심에 사로잡힌 질투의 화신으로 만드는 엄청난 비하와 모욕의 발언이다. 하나님과 인간을 갈라놓는 사탄만이 할 수 있는 극도로 악한 행위이다. 유혹자는 하나님의 '동형상'으로 만들어진 인간으로 하여금 창조주의 자리에 오르는 그 어떤 길이 있는 것처럼 교묘하게 사주한다. 여자는 이와 같은 유혹에 넘어가 '탐스러운' 나무의 열매를 따먹는다. 그리고 '함께 있는' 남자에게도 건네준다(3.6). "그도 먹은지라." 아담이 금지된 과일을 먹은 것은 죄의 출발을 의미한다. 사도 바울은 로마서 5장 12절에서 "한 사람의 불순종으로 말미암아 죄와 사망이 세상에 들어왔다"고 지적하고 있다. 이것이 인간에 의한 죄와 죽음의 시작이다.

금단의 열매를 취한 결과는 세 가지로 나타난다. 그것은 수치심의 발로, 두려움, 책임전가이다. 이와 같은 행태는 성령을 상실한 육의 인간에게 나타나는 현상이다. 수치심은 순수한 마음의 결여에서 나오는 내적 공허의 표현이다. 두 남녀는 이제 억누를 수 없는 부끄러움에서 벗어나려고 무화과나무 잎으로 치마를 만들어 벗은 몸을 가린다. 여기에서 치마란 허리띠('하고라')에 붙어있는 천의 조각을 말한다. 죄악의 자각은 형벌에 대한 무서움을 동반한다. 하나님이 "네가 어디 있느냐"고 부를 때에 아담이 동산의 나무 사이에 몸을 숨긴 것은 수치심이 아니라 닥쳐올 심판에 대한 두려움 때문이다. 극심한 공포의 감정은 스스로 저지른 죄의 책임을 동반자인 여자에게 떠넘기게 만든다(3.12). 이것은 하나님의 창조섭리를 모독하는 처사이다. 한 번의 죄는 더욱 무거운 또 다른 죄를 낳는다.

금단의 열매는 인간의 자유의지에 대한 시험대이다. 자연의 지배권을 소유한 인간은 식량으로 주어진 과일을 취할 수도 있고 취하지 않을 수도 있다. 그러나 양자택일의 결정에는 책임이 따른다. 하나님의 명령을 거역한 죄악에는 상응하는 벌이 주어진다. 최초의 남녀는 이 어려운 싸움에서 실패한 것이다. 그 내가는 힘겨운 해산과 일생의 노동이다. 흙에서 태어난 인간이 '흙으로 돌아가는 것'은 죽음의 세계로 들어감을 의미한다. 두 죄인은 드디어 '생명의 근원'인 에덴동산에서 추방된다. 이것이 인류의 조상이 남긴 돌이킬 수 없는 원죄이다. 죄의 히브리어 '아와'는 화살이 표적에서 벗어남, 빗나감을 말한다. 여기에서 하나님으로부터의 어긋남, 이탈을 뜻하게 된다. 이와 같은 의미는 히브리인에게 죄의 사상을 형성하는 기초가 된다.

에덴동산의 이야기는 인간의 타락에 대한 창조주의 심판으로 끝나는 것이 아니다. 비극적이고 염세적인 내용에는 하나의 유보사항이 존재한다. 영적인 생명나무는 인식의 나무인 선악과와 달리 하나님의 금지조항에서 제외된다. 생명의 나무는 영생의 나라에 주어질 영화된 삶에 대한 상징이다. 인간을 추방한 하나님은 동산의 동쪽 입구에 타오르는 '화염검'으로 무장한 천사를 배치하여 생명나무를 지키도록 조처한다(3.24). 여기에 등장하는 명사 '케루빔'(cherubim, cherub의 복수)은 짐승과 인간의 형체를 지닌 천상의 존재로 구약에서 하나님의 보좌마차를 호위하는 수호자로 나타난다. 이로써 추방자의 귀환을 위한 통로가 마련된다. 물론 최후의 구원은 혹독한 심판의 과정을 거쳐 이루어진다.

중심단락의 후기라 할 수 있는 제3부에는 전환의 가능성이 제시된다. 이 사실은 창조사의 후반부인 창조의 통치에 이미 드러난다. 하나님은 자신의 형상대로 남자와 여자를 창조한 후에 '다스림과 정복'의 권한을 부여한다(1.28). 이 최초의 축복은 에덴동산의 징계에도 유효하다. 하나님은 수치심으로 떨고 있는 벌거벗은 아담과 이브에게 '가죽옷'을 지어 입혀준다. 이것은 상실된 인간과의 관계를 복원하려는 하나님의 의도에서 나온 조처이다. 나아가 새로운 이름을 얻은 하와(chawwah)에게 사탄을 이기는 힘을 부여한다(3.15). (히브리어 'chaj'는 '살아 있는'의 뜻이다.)

여자의 후손은 네 머리를 상하게 할 것이요.

구원사의 흐름을 보면 '산 자의 어머니' 하와의 후손인 성모 마리아는 성령으로 아들을 잉태한다. 그는 세상을 죄에서 해방할 약속된 메시아이다. 한편 하와를 유혹한 사탄의 세력은 하나님의 아들 예수 그리스도에 의해 완전히 무력화됨으로써 복음전파의 길이 열린다(마4.1-11).

에덴동산의 이야기에 내포된 '원초의 복음'은 신약의 마지막 문서 요한계시록에서 실현된다. 이를 중재하는 매체는 에덴동산의 기본모티브인 생명의 나무이다. 하나님에 의해 유보된 생명나무는 종말의 시점에 '새로운 낙원'에서 복원된다(22.2).

강 좌우에 생명나무가 있어 열두 가지 열매를 맺되 달마다 그 열매를 맺고 그 나무 잎사귀들은 만국을 치료하기 위하여 있더라.

생명의 나무는 맑은 강의 좌우에 무성하게 자라며 일 년 내내 풍성한 열매를 맺는다. 나무의 가지에 달린 푸른 나뭇잎도 만인의 병을 치료하는 약재로 사용된다. 하나님의 도시에 거주하는 주민들은 생명의 나무에서 영생의 힘을 얻게 된다. 다시 찾아진 낙원에는 죄악과 형벌에 관계된 모든 것이 영원히 자취를 감추게 된다(22.3). **"다시는 저주가 없으며…"** 최초의 인간을 위한 태고의 정원에서 하나님에 의해 마지막으로 보호된 생명나무는 새로이 창조된 도시 예루살렘에서 구원의 상징으로 나타난다.

제2장
이야기의 이해

1. 이야기란 무엇인가?
2. 이야기의 생성
3. 이야기의 비평

1. 이야기란 무엇인가?

이야기는 가장 오래된 서사의 형식이다. 고대사회에는 여러 형태의 이야기가 활발하게 사용된다. 전설, 설화, 신화 등은 인류문화의 초창기에 생성된 원초적 문학형식이다. 그리스 신화에는 인간의 존재와 사고의 원상이 반영되어 있다. 올림푸스 신들의 이야기는 지상적 인간의 동경을 구현하는 이상적 모형이다. 특히 동물의 세계를 소재로 삼는 우화는 가장 인기 있는 이야기이다. 잘 알려진 이솝우화는 오늘날에 이르기까지 문학적 이야기의 범례로 인정된다.

이야기는 매우 광범한 개념이다. 여기에는 여러 유사한 형태가 포괄된다. 따라서 그 의미를 정확하게 규정하기 힘들다. 넓은 의미에서 보면 실재의 혹은 허구의 사건에 관한 모든 종류의 서사적 진술이다. 언어형식에서 보면 운문과 대조되는 산문의 기술에 대한 집합개념이다. 그러나 운문으로 된 이야기도 있다. 좁은 의미에서 보면 서사문학 고유의 장르이다. 그 기원은 고대의 시학적 사고로 거슬러 올라간다. 서사문학은 극문학, 서정문학과 함께 문학의 3대 기본유형을 구성한다. 서사적인 것, 극적인 것, 서정적인 것은 인간의 표현의지를 현실화하는 원천적 속성이다. 서사적인 것을 형상화하는 언어형식이 이야기이다.

이야기는 서사의 개념과 특성에 의거한다. 서사는 어떤 사건이나 상황을 있는 그대로 적는 것을 말한다. 여기에서 말하는 사실적 요소는 이야기의 실제의 해석에서 보다 넓은 범위에서 설명된다. 서사의 근원이 되는 라틴어 명사 'narratio'는 이야기를, 동사 'narro'는 '이야기하다'를 뜻한다. 여기에 해당하는 영어 'narrative'는 명사와 형용사의 두 가지로 사용된다. 오늘날 이야기의 연구에 활발하게 사용되는 '내러티브' 이론은 서사의 특성과 구조의 분석에 집중한다. '내러티브'라는 외래어는 최근 우리의 문화권에서 널리 보급되고 있다. 이야기 관찰의 새로운 기초로 대두된 이 용어는 서사의 이론, 이야기의 상황과 구조, 특정한 시기의 서사의 성향을 포함한다. 주로 이야기의 플롯, 소통, 서사의 심리에 관심을 갖는다. 플롯은 행동, 줄거리, 성격의 인과적, 논리적 연관을 말한다. 소통의 기능은 이야기의 서술과 이해의 중요한 요소이다. 서사의 심리는 인물의 성격묘사와 함께 수신자의 내면적 자세와 상태에 관계된다.

'내러티브 글쓰기'는 '스토리텔링'과 함께 오늘날 주목받는 글쓰기의 형식에 속한다. 두 유형의 작법은 위에 언급한 '내러티브'의 특성과 기능에 연결된다. 즉 사건의 플롯, 상황, 인물의 캐릭터에 집중한다. 원래 문학의 분야에서 생성된 간결한 서술기법은 신문이나 텔레비전의 뉴스보도에 즐겨 응용된다. 적지 않은 사건의 기사가 활성적인 독자의 읽기를 겨냥한 이야기의 방식에 의해 작성된다. '내러티브'의 서술은 시사적 뉴스의 전달을 넘어 영화, 애

니메이션, 광고 등과 같은 미디어 문화와 예술로 영향력을 확대하고 있다.

문학적 산문의 기술은 이야기에서 시작된다. 문학의 역사적 생성은 이 사실을 잘 보여준다. 설화, 동화, 전설 등은 구두로 전해진 사실이나 사건의 문자적 기록이다. 이들은 본격적인 문학 이전의 형태로서 '단순한 형식'으로 분류되기도 한다. 설화의 어원은 '말해진 것'이다. 이것은 이야기의 근원을 지시한다. 이야기의 형성에서 중요한 것은 화자가 경험한 것의 '자연적' 진술이다. 화자는 서술된 사건과 청중을 중재하는 주체이다. '자연적' 진술에는 외부의 사실보다 내면의 사고나 감정이 중요하다. 외부의 객관적 사건은 화자의 내면으로 투영되어 발언된다. 그 구체적 방식은 일정한 조망과 범주에 의거한다. 이것을 밝히는 것이 이야기의 이론이다.

이야기의 일반적 특징은 간결과 단순이다. 전체의 줄거리는 내적으로 통일된 구조에 의거한다. 시간, 장소, 행위는 일관된 범주 아래 설정된다. 이야기에는 다른 산문문학에 보이는 기교적 구성이나 소설의 지평이 결여되어 있다. 취급되는 소재와 모티브는 주로 실재의 사실에서 취해진다. 이런 점에서 익명의 전승에 근거하는 동화나 설화와 구분된다. 민속문학에 속하는 두 장르에는 비현실의 색채가 강하다. 설화는 구두로 전해진 내용이나 사건의 기술이다. 영웅설화는 민속설화와 달리 문학적으로 정착된 형태이다. 설화의 모음과 연구는 초기 낭만주의 시기에 활동한 그림(Grimm) 형제에 의해 대표된다. 이들에 의해 집대성된 《독일의 민속설화》(1816-18)는 역사적 업적이다.

이야기의 역사적 생성에는 단편(Novelle)이 중요하게 고려된다. 오랜 기원을 지닌 이 고전적 장르형식은 근대 이후 새로운 형태로 발전한다. 20세기에 들어와서는 영미권의 'short story'에 연원하는 '짧은 이야기'에 의해 대체된다. 19세기 전반 미국을 중심으로 생성된 문학의 장르인 이 유형은 신문이나 잡지의 기사에서 형식이나 소재를 빌려온다. 따라서 독자의 신속한 반응을 겨냥하고 있다. 구체적 서술방식은 인간의 삶의 단면을 포착하여 순간의 장면으로 제시한다. 오늘날의 문학에서 중요한 위치에 있는 소설은 단편에 비해 규모가 큰 산문문학으로 근대 시민사회의 산물이다. 그 구체적 유형은 분량, 주제의 설정, 문체의 형식에 따라 다양하게 분류된다.

이야기의 개념규정에는 단편과의 관계가 중심이 된다. 원래 넓은 영역을 포괄하는 이야기는 독립된 서사적 유형인 단편과 차이가 있다. 그러나 실제의 관찰에는 의미와 특성이 중첩되는 경우가 적지 않다. 두 문학유형에는 공통의 유희공간이 존재한다. '단편의 이야기'라는 용어는 이 사실을 뒷받침한다. 단편의 원어인 이태리어 명사 'novella'(라틴어 novus)는 로마의 법규에 유래하는 것으로 '새로움'을 뜻한다. 이것은 새로운 소재가 아니라 이미 알려진 사건의 다른 서술을 의미한다. 즉 내용상으로 서로 연결된 실재의 사건이나 사건의 연속적 기술이다. 일련의 연쇄적 사건의 전개는 '중심의 갈등'에 근거한다. 여기에는 비범한 것과 규범적인 것, 새로운 것과 관습적인 것이 서로 대립한다. 단편의 기본요소인 '중심의 갈등'은 인물의 행동에 의해 인도되는 극적 결정에 의해 해소된다. 형식의 면에서 보면 행동의 일관성이 본질적 특성이다. 줄거리의 전개는 때로 이야기의 상황을 넘어 사회적, 역사적 측면에 관련된 원의 형상을 향해 움직인다. 이와 같은 구조적 특성을 '단편의 순환'이라고 부른다.

단편의 역사적 발단은 고대의 페르시아, 인도, 아랍의 모음집에 수록된 민속문학이다. 그러나 본격적인 산문작품으로서의 문학형식은 르네상스 시기에 확립된다. 중세말기에 나온 보카치오(Boccasccio)의 《데카메론》(Decamerone, 1353)은 선구적 작품으로 간주된다. 보카치오는 "유럽 단편의 아버지"라고 불린다. 데카메론에는 당시의 사회적 재앙을 대표하는 전염병인 페스트를 피해 도피한 열 명의 남녀가 열흘 동안 100개의 이야기를 주고받는다. 에로스를 주제로 하는 짧은 단편들은 새로이 고안된 이야기, 우화, 동화, 익살극, 설화의 혼합이다. 희극성에 근거하는 익살의 이야기에는 위트와 조소가 담겨있다. 수많은 개별이야기를 구성하는 기본형식은 선적으로 정렬된 대화에 의한 상호접합이다. 보카치오가 제작한 거대한 이야기의 집합체는 순환의 형식을 단편의 견본으로 제시한다. 스페인 작가 세르반테스(Cervantes)의 《단편의 모형》('Novellas ejemplares', 1612)은 이에 맞서는 작품이다. 그는 대화의 행위보다 스스로 발생한 사건과 인물의 성격에 강세를 부여한다. 보카치오의 행위와 세르반테스의 성격은 후세의 단편의 발전사에서 두 개의 축을 형성한다.

단편의 구성에서 중요한 것은 '틀(액자)의 이야기'이다. 이것은 서사적 통일의 문맥으로 편입된 '내부의 이야기'를 조성하는 이야기의 형식이다. 여기에는 틀의 행위의 주체가 내부의 행위를 위한 주인공으로 등장한다. 틀의 구성은 독자의 주의를 환기시키고 새로운 성찰로 인도하는데 기여한다. 또한 전체줄거리의 전개에 계속적인 조망을 열어주거나 서로 다른 시간적 차원을 연결한다. '틀의 이야기'에는 틀에 의해 둘러싸인 개별이야기와 순환적 형식의 이야기의 두 유형이 있다. 후자의 역사적 기원은 옛 아랍의 이야기 《1001개의 밤》으로 거슬러 올라간다.

이야기의 서술방식에는 진술, 보고, 스케치, 코멘트, 문답, 대화, 독백 등이 있다. 줄거리의 중간이나 말미에 삽입되는 화자의 논평은 전체의 진행에서 중요한 역할을 한다. 단조로운 산문적 서술에 변화를 주는 문답과 대화는 극적 이야기에 활용된다. 이야기의 연구에는 '서사의 자세'라는 용어가 자주 언급된다. 이것은 인물, 사건, 행동을 바라보는 기본입장을 말한다. 여기에는 심리적, 정신적, 낙관적 관점 등 여러 방향이 있다. 구체적으로 긍정, 부정, 종합, 비판, 모순, 역설, 아이러니, 패러디 등 다양하다. 나중의 네 개념은 수사적 문체에 속한다. 역설의 그리스어 'para-doxa'는 '반대의 의견'을 말한다. 파라독스는 어떤 사고를 반대의 방향으로 진술하는 방식이다. 그 목적은 오도될 수 있는 진리의 실체를 분명히 드러내기 위함이다.

신약성서에는 역설의 어법이 선호된다. "생명을 얻으려는 자는 생명을 잃는다"라는 발언은 진정한 자기발견이 예수님을 통한 자기포기를 통해 실현됨을 강조하는 역설의 어법이다(마 10,39). 고린도후서에 나오는 바울의 고백 "내가 약할 그때에 곧 강함이니라"도 유사한 경우에 속한다(12,10). 여기에는 하나님의 은총에 기인하는 인간의 약함은 하나님의 능력 안에서 그 무엇에 의해 압도당할 수 없는 강함이라는 사실을 나타낸다. 수사적 역설은 일반의 통념과 다른 종교적 진리를 강조하기 위해 도입된다. 요한복음에 나오는 밀알의 비유도 역설의 논리에 의거한다(12,24-25). 밀알은 땅에 떨어져 싹을 피워야 무성한 열매를 맺는다. 이와 같은 죽음과 삶의 역전은 '사랑'(상실)과 '미움'(보존)의 대립으로 이어진다. 영생의 축복은 세상의 생명을 과감히 버림으로써 얻어진다.

아이러니는 말해진 것의 자구적 의미가 아니라 반대의 것을 지시한다. 여기에는 비순수와 왜곡의 요소가 전면에 놓여진다. 이와 같은 특징은 그리스어 어원 'eironeia'에 나타나 있다. 이미 고대의 문체에 사용된 아이러니는 점차 그 범위와 기능이 확대된다. 오늘날에는 다양한 형태의 반어적 표현이 이 범주 아래 언급된다. 패러디의 그리스어 'parodia'는 '부속의 노래'를 뜻한다. 이 용어는 비판적, 논쟁적, 풍자적 의도로 현존하는 작품이나 그 일부를 형식은 유지하면서 반대의 방향으로 모방하는 것을 의미한다. 여기에서 얻어진 희극적 매력은 원본과 패러디 사이의 간격이 클수록 강한 효과를 불러일으킨다. 고대의 문학에는 호머의 서사시에 패러디의 표현이 발견된다.

위에 언급한 여러 요소와 함께 언급해야 할 항목은 캐리커처이다. 수사적 수단에 속하는 이 개념은 공적 논증의 형식이다. 여기에는 그로테스크의 성향이 내재해 있다. 예를 들어 예수님은 바리새인 비판의 담화에서 "하루살이는 걸러내고 낙타는 삼킨다"라고 말한다(마 23,24). 이것은 사물의 특성, 특히 약점을 극단화하는 어법이다. 거리의 수송수단인 낙타는 우아하지 못한 괴물로 비유된다. 이와 같은 기괴함의 은유는 가차 없는 진리의 논증을 위해 사용된다.

이야기의 서술과 구성에서 중요한 것은 **화자의 관점**이다. 이것은 허구적 사건을 중재하는 화자의 조망이나 지평을 말한다. 여기에 따라 구체적인 **이야기의 상황**이 결정된다. 이야기의 관점은 보통 저자의 관점, 자아의 관점, 인물의 관점의 세 유형으로 분류된다. 짧은 분량의 서사적 작품에는 이들이 서로 혼합된다. 이야기의 관점은 '체험된 담화', '내면의 독백', 의식의 흐름 등에 연관된다. '체험된 담화'는 행동하는 인물의 사고와 상황을 재현하는 문체의 수단이다. 그 성격은 직접화법과 간접화법, 담화와 보고의 중간에 위치한다. 주로 삼인칭 주어와 과거의 시칭을 사용한다.

'내면의 독백'은 '체험된 담화'와 대조된다. 즉 어떤 사람의 의식상태를 직접적으로 표현하는 산문기술의 형식이다. 여기에는 '체험된 담화'와 달리 일인칭 주어의 문장과 현재형 시제가 사용된다. 누가의 잃어버린 아들의 비유 이야기에 나오는 둘째 아들의 참회의 발언이 여기에 속한다(15,21).

> 내가 하늘과 아버지께 죄를 지었사오니 지금부터는 아버지의 아들이라 일컬음을 감당하지 못하겠나이다.

'하나님 앞에서' 감행되는 죄의 고백은 진정한 회개의 표시이다. 아들의 신분을 포기한 자기비하의 발언은 변화된 자의 모습을 보여준다. 진솔한 참회의 고백은 고향으로 출발하기 전에 수행한 독백의 발언에 비해 진전된 모습을 보인다. 당시의 진술에는 귀국한 후에 '품꾼'으로 일하려는 현실적 욕망이 들어있다. 회개란 아무런 조건이 없는 절대의 변화이다. 둘째 아들의 진실한 '내면의 독백'은 아버지에 의해 환영의 축제를 명령하는 결정적 계기가 된다.

2. 이야기의 생성

신약성서의 이야기를 이해하기 위해서는 생성의 과정을 살펴볼 필요가 있다. 우리가 공관복음에서 만나는 수많은 이야기는 원래부터 존재한 것이 아니다. 그것은 초대교구의 시기에 복음서의 저자들에 의해 작성된 것이다. 그들은 전승된 전거나 자료에서 취한 소재나 대상을 자신의 입장에서 가공한다. 모음과 가공은 이야기 발생의 두 축이다. 일반적으로 세 편의 복음서의 형성은 '두 전거이론'에 의해 설명된다. 여기에 따르면 마가복음의 기초가 되는 '마가체계'('원래의 마가') 이외에 'Q 전거'가 가정된다. 이것은 마태와 누가가 마가복음 이외에 독자적으로 소재를 취한 전거이다. 'Q 전거'는 격언의 전거, 말씀의 전거, 혹은 단순히 'Q'라는 약자로 표기된다. 여기에는 설교, 담화, 이야기의 자료가 수록되어 있다.

마태와 누가는 문서의 작성에서 주로 먼저 나온 마가의 본문에 의존하고 있다. 그렇지 않은 경우에는 'Q 전거'나 별도의 'S 전거'를 활용한다. 마태의 설교나 고유기사는 'S 전거'에서 가져온 것으로 추측된다. 'Q 전거'에 관해서는 최근의 출판비평에 의해 그 대상과 내용이 비교적 소상하게 밝혀져 있다. 이것은 '공관적 가설'의 문제를 해결하는데 기여한다. 특히 'Q 전거'의 가공과정에 관한 정밀한 조사는 중요한 설교나 이야기의 생성을 해명하는데 큰 도움이 된다. 마태복음과 누가복음에 공통으로 취급된 적지 않은 단락이 그 대상이다. 여기에는 특히 이중의 서술과 상이한 배열이 문제가 된다. 앞의 경우는 동일한 내용의 반복적 등장을, 뒤의 경우는 병행단락의 교차적 배치를 의미한다. 이와 같은 현상이 발생하는 것은 사용된 전거를 처리하는 저자의 방식에 기인한다.

공관복음에서 'Q 전거'의 독자적 활용을 보여주는 부분은 상당한 분량에 이른다. 그 범위도 다양한 이야기의 유형을 포괄한다. 비유이야기의 경우에는 원래의 전거와 완성된 문안의 비교를 통해 다수의 변형의 법칙이 도출된다. 그 중요한 내용은 번역에 따른 의미의 이동, 구상적 자료의 재구성, 문맥의 연관의 조성, 편집단계의 상황, 종결의 말씀의 일반화 등이다. 이야기를 마감하는 일반화의 도식은 이야기의 원래의 의미를 다시 획득하는 것이다. 교구의 단계에서 이루어진 응용의 해석은 원래의 상황을 재조명함으로써 주어진 이야기에 새로운 의미를 투영한다.

기적이야기의 경우에는 Q 문서에서 두 개의 자료가 가공된다. 하나는 명령에 따른 치유이야기이고, 다른 하나는 악령에 맞서는 예수님의 권능에 관한 담화이다. 앞의 경우는 마태와 누가의 복음에 나오는 가버나움 백부장의 하인의 치유기적이다. 요한복음에 나오는 왕의 고관의 아들의 치유기적은 Q 문서의 변수이다. 뒤의 경우는 마가, 마태, 누가에 의해 다루어진 바알세불(Beelzebul) 논쟁이다. 두 기적이야기의 이해에는 원래의 문안에 대한 변화과정의 관찰이 큰 도움이 된다.

Q 문서의 독자적 가공을 보여주는 또 다른 예는 마태의 산상수훈 서곡(5.3-12)과 누가의 평원연설(6.20-26)이다. 예수님의 설교를 대표하는 두 병행 단락은 개별저자에 의해 독립된 방식으로 작성된다. 그것은 두 개의 상이한 변수이다. 산상수훈 서곡은 운문의 형식으로 표현된 마태 고유의 업적이다. 누가의 평야설교도 전반의 내용이 이와 유사하다(6.20-23). 전체의 단락에는 복의 축원과 화의 선포가 네 차례에 걸쳐 대조적으로 기술된다. 마태의 서시는 단락의 중심인 '축복의 찬미'를 확대, 보완한 것이다.

마태는 방대한 분량의 다원적 설교를 열어주는 서곡을 열 절에 걸쳐 상세하게 기술하고 있다. 전체의 형식은 병행과 반복의 어법에 의거한다. 시행을 이끄는 공통의 도식 '복이 있나니'는 축복의 기원이라는 서곡의 주제를 대언한다. 이와 같은 축원은 3-10행에서 일정한 구도 아래 체계적으로 진술된다. 그 중심은 가난한 자와 억눌린 자를 향한 축복의 칭송이다. 전체의 방향은 이사야 51장에 나오는 '위로의 말씀'에 유추된다. '콘솔라시오'(위안)는 8행의 서시를 마감하는 표어이다. 마지막 절을 열어주는 '기쁨과 즐거움'은 이사야 후반에 거듭하여 등장하는 문구이다. 여기에는 고난과 핍박 속에 구가되는 승리의 환희가 촉구된다(5.12).

기뻐하고 즐거워하라.

극도로 압축된 명령문은 담화의 상대역인 '너희'를 향해 있다. 새로운 호격 주어 '너희'는 예수님의 설교를 듣기 위해 모여든 제자와 군중이다. 나아가 산상수훈을 읽는 독자 전체를 지칭한다. '기쁨과 즐거움'은 모든 축복의 대상자에게 주어지는 마지막 선물이다. 기독교 신앙인이 온갖 현실의 핍박 속에서 승리의 환호를 외칠 수 있는 것은 오로지 최후심판의 날에 받을 천국의 보상 때문이다. 이 거대한 은총은 인간의 활동이나 업적이 아니라 하나님의 연민과 사랑에 의해 주어진다.

공관복음의 저자들이 사용한 여러 종류의 전거에는 이야기의 형식으로 넘어가는 설교자의 발언이 들어있다. 이것은 팔레스타인 유대교에 유래하는 문서유형인 '할라카'의 틀에서 이해된다. '하가다'에 대립되는 '할라카'는 삶과 제식의 규율에 기초한다. 초기기독교의 시기에는 '할라카'의 형식이 전면에 등장한다. 제자들을 향한 '따름'의 요구는 '할라카'의 실천적 규율에 연결되어 있다. 형식사의 관찰은 원시기독교의 문화적 성향에 결부되어 있다. 당시의 상황에는 설교, 단편, 설화 등이 중요한 문서의 유형으로 대두된다. 설교는 기독교 교구에서 행해지는 일상적 강단의 담화이다. 청중을 전제로 하는 설교는 소통의 기능을 중시한다. 예수님의 설교에는 지혜의 말씀, 비유담화, 비유이야기, 예언적 경고, 계명의 지시 등이 들어있다. 설교를 규정하는 기본요소인 케리그마(kerygma)는 예수님에 관한 선포를 말한다. 케리그마는 부활의 사건 이후 사도들에 의해 활발하게 추진된다. 사도 바울은 고린도전서 15장 11절에서 설교에 의한 믿음의 촉진을 지적하고 있다. 하나님에 의해 인증된 복음은 설교를 통해 전달된다.

이야기의 실례를 통해 선포된 내용을 진술하는 설교자의 방식을 '파라디그마'(Paradigma)라고 부른다. 이것은 가장 오래된 기독교의 이야기 형식이다. 여기에는 아직 보고의 객관성이나 단편의 색채가 결여되어 있다. 그러나 나름대로의 특성과 구조를 갖추고 있다. 특히 청중에 호소하는 교화의 문체와 기능은 후세의 이야기에 그대로 계승된다. 견본 혹은 범례의 의미를 지닌 '파라디그마'는 원래 고대의 수사학에서 논증의 전개를 위해 도입된다. 일반적 수사학의 개념이 초기기독교의 문서에 전용된다. 귀중한 '모음집의 보화'의 근거가 되는 '파라디그마'는 성서적 이야기의 원형으로 간주된다.

이제 정리해보자. 예수님의 설교에는 이미 이야기의 요소와 특성이 들어있다. 설교자이며 교사인 담화의 주체는 '이야기하는' 화자로 이어진다. 공관복음의 이야기에는 예수님 자신이 탁월한 화자로 등장한다. 그는 모여든 군중을 향해 유익한 말씀과 비유를 열성적으로 들려주는 이야기의 생산자이다. 세 편의 공관복음에 등장하는 씨 뿌리는 비유이야기는 그 모형이다. 독자의 입장에서는 화자에 의해 '말해진' 이야기의 세계에서 살아있는 설교자의 음성을 듣게 된다. 그것은 현재의 자신을 향한 강한 교훈이며 일깨움과 경고의 메시지이다.

3. 이야기의 비평

신약성서의 이야기에는 저자의 개인적 관점과 구상이 반영되어 있다. 따라서 개별문서의 성격과 특징을 저자의 성향과 연관하여 관찰하는 것은 중요한 의미를 지닌다. 여기에서 유용한 이야기의 비평이 성립된다. 복음가에 의해 작성된 이야기는 문학적 단편과의 인접을 보여준다. 그것은 유사한 형식의 작품이 이미 고대의 그리스나 동방에 존재하였기 때문이다. **기독교의 단편 혹은 복음서의 단편**이라는 용어는 두 서사방식의 유사성을 말해준다. 스스로의 내적 통일성, 줄거리의 구성과 전개의 집중, 새로운 국면으로의 전환은 성서의 이야기와 문학적 단편에 공통된 요소이다. 통일된 구조는 두 이야기의 형식을 다원적 구조의 소설과 구분하게 하는 기준이다.

현대문학에서 중요한 자리를 차지하는 소설은 단일적이고 직선적인 줄거리에 의존하지 않는다. 단편의 구성을 특징짓는 극적 전환은 공관복음의 이야기에서 중요한 역할을 한다. 특히 비유이야기와 기적이야기의 종결장면이 여기에 해당한다. 비유이야기에는 줄거리의 마지막에 이제까지의 긴장을 해소하는 전환의 계기가 마련된다. 여기에서 화자의 의도는 원래의 목표에 도달한다. 누가의 거지맹인의 치유기적에는 장엄한 '종결의 합창'이 클라이맥스를 형성한다(18.43). **"백성이 다 이를 보고 하나님을 찬양하니라."** 구약의 전승을 상기시키는 간결한 시행은 이야기 전체에 숭고한 찬가의 성격을 부여한다.

네 편의 복음서에서 단편의 특성과 기능이 가장 명료하게 드러나는 경우는 마가의 문서이다. 그가 구사한 서술기법은 흥미롭게도 단편의 구성과 문체에 유추된다. 여러 다른 개별 장면을 모자이크처럼 서로 접합하는 조립의 기술은 다양한 이야기를 하나로 결합하는 순환의 구성에 비견된다. 단편의 구성요소인 틀의 구조는 기적이야기의 골격에서 확인된다. 4장 35절에서 6장 52절에 이르는 긴 복합단락에 등장하는 여섯 개의 기적은 외부의 원과 내부의 원이라는 **'이중의 틀'**을 조성하고 있다. 앞의 경우에는 네 개의 기적이 호수의 폭풍기적에 의해, 뒤의 경우에는 혈루증 여인의 치유가 야이로 딸의 소생기적에 의해 둘러싸여 있다. 두 개의 원으로 구성되는 '이중의 틀'은 기적이야기의 연쇄를 통일된 시각에서 바라보게 한다. 이를 위한 척도는 복합적인 원의 중심을 형성하는 혈루증 여인의 치유기적이다. 기적발생의 본질과 방식을 보여주는 격정적 기적은 야이로 딸의 소생기적 뿐만 아니라 다른 인접기적을 이해하는 기초가 된다.

마가의 기적이야기에서 단편의 특성을 분명하게 제시하는 부분은 **종결부의 처리**이다. 여기에는 전체의 줄거리를 총괄하는 극적 모멘트가 형성된다. 그것은 치유의 수혜자를 향한 발설의 금지이다. 이 단호한 침묵의 명령은 나병환자의 치료 이후 상투적 어구로 계속해서 반복된다. 귀머거리 벙어리와 벳새다 맹인의 치유에도 유사한 지시가 주어진다. 본래의 줄거리에서 이탈하는 논외의 발언은 특별한 의도 아래 이루어진다. 그것은 문서를 인도하는 '메시아의 비밀'을 암시한다. 마가는 자신의 집필구상을 대언하는 중요한 명제를 '실천의 논평'을 통해 실현하고 있다.

그러나 침묵의 명령은 모든 기적사건에 동일하게 주어지는 것은 아니다. 폭풍평정의 기적에 이어진 거라사 광인의 치유기적에는 치유자가 치유의 수혜자에게 집으로 돌아가 '주님의 큰일'을 전하도록 당부한다. 이것은 이제까지의 종결의 지시와 다른 것이다. 그 이유는 요단강 동부의 이방지역에는 갈릴리와 달리 기적의 사건을 다른 목적으로 악용할 가능성이 희박하기 때문이다. 그러나 시대적 기적의 영웅은 시내로 들어가지 않고 광활한 '열 도시'로 나아가 주변을 배회하며 스스로 경험한 사건을 증언한다(5.18-20). 놀라운 구원의 은혜를 체험한 악령의 대부의 담대한 행위는 낯선 이방세계를 향한 전도의 문을 열어주는 획기적 계기가 된다.

마가의 문서에는 무려 103개의 이야기가 나온다고 한다. 이야기의 형식이 없다면 복음서의 작성은 불가능할 것이다. 마가복음은 복음의 이야기이다. 원시기독교에서 생성된 구두의 복음은 마가에 의해 서사적 특성을 지닌 문서의 복음으로 완성된다. 복음이라는 용어는 내용과 장르의 형식을 모두 포함한다. 이것이 마가복음 1장 1절의 표제에 명시된 '복음의 시작'의 의미이다. 마가의 복음의 이야기는 서기 1세기 후반의 문화적 분위기에서 생성된다. 그는 이미 두 세기에 걸쳐 번성을 누린 고대의 전기(Vita)를 예수님의 삶의 모델을 형상화하기 위해 차용한다. 영웅이나 황제의 전기는 하나의 모형이 된다. 그러나 당시의 문화적 상황을 대언하는 황제의 전기에 제시된 내용과 주제는 복음의 전기에서 반대의 방향으로 기술된다. 권위 있는 황제의 이데올로기는 새로운 차원의 하나님 통치로 역전된다. '왕국의 복음'은 마태의 문서의 기본지침이다.

마가복음은 개별이야기들로 짜인 모음의 책이다. 이들은 서로 연결되어 하나의 전체를 형성한다. 그것은 문학작품의 본질적 속성인 통일적 구조성을 구현한다. 여기에는 저자의 서사적 능력이 작용한다. 마가는 자신의 문서를 서술하기 위해 여러 수사적 방식을 활용하고 있다. 구체적으로 예시(豫示), 병행, 순환, 통합, 집중 등의 어법이다. 이와 같은 기법에 의해 상이한 형태의 개별이야기들은 기교적으로 서로 연계되고 합성된다. 그 결과 고도의 질적 가치를 지닌 구조적 작품이 생성된다.

마가복음은 이야기의 서사성을 분명하게 구현한다. 플롯, 인물, 시간, 장소, 행동, 상황 등의 기본요소가 전체의 구조를 형성한다. 주인공의 행동은 시간과 장소에 따라 순서적으로 전개된다. 시간과 공간의 구조는 이야기의 상황에 부응한다. 갈릴리의 사역을 인도하는 호수의 '이쪽과 저쪽'은 저자에 의해 제시된 종교적 지도이다. 상이한 두 장소는 유대인과 이방인의 세계를 지시한다. 예수님의 활동의 거점은 갈릴리이다. 그러나 복음의 전파자는 거듭해서 호수의 '건너편'으로 이동한다. 이것은 낯선 이방지역의 전도를 위한 문을 열어준다.

마가가 정립한 '새로운 범례'로서의 복음의 개념은 하나의 맥을 형성한다. 마태와 누가는 마가의 문서를 서사적 서술의 원형으로 받아들이고 있다. 그 바탕 위에서 공관복음의 이야기 체계가 설정된다. 누가는 수신자를 향한 안내의 글에서 이야기의 역사적 특성을 강조한다(1,1-4). 첫 절에 언급된 "우리 가운데 일어난 사실"에서 '사실'은 이야기를 뜻한다. 그는 문서의 생성과정을 전통의 연쇄에 따라 다섯 단계로 나누어 설명하고 있다. 즉 실재의 사건-증인의 지각-구두의 전승-문자화된 이야기-조직화된 현재의 순서이다. 중간에 놓인 구두의 전승은 '말씀의 봉사자'로 표기된다. 마지막 단계는 쓰인 것의 '확실성'을 지향한다. 역사적 이야기의 '확고한' 근거는 기독교 신앙의 토대가 된다. 세계의 역사는 그리스도 안에서의 구원의 사건이다.

누가가 제시한 다원적 생성과정에는 특히 '원본'(origio)의 중요함이 지적된다. 이것은 문서 발생의 원천으로 거슬러 올라감을 의미한다. 문서작성의 기본 자료가 되는 원래의 전거는 이야기의 신빙성과 진실성을 보장한다. 복음서의 관찰에서 전거의 연구가 중시되는 것은 이 때문이다. 네 절에 걸친 누가의 서문은 역사기술가로서의 그의 입장을 대언한다. 그가 집필한 '두 권의 책'은 이와 같은 전제 아래 놓여있다. 누가복음은 예수님의 복음의 사역을, 사도행전은 그 후의 사도의 행적을 다룬다. 이들은 서로 연계되어 있다.

이야기의 역사성을 중시하는 누가의 태도는 복음서의 구성에서 실제적으로 증명된다. 그는 예수님의 출생사와 유년기의 서술을 문서의 서두에 배치하고 있다. 이로써 예수님전기의 토대가 마련된다. 누가복음에는 다른 복음서와 달리 통시적 연대기와 역사적 데이터의 제시가 중요하게 취급된다. 세례요한이 빈들에서 활동을 시작할 당시의 정치적 상황에 관련된 일련의 인물에 관한 리스트는 대표적 예이다(3.1-2). 중요한 역사적 인물의 데이터는 논란의 대상이 되는 예수님의 공생애 시기를 위한 연대를 도출하는 귀중한 기초자료이다.

마태와 누가의 복음은 전체의 윤곽에서 마가의 모형에 병행한다. 이것은 두 저자가 그의 이야기의 서술을 긍정적으로 받아들임을 의미한다. 마가복음에 나오는 중요한 이야기는 두 복음서에 유사한 형식으로 재현된다. 특히 고난사의 줄거리와 내용은 세 편의 공관복음에서 구성적 일치를 보인다. 이것은 **'복음의 조화'**라는 기본명제를 뒷받침한다. 불일치의 현상을 보이는 경우는 주로 개별적 에피소드나 변두리 이야기(Perikope)의 경우이다. 이와 같은 소규모의 형태는 원래의 이야기에 삽입되거나 후기로 추가된다. 이로 인해 때로는 전체의 문맥에 상당한 변화가 일어난다.

누가복음의 구성은 근본적으로 마가복음과 일치한다. 9장 51절에서 19장 28절에 이르는 중간부는 마가에 비해 보다 상세하게 기술된다. 이 부분은 예루살렘을 향한 여행의 보고이다. 마가의 '도상의 길'에는 '따름'의 헌신을 향한 제자의 교육이 집중적으로 다루어진다. 이와 같은 구성은 누가의 경우에도 마찬가지이다. 다만 그는 다원적 구조의 여행일지를 은 열 므나의 비유이야기로 끝내고 있다(19.11-27). 이를 통해 앞으로 다가올 고난의 역경에 대비하는 경고가 보다 강하게 주어진다. 공생애의 마지막 단계인 예루살렘의 행적에는 부활의 현현과 승천의 사건이 종결부를 장식한다. 특히 승천의 기사는 누가 고유의 업적이다. 그는 하나님의 나라의 도래를 예수님의 승천과 연결시키고 있다. 예수님의 재림은 하나님의 나라의 건설과 동일한 의미를 갖는다.

마태복음의 줄거리는 전체적으로 서사의 담론에 의거한다. 4장 23절에서 9장 35절에 이르는 초반의 구성은 거대한 원의 형태를 취하고 있다. 전체의 틀거리를 형성하는 두 문장은 동일한 문장의 반복이 아니라 계속적 진행을 지시한다. 추수할 일꾼의 보냄에 관한 지적은 이 사실을 뒷받침한다(9.38). 이어지는 열두 제자의 파송에 관한 단락은 역동적 줄거리의 흐름을 보여준다(10.2-15). 따라서 서사적 이야기의 기능을 발휘한다. 비교적 긴 분량의 설교는 저자의 5대 연설에 속한다. 이들은 산상수훈(5-7장), 파송연설(10장), 비유담화(13장), 교구의 규율(18장), 심판과 종말의 연설(23-25장)이다. 이와 같은 설교의 연쇄를 통해 '새로운 교사'로서의 예수님의 상이 완전하게 정립된다. 권위 있는 가르침에 대한 청중의 놀라움은 다섯 편의 연설의 공통분모이다.

거대한 파송설교에는 앞으로 복음을 전파할 사도를 위한 기본강령이 천명된다(10.2-15). 비교적 긴 분량의 단락은 여러 상이한 소재를 합성한 것이다. 여기에서 전체의 줄거리를 규정하는 것은 담화의 요소와 특성이 아니라 이야기의 운동이다. 이야기와 설교가 합성된 이와 같은 서술기법은 **'서사적 비평'**의 범주에서 설명될 수 있다. 전통적 장르인 설교는 이야기의 범주에서 보다 명료하게 이해된다. 제자들이 수행해야할 다양한 행동의 지침은 마치 실제의 장면을 보는 것처럼 생동감 넘치게 기술된다. 전체의 내용은 '잃어버린 양'의 집에서 시작하여 여행장비의 수칙을 거쳐 '심판의 날'의 지적에까지 이른다. 파송설교를 마감하는 소돔과 고모라의 언급은 하나님의 사자를 받아들이지 않는 자에 대한 강한 경고이다(10.15).

여행의 수칙에 관한 부분은 마가의 원안에 비해 간략하게 다루어진다(6.7-13). 여기에는 지팡이, 신발, '속옷 한 벌'의 세 가지가 지적된다. 그러나 마태의 경우에는 몸 위에 바로 걸치는 단 한 벌의 웃옷만 허용된다. 이처럼 엄격한 조처는 "일꾼이 자기 먹을 것을 받는 것이 마땅하다"는 논리로 이어진다(10.10). 제자들은 어떠한 경우에도 복음이 장사가 아니라는 사실을 명심해야 한다. 신도들은 감사의 의무에 순종하여 여행 중인 복음가에게 손님접대의 친절을 베풀어야 한다. 올바른 전도의 수행을 위한 마태의 지침은 오늘날의 목회자와 선교사가 기억해야할 명제이다.

제3장
신약성서의 이야기

1. 전체의 조망
2. '작은 이야기'
3. 대화의 이야기

1. 전체의 조망

신약성서는 수많은 이야기로 구성되어 있다. 이야기가 없다면 신약성서의 구성은 불가능하다. 신약성서의 이야기는 전통사의 형식에서 구약의 이야기에 연결되어 있다. 그러나 새언약의 시대에는 변화된 관점과 조망에서 기술된다. 신약의 이야기는 주로 단일한 구조로 되어있는 통일된 개별이야기가 주를 이룬다. 이와 같은 형태는 고대이야기의 특징인 '단순한 형식'의 면모를 보여준다. 일관된 줄거리의 간소한 이야기는 서술자의 의도와 구상을 전달하는데 적합하다. 특히 극적 서사의 기능을 통해 새로운 현실의 세계를 창출한다. 독자는 여기에서 전과 다른 사건의 발생을 경험하게 된다. 이것은 그의 삶과 인식을 크게 변화시킨다.

일반적 담화도 설교도 이야기의 형식을 취하는 경우가 적지 않다. 요한의 비유담화와 비유설교에 사용된 '단순한 형식'은 비유이야기의 원래의 서술방식에 부합한다. 여기에는 수수께끼의 성격이 들어있다. 이와 같은 요소는 이야기의 진행에서 화자에 의해 해명된다. 독자는 권위 있는 해석자의 설명에서 숨겨진 비유의 의미를 터득하게 된다. 포도나무와 가지와 선한 목자에 관한 연설은 이와 같은 사실을 보여주는 사례이다. 서로 다른 문맥에 위치한 두 비유설교는 자기증거의 은유도식을 통해 미래의 교구의 주인이 될 예수님의 존재와 사명을 천명한다. 포도나무와 가지의 비유설교는 길가의 포도나무가 소재가 된 서사형식의 설교이다.

열두 제자의 파견을 위한 지침을 제시하는 마태의 파송연설은 특별한 구성방식에 의거한다(10.2-15). 전체의 내용은 정적 서술이 아니라 동적 줄거리의 운동에서 이해된다. 제자들이 앞으로의 전도사역에서 지켜야 할 다양한 수칙은 현실의 사건에서처럼 생동감 있게 기술된다. 독자는 이미 전도의 현장에서 활동하는 제자들의 모습을 눈앞에 그리게 된다. 이와 같은 서사적 효과는 설교와 이야기를 합성한 복합적 장르의 장점이다. 다원적으로 전개된 긴 연설의 내용은 하나님을 받아들이지 않는 자에 대한 강한 심판의 지적으로 마감된다. 여기에서 경고의 담화는 종말적 예언의 차원으로 넘어간다.

사도행전에 등장하는 설교에도 이야기가 포함된다. 회개의 환상이나 감옥의 환상은 사도의 행적을 기술하는 문서의 중요한 구성요소이다. 아그립바(Agrippa) 왕 앞에서 수행된 바울의 변호연설은 설교자 자신의 자전적 행로에 관한 고백적 진술이다(26.12-18). 회개의 환상은 전반의 중심을 형성한다. 이미 두 차례나 소개된 계시의 사건은 여기에서 보다 구체적이고 설득력 있게 표현된다. 이와 같은 서사의 방식은 딱딱한 연설의 전개에 생동감을 부여한다. 청중은 진솔한 자기고백의 변호에 자연스럽게 동화될 수 있다.

신약성서에 등장하는 이야기의 형태는 전기, 역사이야기, 비유이야기, 기적이야기, 일화, 에피소드, 예화, 삽화, 스케치 등 다양하다. 이들은 실제의 서술에서 서로 중첩된다. 예를 들어 자비로운 사마리아인의 이야기는 비유의 형식을 취한 예화이다. 그것은 '누가 이웃인가'를 실례를 통해 설명하기 위해 도입된 이야기이다. 부의 비판을 명료하게 제시하기 위한 예화로 볼 수 있는 부자와 거지 나사로의 비유이야기는 환상의 이야기에도 편입될 수 있다(눅 16.19-31). 이원적으로 구성되어 있는 복합단락은 중반에 이르러 천상과 지옥에 관한 환상의 장면으로 이전된다. 여기에 연출된 내세의 세계는 현실의 생활과 명료한 대조를 이룬다. 이를 통해 두 유형의 인간에게 주어진 운명의 변화가 부각된다. 전반에 서술된 부자와 거지의 삶의 상황은 정반대의 국면으로 전환된다. 이와 같은 역전의 전개는 독자의 회개를 촉구하는 '호소적 지시'의 기능을 갖는다. 복합적 산문기법을 활용하는 누가의 비유이야기는 공관복음의 이야기에서 독특한 위치에 있다.

일화는 역사적 인물이나 사건에 관한 간결한 소품이다. 그 대상은 보통 예기하지 못한 어떤 것이다. 일화에는 우연성과 돌발성이 내재해있다. 따라서 일반적 진리나 교훈의 전달을 지향하는 비유이야기와 거리가 있다. 스케치는 소수의 터치에 의한 순간적 윤곽의 제시이다. 여기에는 구체적 행동이나 줄거리가 결여된다. 예수님의 체포에 관한 단락에 삽입된 마가의 도주에 관한 한 토막의 이야기가 여기에 해당한다(막 14.51-52). 매우 사실적으로 묘사된 두 절의 장면은 과거의 수치스러운 행동에 대한 저자 자신의 진솔한 고백이다.

신약성서의 이야기의 관찰에서 간과할 수 없는 부분은 앞에 지적한 변두리 이야기(혹은 가장자리 이야기)이다. 원래의 줄거리의 중간에 편입되거나 마지막에 추가되는 이야기는 단순한 후기나 부록이 아니라 특별한 의미를 지니는 경우가 적지 않다. 호수 위를 걸어가려다 실패한 베드로의 무모한 시도에 관한 이야기는 호상의 보행기적에 편입된 종결의 막간극이다(마 14.28-31). 믿음의 결여에 기인하는 스승의 흉내 내기는 제자들이 저지를 수 있는 전형적 오류에 속한다. 베드로의 '작은 믿음'은 여기에서 주님의 고난이 아니라 육체의 의존에 관계된다. 예수님은 물속으로 빠지려는 베드로를 손을 잡아 구조한다. 이것은 자신이 살아있는 하나님이라는 증거이다. 초현실적 현현(epiphanes)의 사건은 신적 현존의 표식이다. 베드로의 구조는 예수님의 인물에서 하나님과 인간이 만날 수 있다는 사실을 지시한다. 네 절의 변두리 이야기는 보행기적 이야기 전체에 역동적 탄력을 부여한다.

마태의 고유기사인 무덤의 경비와 경비병의 매수에 관한 복합단락은 부활이야기에 이어진 후속의 이야기다(27.62-66, 28.11-15). 저자는 두 개의 전승된 에피소드를 빈 무덤의 부활사건의 앞뒤에 배치하고 있다. 이와 같은 구성을 통해 예수님의 부활을 부정하는 일부집단의 주장에 대한 반박의 증거로 삼는다. 유대의회 의원에 의한 철저한 무덤의 봉인에도 불구하고 경비병에 의해 감시된 돌무덤의 빗장이 열린다. 충격적인 사건의 발생에 관한 소식을 전해들은 의원들은 장로들과 상의한 끝에 경비병을 돈으로 매수하여 허위사실을 유포하도록 결정한다. 그 내용은 제자들이 밤사이에 몰래 무덤에 와서 시체를 도둑질하여 도망하였다는 것이다. 돈을 받은 집단은 외부로 나아가 지시받은 대로 소문을 퍼뜨리지만 빌라도는 아무런 조처도 취하지 않는다. 돌무덤의 봉인과 열림에 관련된 특별한 후기는 공회 의원이 예수님의 부활에 얼마나 커다란 공포를 지니고 있었는가를 실감나게 보여준다.

공관복음의 이야기 가운데에는 후세에 편입된 독립된 삽화가 발견된다. 요한의 고유기사인 간음한 여인의 이야기가 여기에 속한다(8.1-11). 열한 절의 이야기는 원래 다른 자리에 있었던 것으로 추정된다. 옛 수기에는 해당단락이 발견되지 않는다. 일부의 다른 수기에는 같은 이야기가 누가복음 21장 38절 다음에 등장한다. "모든 백성이 그 말씀을 들으려고 이른 아침에 성전에 나아가더라." 이 구절은 사건의 배경을 제시하는 요한복음의 첫머리와 일치한다(8.2). 문서의 생성에서 보면 동일한 전거에서 취해진 내용이 편집자에 의해 추후에 이곳에 넣어진 것으로 보인다. 그 동기를 이해하기 위해서는 전체의 문맥을 살펴볼 필요가 있다.

열한 절의 단락의 앞부분에는 확인되지 않은 채 집행되는 심판의 행위가 경고된다(7.51).

우리 율법은 사람의 말을 듣고 그 행한 것을 알기 전에 심판하느냐.

이것은 예수님을 정죄하려는 대제사장과 바리새인들의 경솔한 태도에 맞서 니고데모가 발언한 내용이다. 예수님과의 만남에서 회심의 결단을 단행한 니고데모는 여기에 처음으로 등장한다. 신명기에 의하면 죄와 악의 심판에 관해서는 최소한 2-3명의 증언이 필요하다(19.15). 니고데모의 예리한 지적은 요한복음 8장 15절에서 예수님 자신의 선언으로 이어진다.

너희는 육체를 따라 판단하나 나는 아무도 판단하지 아니하노라.

여기에서 '육체'는 인간의 방식, 특별히 외형의 가식을 지시한다. '육체의 판단'은 다음 절에서 하나님의 뜻에 따른 판단과 대립된다. "나는 아무도 판단하지 아니한다"는 "육체를 따라 판단하지 아니한다"는 뜻이다. 이 대목은 간음한 여인의 이야기를 마감하는 결구와 합치된다(8.11). "나도 너를 정죄하지 아니하노니." 결과적으로 8장 1-11절의 단락은 7장 51절과 8장 15절의 두 구문을 연결시키는 고리의 역할을 한다. 즉 사람의 판단에 의한 정죄와 심판의 부당성을 뒷받침하는 증거로 작용한다. 이런 점에서 후세의 편집자의 조처는 탁월한 결정으로 판단된다.

누가와 요한의 문서에는 향유를 부은 여인의 이야기와 일생의 마비자의 치유기적에서 간음한 여인의 경우와 유사한 발언이 발견된다. 앞의 경우에는 죄를 지은 여인을 향한 사죄의 말씀이 선언된다(눅 7.48). 여기에서 죄의 용서는 풍성한 사랑에 기인한다. 뒤의 경우에는 기적의 수행 이후 무죄의 요구가 지적된다(요 5.14). **"다시는 죄를 범하지 말라."** 이 문장은 간음한 여인의 이야기의 결구와 정확하게 일치한다. 요한복음 8장의 첫 단락은 누가복음 7장과 요한복음 5장의 병행구문과 연계하여 이해할 수 있다. 이와 같은 병행의 해석은 위에 설명한 편집과정의 보완을 정당화한다

이야기의 형태에는 설화, 전설, 신화의 성격을 지닌 경우도 포함된다. 설화의 대상은 동화처럼 초현실적이고 기적적인 것이 적지 않다. 그러나 현실적 관련이 상대적으로 강하다. 특정한 장소나 역사적 시간에 연결되기 때문이다. 신화(mythous)는 주로 민족형성의 초창기에 생성된 이야기로 신들의 존재와 활동을 다룬다. 신약성서에는 신화적 요소가 이야기의 서술과 의미를 분명하게 하기 위해 도입된다. 문화적으로 전승된 내용은 종교적 문맥으로 용해된다. 요한계시록의 신화적 가공은 천상적 계시의 사건을 현실화하는데 기여한다. 12장에 다루어진 붉은 용과 미가엘의 전투장면이 대표적이다. 신화의 모티브인 붉은 용은 살인적인 악마의 세력을 나타내는 비유의 상이다.

종교적 전설에는 성자나 순교자의 삶의 역사나 비범한 사건이 대상이 된다. 그것은 경건한 이야기이다. 그 내용은 교회나 수도원의 예식에서 낭송된다. 고대의 전설은 신약의 저자에 의해 이야기, 특히 전기적 이야기로 이입된

다. 이에 관한 흔적은 여러 곳에서 발견된다. 예수님의 출생사와 고난사의 기술에는 인물과 문화의 전설이 영향을 미친다. 마태와 누가의 출생이야기를 인도하는 중심인물은 동방의 현자(마술사)와 들판의 목자이다. 이들은 문화와 제식의 전설에 유래하는 모티브이다. 아기 예수가 출생한 짐승의 구유는 목동의 생활에 연결된다. 초라한 구유가 속해 있는 작은 집은 목동의 소유로 추정된다. 때문에 길을 떠난 순례자는 은폐된 경배의 장소를 어렵지 않게 발견한다.

출생사와 연관된 전기적 기술에서 경건한 전설의 흔적을 인상적으로 보여주는 대목은 12세 소년 예수의 이야기이다. 누가의 독점기사에 속하는 여섯 절의 단락은 예수님의 유년기에 관한 유일의 자전적 보고이다(2,41-51). 여기에 다루어진 내용은 전통적인 유대의 경건성에 연관된다. 부모님의 유월절 축제의 순례나 율법교사에 대한 예의바른 학생의 자세는 매우 설득력 있게 기술된다. 최초의 갈등의 암시나 부정적이고 비극적인 음조는 가급적 제한된다. 열성적 토론의 참여자들은 예상하지 못한 소년의 '지혜와 대답'에 크게 놀라게 된다. 부모님의 충격은 율법교사를 감동시킨 아들로부터 방사되는 빛의 '아우라'에 기인한다. 독자는 성년의 나이에 도달한 총명한 학생이 어떻게 선생님으로 하여금 경외감을 자아내게 하는가를 눈앞에 그려보게 된다. 이것이 서사적 이야기의 전략적 기능이다.

이야기는 실재의 사실이나 사건에 관계된다. 그러나 현실의 대상은 화자의 손에 의해 말해진 세계로 이전된다. 그것은 화자가 체험한 것의 자연적 기술이다. 체험이란 저자 자신의 내면세계에서 나오는 작품의 구성요인이다. 마가가 기술한 적지 않은 이야기는 스스로의 경험에 의거한다. 훌륭한 이야기꾼인 그는 신앙의 선배인 베드로에게 전해들은 사실과 내용을 입수한 자료의 모음집에 기초하여 충실하게 서술하고 있다. 여기에는 그의 독자적 체험이 함께 작용한다. 특히 베드로의 행동과 발언을 기술하는 대목이 눈에 띈다. 호수 위의 보행기적에는 예수님이 물 위로 걸어오는 장면을 목격한 제자들의 반응이 매우 사실적으로 묘사된다(6.49).

제자들이 그가 바다 위로 걸어오심을 보고 유령인가 하여 소리 지르니.

어두컴컴한 새벽의 호수 위로 걸어오는 스승의 모습을 유령으로 착각한 것은 목격자의 경험에서 나온 것으로 여겨진다. 다시 말해 현장의 주인공인 베드로의 전언에 의한 것으로 판단된다. 초현실의 기적이 현실의 사건처럼 눈앞에 연출되는 것은 소재의 신빙성 때문이다.

보다 명료한 경우는 세 차례에 걸친 베드로의 부인이다. 최후의 만찬을 마치고 겟세마네 동산으로 가는 도중에 일어난 막간극의 장면에는 저자의 입장이 반영되어 있다. 실감나게 묘사된 단락은 마치 본인 자신의 고백을 듣는 것 같은 착각을 불러일으킨다. 극적 긴장의 상황에서 진행된 격정적 장면의 연속은 다음과 같은 문장으로 끝난다(14.72).

베드로가 … 그 일을 생각하고 울었더라.

여기에서 함축적으로 사용된 과거동사 '울었다'는 '왈칵 울음을 터뜨렸다'로 읽는 것이 적절해 보인다. 병행구문인 마태복음 26장 75절에는 "심히 통곡하니라"고 표현된다. "끝까지 예수님을 따르겠다"고 두 번씩이나 호언장담한 베드로는(14.29, 31) 살아있는 스승의 음성이 귓전에 울려와 터져 나오는 울음을 참지 못한다. 가슴속 깊이 우러나오는 자책의 감정을 억누를 수 없었을 것이다. 베드로가 급히 도망하면서 보여준 통한의 울음은 미래의 회심을 예고하고 있다. 그는 후일 디베랴 호수에서 부활한 예수님의 사랑을 회복하고 순교의 죽음으로 마감될 숭고한 선교의 사명을 부여받는다. 베드로의 부인에 관한 삽입기사는 어두운 시절의 베드로의 방황에 관한 마가의 회상기이다.

2. '작은 이야기'

신약성서의 이야기의 중심은 '**작은 이야기**'이다. 이 기본유형의 특징은 단일한 구조와 일관된 줄거리이다. 여기에는 미세한 규모의 변두리 이야기도 포함된다. '작은 이야기'는 독립된 형태로 등장하거나 보다 큰 단위의 설교나 담화에 소속된다. 전승된 전거에서 취해진 이야기의 소재는 저자의 손에 의해 새로이 가공된 이후 편집의 과정에서 보완된다. 이와 같은 단계적 과정을 거쳐 최종의 문안이 완성된다. 원래의 문서의 변형에는 저자와 편집자의 관점이나 시각이 중요하게 작용한다. 복음서의 이야기는 저자 자신의 사상과 언어가 반영된 작품이다.

'작은 이야기'의 범위에는 여러 상이한 유형이 포함된다. 비유이야기와 기적이야기는 가장 큰 부분을 차지한다. 그밖에 소명의 이야기, 회개의 이야기, 고백의 이야기, 유혹의 이야기, 안내의 이야기, 순교의 이야기, 환상의 이야기, 현현의 이야기, 묵시의 이야기 등을 들 수 있다. 이들은 부분적으로 서로 연계되어 있다. 예를 들어 소명의 이야기에는 부름 받은 자의 신앙고백이 등장한다. 회개의 이야기에는 죄의 고백에 따른 사죄의 은총이 주어진다. 회개와 경고의 이야기는 주로 수신자의 삶과 신앙의 변화를 겨냥하고 있다.

유혹의 이야기는 악마에 의한 광야의 예수님 유혹으로 대표된다. 유혹은 형식사에서 소명, 회개, 하나님의 만남에 이어진다. 예수님도 아브라함과 욥과 같은 고전적 사례에서처럼 유혹의 사건을 체험한다. 여기에는 악마의 등장이 하나의 도식으로 동반된다. 예수님은 매혹적인 악마의 충고뿐만 아니라 직무와 경배의 요구도 거절한다. 예수님과 악마 사이에는 근본적인 불일치가 존재한다. 악마에 의해 요구된 모든 행위의 대가는 하나님에 대한 배반이다. 예수님은 하나님의 영적 권능에 의지하여 악마와의 대결에서 승리한다.

환상의 이야기는 엑스타시, 즉 영적 황홀의 상태에서 전개된다. 수태고지(annunciatio)나 묵시의 사건이 여기에 속한다. 마리아와 사가랴에게 계시된 천상의 환상은 천사의 나타남으로 전개된다(눅 1.5-38). 이스라엘을 구원할 아기의 잉태와 분만은 숭고한 찬양으로 이어진다. 요한계시록은 다채로운 환상의 장면과 이야기로 점철되어 있다. 대표적 예를 들어보면 보좌의 환상(4.1-11), 묵시의 네 기사(6.1-8), 두 짐승의 환상(13.1-18), 시온산의 어린 양(14.1-5), 이중의 추수(14.14-20), 새로운 예루살렘(21.9-27), 새로운 낙원(22.1-5) 등이다. 천상의 보좌의 장면에서 출발한 방대한 환상의 시리즈는 새로운 낙원의 계시로 종식된다. 새로운 낙원의 환상은 창세기에서 시작된 하나님의 구원사의 종착역이다.

사도행전에는 일련의 환상의 이야기가 등장한다. 스데반의 환상, 사도 바울의 회개의 환상, 베드로의 감옥의 환상이 대표적이다. 이와 같은 환상은 지상에서의 예수님의 현존을 지시한다. 바울의 회개의 환상은 동시에 소명의 환상이다. 빛과 음성으로 시현된 환상의 사건은 구약에서 전승된 환상의 유형이다. 강렬한 빛의 광채는 보는 자의 '눈 멈'으로 이어진다. 닫힌 눈은 선지자 아나니아(Hananias)의 안수에 의해 열려진다. 회개의 결단으로 새로운 신앙의 세계로 들어간 계시의 수혜자는 자신이 핍박하던 기독교인을 위해 헌신하는 사도로 변신한다(9.10-19).

신적 권능의 시현을 보여주는 현현의 이야기는 기적의 이야기로도 분류된다. 이것은 하나님의 권능이 예수님을 통해 현실에 개입한 놀라운 사건이다. 현현의 이야기는 다양한 형태로 나타난다. 하나님의 현현, 예수님의 현현, 천사의 현현 등이다. 공관복음에 등장하는 가장 대표적 현현은 부활자의 나타남이다. 빈 무덤의 부활 이후 거듭하여 일어난 초월적 현현은 부활의 사실에 대한 확증이다. 그것은 살아있는 육체의 현존을 증거하는 귀중한 사건이다. 공관복음의 저자들은 이 사실을 강조하고 있다(눅 24.36-43, 요 20.24-29). 사도바울은 '몸의 부활'을 강령적인 부활서술의 결론으로 제시하고 있다(고전 15.44).

소명의 이야기는 공관복음 전체를 관류한다. '따름'의 길에 관한 제자교육의 담화도 소명의 이야기에 속한다. 소명의 사건은 이미 구약에 제시된다. 여호와 하나님은 아브라함, 모세, 그리고 사무엘과 예언자들을 자신에게 봉사하고 자신의 사자가 되도록 부른다. 이스라엘은 하나님의 위임을 실현하기 위해 하나님의 백성으로 선택된다. 신약에는 소명의 의미가 더욱 구체화되고 확대된다. 예수님은 복음을 선포하기 위해 제자들을 부른다. 바울 역시 사도로서의 사명을 부여받는다. 믿는 자들은 그리스도 안에서 구원으로 부름 받아 하나님의 아들과의 공동체가 된다. 소명의 사건은 하나님에 의해 그리스도 안에서 일어나며 그리스도의 영광에 도달한다.

최초의 제자의 부름은 가장 기본적인 소명의 이야기이다. 예수님의 복음 사역의 출발점이 되는 중요한 사건은 모든 공관복음에 공통적으로 다루어진다. 그러나 구체적 내용은 개별문서에 따라 차이를 보인다. 마태의 경우는 마가의 문안을 따르고 있다. 서로 병행하는 두 문안에서 제자의 길은 '부름과 따름'의 도식에 의거한다. 이 기본지침은 앞으로 수행될 열두 제자의 선택에도 해당된다. '인간의 어부'라는 비유어는 두 저자의 공통분모이다. 이 중요한 모티브는 누가의 복음에서 보다 명료한 의미를 얻는다. 놀라운 고기잡이 기적이야기에는 베드로의 위치가 전면에 부각된다(5.1-11). 만선의 수확을 경험한 어부 베드로에게 '사람을 낚는 어부'의 의미는 실감나게 받아들여진다.

요한복음에는 최초의 제자선정이 다른 복음서와 다른 방식으로 이루어진다(1.35-51). 그것은 소명이야기의 독자적 면모를 보여준다. 제자들의 따름이 동시에 수행되는 것이 아니라 다른 사람의 증언에 의해 단계적으로 이루어진다. 진실한 믿음의 고백이 들어있는 증언은 상대방의 마음을 움직이는 힘을 갖는다. 예수님을 만난 사람은 직접 보고 느낀 사실에 의해 변화된다. 동사 '보다'는 현장에서의 경험을 지시한다. 특별한 동사의 어법 '와서 보라'는 상대방을 따름의 결단으로 인도하는 기본도식이다(1.39, 1,46, 1.51).

묵시의 이야기는 신약성서의 이야기에서 독보적 위치에 있다. 유대초기의 묵시문학에 연결된 특별한 장르는 복음서에서 올리브산의 묵시설교로 대언된다. '공관복음의 묵시록'이라고 불리는 마가복음 13장은 종말적 예언의 담화이다(13.5-37). 마가복음은 70인역 성서의 구성에 따라 이야기(narratio, 1.1-12)-지혜(12장)-예언(13장)의 순서로 전개된다. 제자들의 재앙과 핍박을 서술하는 서두의 단락은 그리스도의 오심과 재림(parousia)에 연관된 격언의 모음에서 취해진 것으로 보인다(13.5-13). 설교자는 여기에서 곧 닥쳐올 마지막 위기의 사건을 예시하고 있다. 이어지는 후반의 단락에는 인자의 재림에 선행하는 거대한 재앙의 시기가 언급된다(13.14-27). 동시에 제자들이 이에 대비해 어떻게 행동해야 하는가 하는 지침이 교시된다.

데살로니가후서 2장 1-12절은 묵시의 언어를 사용하는 작은 묵시록이다. 서한의 중심을 형성하는 열두 절의 단락은 특별한 의도에서 쓰여진다. 데살로니가 교구의 일부 교인들은 그리스도가 곧 다시 오리라고 믿고 있다. 이에 대해 저자는 '주의 날'이 이르기 전에 특정한 재앙의 사건이 선행될 것임을 강하게 지적한다(2.3).

> 먼저 배교하는 일이 있고 저 불법의 사람 곧 멸망의 아들이 나타나기 전에는 그날이 이르지 아니하리니

위의 문장에서 '배교하는 일'에 해당하는 그리스어 'apostasia'는 '하나님에 대항하는 봉기'를 말한다. 묵시의 용어 '멸망의 아들'은 '멸망에 처해진 자'라는 뜻으로 히브리어 표현이다. 종말의 시점에는 반기독자가 출현하여 소요를 일으키며 '불법'(anomias)의 행위를 자행한다. 그러나 기독교인을 혼란에 빠뜨리려는 악의 세력은 그리스도의 오심으로 종국적으로 파멸한다. 종말의 심판이 주어지는 것은 진리의 사랑을 거부하였기 때문이다(2.10). 로마서 1장 18절에는 '불법'과 불의에 의한 하늘의 진노가 지적된다.

작은 묵시록은 종말론에 관한 바울의 재해석이라는 점에서 주목할 만한 가치가 있다. 저자는 이미 데살로니가전서에 다루어진 재림의 주제(4.13-17)를 교구의 상황에 맞게 풀이하고 있다. 인상적인 위로의 담화에 제시된 '묵시의 일정표'는 새로운 조망에서 설명된다. 이와 같은 해석의 작업은 '재인식'의 행위에 속한다. '인식된 것의 인식'으로 표현되는 이해의 기본공식은 19세기

에 이르러 문헌해석을 위한 토대를 마련한다. 데살로니가후서에 시도된 재림의 보완적 서술은 후세에 개진된 '바울 해석학'의 첫걸음이라 할 수 있다.

공관복음에 나오는 '작은 이야기'의 실례를 열거하면 다음과 같다. 여기에는 고난사와 부활사에 속한 이야기는 제외된다. 이에 관해서는 다음 장에 구체적으로 다루어진다.

공통의 이야기

광야의 예수님 유혹: 마태 4.1-11, 마가 1.12-13, 누가 4.1-13

세리 레위의 부름과 공동의 식사: 마태 9.9-13, 마가 2.13-17, 누가 5.27-32

안식일의 사건과 논쟁: 마태 12.1-8, 마가 2.23-28, 누가 6.1-5

고향인의 배척: 마태 13.53-58, 마가 6.1-6, 누가 4.16-30

열두 제자의 파송: 마태 10.1, 5-15, 마가 6.7-13, 누가 9.1-6

세례요한의 죽음: 마태 14.1-12, 마가 6.14-29, 누가 9.7-9

베드로의 고백: 마태 16.13-20, 마가 8.27-33, 누가 9.18-21

산상의 변용: 마태 17.1-13, 마가 9.2-8, 누가 9.28-36

부자청년의 실패: 마태 19.16-30, 마가 10.17-31, 누가 18.18-30

요한의 이야기

니고데모의 방문: 3.1-21

사마리아 여인과의 만남: 4.1-42

간음한 여인의 사면: 8.1-11

누가의 이야기

부자 세리 삭개오의 구원: 19,1-10

위의 도표에서 보면 네 편의 복음서에 공통으로 등장하는 이야기가 가장 많은 빈도를 차지한다. 이와 같은 경우에는 병행하는 단락을 서로 비교하여 관찰하는 것이 전체의 이해에 도움이 된다. 각기의 문안 사이에 크고 작은 오차가 존재하기 때문이다. 여기에는 전체의 구성뿐만 아니라 서술의 내용과 분량도 포함된다. 동일한 소재나 주제를 다루는 이야기가 서로 다르게 작성된 것은 사용된 전거의 종류와 함께 작성자의 개인적 구상에 기인한다. '공관적 비교'는 개별문서의 의도와 목적을 파악하게 한다는 점에서 유익하다. 요한의 복음에는 문서의 문맥에 따라 개별이야기의 배치와 서술이 달라진다. 예를 들어 성전청결의 이야기는 다른 복음서와 달리 공생애 초기에 등장한다. 이것은 문서 전체의 방향을 예시한다. 성전의 파괴와 사흘만의 재건은 예수님의 죽음과 부활에 의한 구원의 복음을 상징한다.

'작은 이야기'의 형태에는 예수님 자신의 사역에 관한 것도 있고 다른 인물이 주인공인 경우도 있다. 어느 경우든지 단순한 보고와 기록을 넘어서는 서사의 특성과 구조를 보여준다. 이것은 '말해진 이야기'가 상징의 성격을 지님을 말한다. 그러나 이 상징은 현실의 사건과 밀접하게 연관되어 있다. 역사적 현실이나 사건이 어떻게 상징으로 형상화 되는가를 파악하는 것이 이야기 분석의 기본과제이다. 여기에는 다양한 매체나 기호가 현실의 변용을 위해 사용된다. 이야기의 현실적 관련에는 미래의 사실도 포함된다. 예를 들어 산상변용의 장면에 보인 초현실의 환상은 다가올 메시아의 죽음과 부활에 대한 상징적 예표이다.

공관복음에 나오는 다양한 이야기 가운데에는 일반적으로 주목을 받지 못하는 텍스트가 중요한 의미를 발휘하는 경우가 적지 않다. 실천의 응용의 차원에서 볼 때 복음의 메시지나 계시는 이미 형성된 전통이나 수용의 양상에 관계없이 수신자의 내면의 정서에 작용한다. 아래에서는 이와 같은 사실을 고려하여 일정한 범위에 국한하여 '작은 이야기'의 특성을 조명하려 한다. 주석의 역사에서 자주 다루어진 문안이라도 새로운 시각과 안목에 의해 그 의미가 확대되거나 보충될 수 있다.

예수님의 유혹에 관한 이야기는 세 편의 복음서에 상이하게 나타난다. 마가는 세례예식에 이어진 중요한 사건을 간략하게 다루고 있다. 천상의 계시에 의해 '사랑하는 아들'로 봉헌된 예수님은 외진 광야에서 40일 동안 악마에 의해 시험을 받는다. 40일은 하나님 앞에서의 인간의 척도를 나타낸다. 두 절의 단락에는 시험의 구체적 내용과 과정이 유보되어 있다. 악마의 물리침이라는 결과만 상황의 서술로 제시된다. 그 내용은 '짐승의 함께함'과 천사의 수종이다. 앞의 경우는 고독한 광야의 환경을, 뒤의 경우는 식량의 제공을 말한다. 천사는 시험을 당하는 자의 생존을 위해 물, 빵, 야간의 거처를 마련한다. 예수님은 극단의 곤경 속에서 하나님의 보호를 받는다. 마가는 유혹의 이야기를 인간의 한계를 극복하는 하나님의 영적 권능의 획득이라는 차원에서 기술한다. 이것은 앞으로 놀라운 기적을 통해 구원의 복음을 전파하기 위한 굳건한 토대가 된다.

천사의 수종은 마태의 단락에도 동일하게 지적된다(4.11). 그러나 여기에는 악마의 떠나감을 지시하는 결과적 상황으로 서술된다. 이에 비해 마가의 경우에는 유혹의 기간을 포괄하다. 그의 문안에는 금식의 행위도 결여되어 있다. 마태와 누가의 문안은 마가에 비해 상세하다. 여기에는 사탄의 시험의 내용과 이를 이겨낸 근거가 명료하게 밝혀진다. 첫 번째 시험의 대상인 빵의 기적에 관한 요구를 물리친 원천은 영원한 생명으로 인도하는 **'말씀의 삶'**(마 4.4)이다. 신명기 8장 3절의 계명은 여기에서 새로운 의미를 얻는다. 두 저자의 병행단락은 마가의 짤막한 문안에 대한 완전한 보완이다.

예수님은 악마의 단계적 시험에 맞서 하나님의 말씀의 경청, 하나님의 개입의 기다림, 하나님을 향한 경배의 요구를 주장한다. 이와 같은 세 개의 우위의 명제에 의거하여 예수님은 하나님의 나라를 위해 투쟁한다. 하나님의 나라는 인간에게 가장 좋은 약속을 제공한다. 이를 부정하는 다른 모든 유혹은 사탄에 작용에 의한 헛된 기만의 상이다. 악마의 특징은 세상의 권세, 인간적 예지, 그리고 사이비 증거이다. 눈에 보이지 않는 존재인 그는 제어하기 어려운 힘을 행사하는 인물처럼 행동한다.

마태와 누가의 병행단락에는 세 차례의 유혹의 단계에서 두 번째와 세 번째 내용이 서로 뒤바뀐다. 마태의 경우에는 빵의 기적-성전의 꼭대기-경배의 순서로 진행되는 반면, 누가의 경우에는 빵의 기적-경배-성전의 꼭대기의 순서로 전개된다. 제2의 단계가 마지막으로 옮겨진 것은 죽음을 이기는 고난의 의미에 악센트를 부여한다. 다시 말해 고난 받는 순교자로서의 메시아의 상이 부각된다. 이것은 제3의 복음서의 기본방향이다.

세리 레위의 부름과 공동식사의 이야기는 레위의 부름과 식사에 따른 논쟁의 두 부분으로 구성된다(마 9.9-13). 이들은 세리라는 명사에 의해 서로 연결되어 있다. 세금징수자인 세리는 당시의 팔레스티나 사회에서 '불행한' 피조물로 간주된다. 한편으로 로마의 권력을 통해 나라의 부패에 동참하며 다른 한편으로 서민을 괴롭히는 착취자이다. 세관은 가축의 양육장처럼 소작에 의해 운영되기 때문에 하부의 직원에게 위로부터의 압력이 가해진다. 예수님은 이와 같은 '가련한 돼지'의 집단에게 시선을 돌린다. 그 이유는 무엇일까? 많은 사람들은 여기에서 사회의 하층계급과 밀려난 소수와 함께하는 교회의 자기정체성 실현을 위한 모형을 본다. 그러나 예수님이 죄인으로 불리는 세리에게 관심을 갖는 것은 바로 그들의 불의, 냉담, 불신 때문이다.

세리 마태의 부름은 변두리 계층에 대한 사랑이라기보다 부르는 자로서의 예수님의 권능에 무게가 실린다. 예수님은 첫 번째 제자의 부름과 유사한 권위로 마태를 부른다. 마가의 보고에 의하면 부름을 받은 사람들은 단 한마디의 말로 자신의 직업과 가정을 포기한다(1.16-20). 예수님의 부름은 직업과 가정의 결속보다 강한 힘을 갖는다. 이번의 경우에도 예수님의 부름은 경직된 불의의 의존보다 강하게 나타난다. 하나님만이 인간의 마음과 행동을 제어하는 힘을 갖는다. 마태의 소명의 사건에도 죄의 굴레를 벗어나게 하는 하나님의 능력이 중요하게 작용한다. 그것은 탐욕, 착취, 불의의 축재로 빠져드는 깊은 올가미로부터의 해방을 의미한다.

물론 마태는 죄인의 부름에서 사랑과 자비를 중요하게 취급한다. 이것은 이야기의 종결부를 구성하는 두 절에서 확인된다(9.12-13). 여기에는 제사가 아닌 긍휼의 우위성이 지적된다. 저자의 고유기사에 속하는 이 부분은 의사의 필요성과 죄인의 부름을 서술하는 두 문장 사이에 놓여진다. 예수님 자신의 소명을 지시하는 앞의 경우는 '의사로서의 하나님'에 관한 구약의 전통으로 돌아간다. 호세아 6장 6절에 의하면 하나님은 인간으로부터 제사의 예식이 아니라 긍휼을 원한다. "나는 인애를 원하고 제사를 원하지 아니하며." 긍휼은 여기에서 '인애'로 표기된다. 히브리어 'hesed'에 해당하는 이 명사는 '언약의 사랑'을 뜻한다. 마태는 제사를 요구하지 않는 하나님의 긍휼을 강조한다. 여기에 지적된 긍휼은 9장 36절에 유사한 표현으로 다시 발견된다. 예수님은 자신을 따르는 무리를 보며 목자 없는 양처럼 불쌍하게 생각한다. 남을 불쌍히 여기는 연민의 감정은 기적치유의 동인으로 작용한다.

고향인의 배척에 관한 마가의 이야기는 고향의 방문에 관한 누가의 이야기(4.16-30)와 구분된다. 누가의 서술은 일 년 전의 사건으로 추측된다. 예수님은 개인적으로 고향을 떠난 이후 지역전체에 알려진 랍비의 인물로 제자들과 함께 다시 고향으로 돌아온다. 그러나 고향인에게는 자신들과 같은 시민의 한 사람이 하나님의 위임을 받았으리라고 생각하기 어렵다. 이것은 그들의 불신앙 때문이다. 실패한 귀향에 관한 보고는 앞에 서술된 가족과 친족의 비난에 연결된다(3.20-21, 30-35). 여기에서 그들은 예수님을 '정신 나간 자'로 취급한다. 이것은 종교적 관념과 망상에 사로잡혀 이상한 행동을 하는 사람을 가리킨다. 두 부분으로 나누어진 이야기의 마지막에는 예수님에 의해 영적 가족의 의미가 강조된다. 인간의 가족이 아닌 '하나님의 가족'은 초대교회에서 공동체의 요건으로 전제된다.

나사렛 사람들은 예수님의 설교를 듣고 놀라면서도 그 지혜와 능력이 어디에서 나오느냐고 되묻는다(6.2). 다시 말해 신적 근원을 의심하는 것이다. 불신앙의 본질은 여기에서 명료한 증거를 받아들이면서도 하나님의 현존과 능력을 부정하는 모순된 행위로 나타난다. 고향인들의 의구심은 예수님의 가문과 신분을 비하하는 데까지 이른다(6.3). "이 사람이 마리아의 아들 목수가 아니냐." 유사한 내용이 나사렛의 예수님을 서술하는 누가의 문안에도 발견된다(4.22). 여기에서 '마리아의 아들'이라는 호칭은 예수님의 부친 요셉이 이미 죽었음을 나타낸다. 그러나 이와 같은 비난은 현실의 상황과 맞지 않는다. 그들이 지적한 목수(tekton)는 건축기사라는 뜻으로 30명의 일꾼을 거느린다. 따라서 타인으로부터 무시당할 정도로 낮은 계급의 직업인은 아니다.

예수님은 자신과 자신의 가족을 비난하는 고향인에 대해 다음과 같이 응수한다(6.4).

선지자가 자기 고향과 자기 친척과 자기 집 외에서는 존경을 받지 못함이 없느니라.

이중의 부정으로 표현된 수사적 어법은 선지자가 고향과 집에서 존경받은 적이 없음을 강조한다. 여기에서 집이란 넓은 의미에서 조국을 뜻한다. 예수님은 구약의 선지자처럼 자신의 나라에서 자신의 민족에 의해 오해를 받고 버림을 당한다. 예수님의 신상발언은 자신이 예언자임을 말하는 것이 아니라 가장 가까운 곳에서 배척당하는 고독한 메시아의 숙명을 가리킨다.

이야기의 종결부는 전도의 성과가 상대방의 자세에 달려있음을 증거한다(6.5-6). 두 절의 결구에는 두 가지 사항이 언급된다. 하나는 기적을 수행할 수 없는 예수님의 어려운 상황이다. 다른 하나는 믿음이 결여된 고향인의 비참함이다. 이들은 하나로 연결되어 있다. 영적으로 마비된 어둠과 죄악의 상태에는 참다운 기적치유가 일어나지 않는다. 하나님의 능력이 현실에 개입하지 않기 때문이다. "단 하나의 행위도 할 수 없었다"는 복음서에서 매우 충격적인 진술이다(6.5). 이것은 예수님의 기적행위가 마술과 관계가 없으며 인간의 윤리적 자세와 믿음에 연관된다는 사실을 명료하게 표현한다. 마가의 부정적 문장은 예수님이 그 어떤 의미에서 무능하였다는 것이 아니라 불신앙에 부딪치면 자신의 의도대로 행동할 수 없었음을 의미한다.

누가의 문안은 예수님의 나사렛 방문(4.14-21)과 나사렛에서의 예수님(4.22-30)의 두 부분으로 구성된다. 앞의 단락의 중심은 최초의 나사렛 연설이다. 예수님은 고향의 회당으로 들어가 이사야 61장 1-2절의 '제2의 공과'를 낭독한다. 이어서 여기에 제시된 예언의 개인적 성취에 관해 설명한다. 성령에 의해 기름 부어진 자가 예수님 자신이기 때문이다. 연설의 마지막을 장식하는 '은혜의 해'는 여호와 하나님에 의해 예비된 구원의 시기를 말한다. 예수님은 구약에 약속된 메시아의 도래를 스스로 선언한다.

뒤의 단락에는 마가의 문안에서처럼 '고향에서의 선지자'가 언급된다. 이것은 구원사에서 모든 예언자에 해당되는 영속적 주제이다. 하나님의 아들은 예수님의 삶과 죽음을 규정하는 결정적 요소이다. 이스라엘의 하나님은 구원의 사역에서 이스라엘과 마찬가지로 이방인으로 향한다. 구약의 예언서에는 이에 관한 모델이 존재한다. 두 명의 예언자 엘리야와 엘리사는 제자의 부름, 죽은 자의 소생, 군중을 위한 식량의 제공 등에서 예수님의 예형으로 간주된다. 예언자에 의한 성서의 증명은 초기기독교에서 매우 중요한 역할을 한다. 여기에는 영감을 받은 하나님의 사람의 모형이 나타나 있다. 누가복음 4장은 이사야의 인용뿐만 아니라 이어지는 짧은 보고에 의해 모든 중요한 복음의 요소를 포괄한다. 즉 하나님의 아들, 이방인에의 관심, 예수님의 살해의 시도, 생명의 위험과 죽음으로부터의 구조 등이다. 이런 의미에서 작은 범위의 복음서로 볼 수 있다.

후반의 단락에는 특이하게도 칭송에서 불신앙으로의 이행이 일어난다. 회당에 있는 자들의 '그에 대한 증언'은 그에 반대하는 증언으로 볼 수 있다. 그들의 놀라움은 믿음의 현상이라기보다 단순한 놀라움에 불과하다. 믿음이 결여된 나사렛인의 자세와 행동을 예리하게 비판한 예수님은 군중에 의해 생명의 위험에 처해진다. 회당에서 예수님의 설교를 들은 사람들은 분노에 가득 차서 설교자를 산꼭대기로 데려가 낭떠러지에 밀쳐 떨어뜨리려 한다. 극도로 긴장된 장면은 하나의 객관적 문장으로 마감된다(4.30).

예수께서 그들 가운데로 지나서 가시니라.

위의 문장은 "예수님이 그들 가운데로 통과하여 떠나갔다"로 고쳐 쓸 수 있다. 예수님의 기적적인 구조에 관한 신비의 문장은 중세에 이르러 종의 외부에 새겨진 문구에서 발견된다. 예수님이 놀라운 힘에 의해 보호되어 적진의 진영을 지나 걸어가듯 사람들은 기독교인을 위한 하나님의 능력의 부여를 기대한다. 소나기와 악령의 공간을 꿰뚫는 거룩한 종소리는 적대자의 위협을 물리치는 예수님의 위용에 관한 의미 있는 비유이다.

베드로의 메시아 고백에 관한 이야기에는 첫 번째 고난의 통고(8.31-33)와 후계자를 향한 요구(8.34-38)가 따른다. 세 단락은 긴밀하게 연계되어 있다. 마가의 문서에서 전반부의 마지막을 형성하는 이 부분은 전체의 전개에서 매우 중요한 위치에 있다. 벳새다에서 가이사랴 빌립보로 가는 도상에서 이루어진 베드로의 신앙고백은 예수님으로 하여금 말한 내용을 외부에 발설하지 말도록 지시하게 한다. 이미 여러 차례 내려진 침묵의 명령이 다시 반복된 것이다. 그러고 나서 예수님은 처음으로 자신의 앞날에 관해 예고한다(8.31). 즉 지상에서 고난을 당하고 십자가에 못 박혀 죽은 후에 부활하여 승천한다는 사실이다.

예수님이 베드로의 강한 저항에 대해 '사람의 일'을 생각한다고 심하게 꾸짖은 것은 그럴만한 이유가 있다(8.33). 메시아의 죽음과 부활은 반드시 이루어져야 할 하나님의 구원사역이다. 이것을 방해하는 것은 사탄의 행태이다. 예수님의 발언은 여기에서 사실의 극단화를 지시하는 과장법을 사용하고 있다. 그러나 제자들이 당시의 상황에서 예언적인 스승의 질책에 수긍하기란 사실상 불가능한 일이다. 그들은 실제로 곧 다가올 예루살렘 왕국에서 이루어질 메시아의 왕권을 기대하고 있다. 모처럼의 고백을 감행한 베드로는 자신의 정체성을 묻는 예수님의 질문의 진의를 제대로 파악하지 못한 것이다. 무이해의 상태에서 나온 베드로의 답변은 결국 세 차례의 부활예언을 가져오는 직접적 동기가 된다.

베드로와의 문답에 이어진 다섯 절의 후속단락은 제자들을 향한 강한 분부이다. 그것은 고난과 죽음의 동참을 촉구하는 엄중한 명령이다. 이 명령은 예루살렘의 체재기간 뿐만 아니라 미래의 선교활동에 해당하는 영원한 지침이다. 후계자의 요청은 예수님과 제자들의 새로운 관계를 촉구하는 특별한 메시지이다. 그것은 자기 자신을 과감히 버리고 절대적으로 예수님에게 귀의하는 **십자가의 따름**(8.34)이다. 이것만이 영원한 생명으로 들어가는 구원의 길이다.

> 누구든지 나를 따라오려거든 자기를 부인하고 자기 십자가를 지고 나를 따를 것이니라.

요한복음에만 나오는 간음한 여인의 이야기는 죄의 사면이라는 주제에 관련된다(8.1-11). 스스로 통일된 이야기는 이미 암시된 죄의 심판에 관한 문제를 명료하게 설명하기 위해 도입된다. 음행의 죄악은 모세의 율법에서 '돌로 쳐 죽이는' 형벌에 처해진다. 신명기 22장 22-24절에는 이에 관한 자세한 내용이 기록되어 있다. 마지막 절은 다음과 같이 선언한다. **"그들을 돌로 쳐 죽일 것이니 … 너는 이같이 하여 너희 가운데에서 악을 제할지니라."** 그러나 예수님은 전승된 계명을 새로운 관점에서 풀이한다. 이를 위한 근거는 **인간의 양심**이다. 양심(syneidesis, conseientia)이란 하나님의 의지와 본질에 합당한 자연적 감정을 말한다. '양심의 가책'은 법적 판결에 우선한다. 이것은 전통적 정죄와 심판의 관념에 대한 반박이다. 간음한 여인의 이야기에는 인간의 의식의 변화라는 혁신적 요청이 내재해 있다.

단순한 줄거리의 사건은 대제사장과 바리새인들이 예수님을 잡으려고 모의하는 가운데 일어난다. 그들은 예수님이 성전에서 가르칠 때에 음행의 현장에서 잡힌 여인을 끌고 온다. 일부러 많은 군중이 모이는 시점을 택한 것이다. 그리고 여인을 가운데 세워놓고 어떻게 처리하는 것이 좋으냐고 묻는다. 이것은 예수님을 곤경에 빠뜨려 고발하기 위함이다. 그들의 의도는 예수님과 로마의 관할당국 사이에 공적 갈등을 조장하는 것이다. 고발의 근거는 도덕적 계명에 대한 예수님의 태도이다. 만일 예수님이 율법에 지시된 대로 여인을 판결한다면 행정당국이 이를 허용하지 않을 것이다. 반대로 간음의 죄를 지은 여인을 용서한다면 모세의 율법을 위반하는 것이 된다.

예수님은 두 가지 사항 가운데 어느 것도 택하지 않는다. 그 대신에 손가락으로 땅에 무엇인가 적은 후에 일어나 다음과 같이 말한다(8.7).

> 너희 중에 죄 없는 자가 먼저 돌로 치라.

여기에서 공격의 화살은 고발자를 향한다. 그들 역시 여인을 형벌에 처할 수 없는 죄인이기 때문이다. 오늘날에도 죄와 죄인의 기준에 관련하여 자주 인용되는 유명한 구절은 '모든 사람은 죄인'이라는 바울의 선언과 통한다. 그는 로마서 3장 10절에서 "의인은 없나니 하나도 없으며"라고 역설한다. 이중의 부정으로 강조된 운문의 문장은 3장 12절에도 되풀이된다. "선을 행하는 자는 없나니 하나도 없도다." 이 세상에 죄가 없는 사람은 존재하지 않는다. 따라서 죄의 인간이 타인을 정죄할 수 없다. 이와 같은 전제는 로마서 기술의 지침이 된다. 저자는 교리적 진리를 실천적 교회의 생활과 연결시킨다.

이어서 예수님은 다시금 몸을 굽힌 채 손가락으로 땅에 무엇인가 쓴다. 그 내용이 무엇인지는 여러 추측이 가능하다. 일부의 주석가는 다니엘서 7장 10절에 주의를 돌린다. 종말의 환상을 기술하는 단락의 중반에는 '교만의 심판'이 예리하게 지적된다. 예수님이 무언으로 전달한 예언자의 글은 위선적 종교지도자의 가슴을 찌른다. 그러나 예수님이 두 번씩이나 땅에 기록한 사실에 관한 토론은 별로 중요한 일이 아니다. 이미 예수님의 현존만으로 고발자의 마음을 불편하게 만들기에 충분하다. 하나님의 사랑의 권능은 예수님의 말씀을 통해 심판하려는 죄인의 가슴속에 작용한다. 예수님을 시험하려던 바리새인들은 모두 '양심의 가책을 느껴' 자리를 피해 도망한다(8.9). 여기에 사용된 명사 양심은 순수하고 진실된 마음의 상태를 말한다. 그것은 불의의 인간을 죄의식의 자각으로 유도하는 정신적 동력이다. 예수님은 외형의 법적 형벌을 내적 윤리의 문제로 환원시킨다.

이어지는 장면은 이야기의 피날레이다. 주변의 공격자들은 장로로부터 시작하여 한 사람씩 차례로 자리를 떠난다. 그들은 예수님의 논증에 맞설 수 있는 반대의 증거를 찾지 못한 것이다. 모든 고발자의 퇴각은 이야기의 복음을 지시한다. 예수님은 마지막으로 홀로 남은 여인을 향해 다음과 같이 선언한다(8.11).

> 나도 너를 정죄하지 아니하노니 가서 다시는 죄를 짓지 말라.

위의 구절은 무조건의 사죄로 오해될 수 있다. 그러나 예수님의 복음 전체의 연관에서 볼 때 심판의 부정은 무도덕의 사면증서가 아니라 회개의 부름을 의미한다. 여기에도 회개를 향한 요청이 근저에 깔려있다. 따라서 이야기의 포인트도 마지막 구절에 놓여진다. 예수님과의 만남은 도덕의 설교의 들음이나 전달과 다르다. 이야기의 정점은 모든 잠재적 심판자가 예수님의 도전적 요청에 굴복하였다는 사실에 있다.

위에 인용한 복합문장에는 두 가지 사항이 들어있다. 하나는 심판에 대한 부정의 명제이고, 다른 하나는 무죄의 가치이다. 앞의 경우는 비도덕에 대한 허용이 아니라 용서와 사죄에 대한 강조이다. 뒤의 경우는 옛 관습으로의 복귀에 대한 금지이다. 다시 말해 '새로운 시작'의 요구이다. 죄의 형벌에서 벗어난 여인은 세상으로 나아가 은혜의 삶을 살게 된다. 간결한 종결의 명령은 무죄의 행위가 죄의 판결보다 더 중요함을 가르친다. 이것은 죄인을 구원하려 세상에 온 예수님의 사명에 부합한다. 이야기의 종국적 메시지는 독자를 향하고 있다. 이중적 경고의 말씀은 죄인인 우리가 어떻게 처신하며 살아야 하는가를 명백하게 제시한다.

3. 대화의 이야기

이야기와 함께 신약성서를 구성하는 기본요소는 담화와 대화이다. 담화는 말씀과 설교를 포괄하는 광범한 개념이다. 반대로 설교의 형식에 담화가 소속되기도 한다. 짧은 분량의 이야기나 후속의 변두리 이야기도 넓은 의미에서 담화의 범주로 취급된다. 말씀과 설교는 가장 오래된 소통의 형식이다. 이들은 모음집의 형태로 후세에 전승된다. 복음가들의 문서작성에는 여러 종류의 전거가 기본 자료가 된다. 예수님의 설교는 제자들에 의해 가공된 문서로 보존된다.

대화(그리스어 'dialogs')는 교체적 담화를 뜻한다. 담화와 반대담화로 구성되는 대화는 철학적, 종교적 토론에서 문제의 해결을 위한 유용한 수단으로 사용된다. 플라톤의 저서 《대화》는 고전적 모형이다. 철학적 사고는 그에게 열려진 문답형식의 대화를 통해 합당하게 개진된다. 문학의 형식에서 대화는 드라마를 구성하는 기본요소이다. 고대의 비극에는 장면의 진행에서 등장인물의 대화가 합창과 함께 중요한 역할을 한다. 서사문학에는 대화가 구성요소라기보다 핵심부분을 인도하는 역할을 한다. 전체의 포인트에 해당하는 결정적 대목이 대화의 형식에 의해 서술된다.

대화는 상호소통을 위한 필수적 요소이다. 따라서 현대의 소통과 이해이론에서 중요한 위치를 차지한다. 대화이론이나 대화해석의 착상은 이 사실을 증명한다. 이해의 목표는 대화의 수행에 의해 실현된다. 여기에는 서로 다른 두 상대자 사이에 가교를 조성하는 대화의 기능이 중심의 역할을 한다. 텍스트의 해석은 저자와 독자, 발신자와 수신자 사이의 대화의 과정에 의거한다. 텍스트의 의미는 역동적 대화의 진행에서 조성되는 자유로운 유희공간에서 발생한다. 그것은 새로운 의미의 창출이다.

고대에 문서에 선호된 '디아트리베'(Diatribe)는 원래 대화를 뜻한다. 이 수사적 형식은 주로 가르치거나 경고하기 위해 민속적, 풍자적 어법을 사용한다. 헬레니즘의 철학적, 윤리적 담화에 연원하는 '디아트리베'는 초기기독교의 설교문체에 영향을 미친다. 사도바울은 주어진 명제를 정당화하기 위해 이 방법을 도입하고 있다. 특히 반대의 사실을 통한 대립과 반론의 논박법이 선호된다. 그의 문서를 구성하는 기본형식인 편지는 고대로부터 서로 떨어진 공간 사이의 의사소통을 가능하게 하는 중요한 수단이다. 바울서신의 전개에서 중요한 부분을 차지하는 것은 논증(argumentatio)이다. 이를 위한 구체적 요소는 주제의 설정, 설명, 예증, 경고, 호소, 청원 등이다. 후반의 세 항목은 서신의 결론에도 관계된다.

바울의 기본서라고 할 수 있는 로마서의 중요한 논증은 '디아트리베'의 방식에 의거한다. 로마서 2장 3-4절을 예로 들 수 있다. 서로 이어지는 두 의문문은 '진리의 심판'의 수행을 역의 방식으로 전개한다.

2.3 네가 하나님의 심판을 피할 줄로 생각하느냐

2.4 그의 인자하심과 용납하심과 같이 길이 참으심이 풍성함을 멸시하느냐

처음의 문장은 유대인이 이방인에 비해 상대적으로 심판을 받지 않는다는 잘못된 인식을 반박하고 있다. 하나님의 백성으로 선택된 사실도 심판에서 벗어나게 하는 역할을 하지 못한다. 나중의 문장은 앞에 주어진 사실을 가정법 형식으로 설명하고 있다. 만일 유대인이 아직도 심판에 처해지지 않았다면 그것은 하나님의 관용 때문이다. 또한 하나님이 죄에 대하여 무관심한 것처럼 보인다면 그것은 회개를 유도하기 위한 인내 때문이다. 여기에 사용된 논증의 수사법은 중요한 명제를 설명하는 다른 단락에도 발견된다.

신약성서에는 대화나 문답이 의미 있게 사용된다. 질문과 대답이 서로 교체되는 문답법은 예수님이 선호한 담화의 형식이다. 특히 중요한 논증이나 변증의 전개에 도입된다. 마태의 포도원 일꾼의 비유이야기에서 종결의 장면을 구성하는 포도원 주인의 변증이 대표적이다(20.13-15). 여기에서 구체적 변증의 방식은 주장(propositio), 근거(probatio), 결론(sententia)의 3원적 도식에 의거한다. 세 단계로 전개된 변증의 결론은 청중의 지각적 변화를 겨냥하고 있다. 체계적으로 구성된 논증의 방법의 효용성은 비유이야기의 질적 가치를 높여준다.

요한복음에는 적지 않은 이야기가 대화의 형식을 취하고 있다. 이것은 기록자 자신의 경험과 생각이 반영된 표시이다. '사랑하는 제자'로 알려진 문서의 저자는 예수님 자신의 말씀을 직접화법으로 서술하고 있다. 대부분의 중요한 담화와 설교가 여기에 소속된다. 설교의 문체에는 '나는 …이다'(ego eimi)라는 문장도식이 선호된다. 구약의 여호와 하나님 선언에 연원하는 특별한 어법은 문서 전체에 일곱 차례나 사용된다. 이와 같은 징표적 자기증거를 통해 구원자로서의 메시아의 신분과 사명이 포괄적으로 제시된다. 여기에는 '나'의 존재와 행동을 지시하는 사물화 은유가 사용된다. 독자는 다양한 형태의 비유사용에서 화자의 의도와 목표를 추출하게 된다.

대화는 서사적 이야기에서 대상이나 내용을 현실화하고 구상화하는 유용한 방식으로 사용된다. 특히 독자의 귀에 직접 호소하는 효과를 발휘한다. 대화의 이야기에는 두 대화의 수행자 사이에 조성된 긴장이 극적인 종결의 선언으로 해소된다. 잘못된 유대종교의 관념에 사로잡힌 니고데모(Nikodemus)는 새로운 영적 인식의 세계에 눈을 뜸으로써 생명의 종교인 기독교로 개종한다. 이방의 사마리아 여인 역시 동일한 방식에 의해 '메시아의 계시'에 도달한다. 예수님이 잡혀가는 어둠의 시기에 스승을 세 차례나 부인한 베드로는 부활한 예수님과의 만남과 대화를 통해 잃어버린 사랑을 회복한다. 여기에는 세 단계로 진행된 극적 문답이 결정적 역할을 한다. 대화의 점진적 고양에서 이루어진 긴장의 해소는 이야기의 종결에서 주인공의 실존을 변화시키는 활력적 요인으로 작용한다.

공관복음에서 대화의 특성과 기능을 잘 보여주는 이야기의 실례를 들어보면 다음과 같다. 나다나엘의 부름, 자비로운 사마리아인, 니고데모의 방문, 사마리아 여인과의 만남, 디베랴 호수의 기적. 이 목록에서 자비로운 사마리아인의 이야기를 제외한 나머지 경우는 요한의 고유기사이다. 이들은 대부분 전체이야기가 대화의 형식으로 진행된다. 그러나 부분적으로 대화를 활용하는 경우도 적지 않다. 여기에는 비유와 기적이야기도 포함된다. 기적이야기의 경우에는 기적의 수행이 대화의 과정을 거쳐 이루어진다. 청원자와 기적수행자 사이의 내밀의 소통은 상호대화에 의해 이루어진다.

맹인 바디매오의 기적이야기의 마지막 두 절은 완전한 대화체로 되어있다(막 10.51-52). 이야기를 마감하는 한 절의 결구만이 과거시제의 서술문이다. 극적 전환을 야기하는 종결의 장면은 예수님의 질문-바디매오의 대답-예수님의 지시의 세 단계로 진행된다. 예수님은 앞에 서 있는 바디매오에게 "무엇을 해주기를 원하느냐"고 묻는다. 이것은 믿음의 고백에 대한 확실한 요구이다. 그 반응은 다음과 같이 나타난다(10.51). **"선생님이여 보기를 원하나이다."** 이것은 눈의 열림을 믿는 단호한 진술이다. 이어지는 예수님의 발언은 종국적 구원의 선포이다(10.52). "가라 네 믿음이 너를 구원하였느니라." 명령동사 '가라'는 새로운 삶의 출발을 의미한다. 이어지는 완료의 문장은 이미 개안의 기적이 이루어졌음을 선언한다. 치유자의 사랑의 능력에 절대적으로 의존하는 확신의 믿음은 불가능한 것을 가능하게 하는 기적을 가져온다.

나다나엘의 소명이야기는 전체의 구성이 대화의 형식에 의거한다(요 1.47-51). 예수님과의 만남에서 야기된 나다나엘의 놀라움은 대화의 진행에서 점차 고조된다. 그 결과는 이스라엘 민족에게 약속된 메시아 고백으로 나타난다(1.49). 다섯 절에 걸친 대화이야기는 천상의 세계를 열어주는 예수님의 종결선언으로 마감된다. 그 내용은 "새로운 하늘의 사다리를 보리라"는 약속이다(1.51). 천사들이 아래위로 움직이는 장소는 하나님의 성소이다. 민족의 족장 야곱에게 보인 하늘의 사다리는 메시아의 현존에서 새로운 차원으로 이전된다. 그것은 하나님과 인간을 맺어주는 가교이다. 나사렛 예수에 관한 의구심을 표명한 나다나엘이 감행한 따름의 결단은 은혜로운 계시의 체험으로 보상된다.

자비로운 사마리아인의 이야기에는 보다 높은 수준의 대화기법이 구사된다(눅 10.25-37). 전체의 구성은 서로 병행하는 두 개의 대화도식에 기초한다. 첫 번째 대화는 질문-반문-대답-결론의 네 단계로 진행된다(10.25-28). 두 번째 대화도 유사하게 질문-이야기-대답-결론의 순서로 전개된다(10.29-37). 다원적으로 전개된 이중의 대화는 줄거리의 운동에서 마지막 결론을 향해 움직인다. 각기의 대화를 마감하는 결구는 동일하게 '…하라'라는 명령문으로 표기된다(10.28, 37). 이를 통해 전체단락의 결론인 행위의 실천이 강조된다.

점진적 상승의 운동은 제2의 대화의 마지막에서 목표에 도달한다. 이 대목은 '논증적 교훈대화'의 종결부이다. 장면의 서두에는 조망의 교체가 일어난다. 사마리아인의 행위는 이제 화자 자신의 발언으로 넘어간다. 서두의 주제에 연결된 종결의 질문은 여기에서 다른 방식으로 표현된다. 누가 '이웃'인가 하는 것이 아니라 어떤 사람이 '이웃'에 속하는가 하는 것이다(10.36). 세 사람 가운데에는 질문을 던진 율법교사도 포함될 수 있다.

이어지는 율법교사의 대답은 다음과 같이 주어진다. "자비를 베푼 자니이다." 일반적 진술의 특성을 지닌 짧은 문장에는 사마리아인이라는 명칭은 등장하지 않는다. 그러나 공동체의 사랑이라는 보편적 요소가 들어있다. 자비와 긍휼은 근본적으로 하나님에 연유한다. 동사 '베풀다'는 단순한 '주다'의 범위를 넘어서는 적극적 봉사의 실천이다. 예수님은 답변자를 향해 아무런 논평이 없이 다음과 같이 선포한다(10.37). "너도 이와 같이 하라." 이것은 모든 독자를 향한 단호한 촉구이다. 그것은 사마리아 사람처럼 행동하라는 지상명령이다.

예화의 성격을 지닌 이야기의 주제는 사랑의 보편성이다. 보편적이고 구체적인 사랑에서 하나님처럼 행동하는 자는 자신에게 부활과 영생이 주어지는 동일한 힘에 참여한다. 그는 축복의 확신을 가지게 된다. 종결의 대화에서 이웃사랑의 계명은 이웃의 주체의 확인으로 넘어간다. 중요한 것은 어떤 사람이 진정한 이웃이 되는가 하는 질문이다. 이에 대한 유일의 기준은 하나님의 사랑에 대한 모방이다.

디베랴 호수의 고기잡이에 관한 감동적 기사는 부활한 예수님과 베드로 사이의 문답식 대화에서 절정에 이른다(요 21,15-23). 베드로의 위임식으로 불리는 현현의 이야기에는 "네가 나를 사랑하느냐"라는 예수님의 물음이 세 차례나 반복된다. 여기에 등장하는 별칭 '요한의 아들 시몬'은 베드로를 제자로 부를 때 사용된 이름이다(1,42). 다시 말해 신앙을 갖기 이전의 베드로의 상태로 되돌아간다. 세 번이나 스승을 부인한 제자를 향한 거듭된 질문은 상대방의 절대사랑에 대한 확인이다. 이에 대한 베드로의 긍정의 대답은 마지막에 이르러 강화된다. 예수님의 종국적 명령 '내 양을 치라'는 미래의 선교와 목회의 수행을 위한 공적 임명이다. 이로써 세 차례의 부인으로 상실된 스승과 제자사이의 사랑은 다시 회복된다.

극도의 긴장상황에서 진행된 세 단계의 문답은 베드로를 향한 순교의 예언으로 종식된다(21,18). 청년기와 노년의 삶을 지시하는 복합문장에서 '띠를 매는' 것은 줄로 포박하는 행위를 말한다. '원하지 않는 곳으로 데려가는 것'은 가혹한 십자가 형벌에 처해지는 노예의 운명을 지시한다. 실제로 베드로는 십자가에 거꾸로 매달려 죽은 순교의 죽음을 당한 것으로 전해진다. 이어서 '나를 따르라'라는 마지막 지상명령이 주어진다. 아홉 절의 단락에 구사된 대화의 전개방식은 점층적 고조를 통해 최종의 결론에 도달하는 역동적 변증의 수사법이다. 중요한 논증의 개진에 선호되는 이와 같은 대화기법은 요한의 현현이야기에서 최고의 단계로 고양된다.

제4장
역사적 전기

전제: 사건으로서의 역사
1. 예수님의 전기
2. 사도의 역사기

전제: 사건으로서의 역사

전기(그리스어 'biographia')는 어떤 인물의 삶의 역사와 이와 관련된 중요한 사건에 관한 기술이다. 따라서 역사의 이야기와 인접해있다. 연대기의 입장에서 보면 전기는 역사기술의 한 분야이다. 그러나 전기나 전기소설은 그 자체로서 독자적 문학의 장르에 속한다. 자전적 소설은 현대에 이르러 특별한 관심의 대상이 된다. 고대 그리스의 문화에서 개화한 전기의 형식은 1세기 후반 기독교의 문화로 전이된다. 그 바탕 위에서 복음의 전기가 생성된다. 네 편의 복음서에는 예수님의 역사가 종합적으로 기술된다. 전체적으로 복음가의 전기적 관심은 메시아로서의 예수님의 존재와 활동을 정립하는 것이다.

신약성서의 전기는 예수님의 전기와 사도의 전기로 나누어진다. 예수님의 전기는 네 편의 복음서에, 사도의 전기는 사도행전에 다루어진다. 따라서 두 유형의 전기는 개별적으로 관찰된다. 그러나 사도의 전기는 예수님의 전기에 연결되어 있다. 이 사실은 누가에 의해 뒷받침된다. 그가 집필한 두 권의 책은 기본구상에서 서로 연계되어 있다. 예수님의 복음과 활동은 사도의 선교사를 서술하는 전제가 된다. 전체의 흐름은 구원사의 실현이라는 범주에서 이해된다. 역사기술가 누가의 업적에 의해 신약성서의 역사서는 완성된다.

예수님에 관한 전기의 집필은 복음서 저자의 주된 관심사이다. 그러나 기본구상과 구체적 서술은 개별문서에 따라 다르게 나타난다. 여기에는 저자의 개인적 입장과 관점이 반영되어 있다. 특히 가장 나중에 집필된 요한복음은 다른 세 복음서와 구분된다. 여기에 설정된 시간과 장소의 구조는 고유의 범주에 의거한다. 갈릴리와 예루살렘의 사역은 순서대로 전개되는 것이 아니라 서로 교체된다. 요한은 전기적 구성에서 역사적 사실보다 설교와 담화에 비중을 두고 있다. 고난사의 서술로 들어가기 전에 배치된 일연의 고별설교는 다른 복음서에서 볼 수 없는 독보적 업적이다. 다원적으로 구성된 연설은 예수님의 고귀한 활동과 사명의 본질을 알게 하는 귀중한 보화이다. 전체적으로 요한의 전기적 서술은 선행하는 복음서의 내용에 관한 해석을 포함한다.

마가는 다른 두 저자와 달리 복음서의 구성에서 예수님의 출생을 유보한다. 그 대신에 세례요한의 증언과 예수님의 공생애 사역으로 바로 들어간다. 기적적인 악령의 추방과 질병의 치료는 이미 복음전도의 첫날부터 이루어진다(1.21-34). 이것은 숭고한 세례예식에서 부여받은 성령의 능력을 증거한다. 전기가로서의 마가의 관심은 고난사의 본령인 최후주간의 설정에 있다. 세 부분으로 구성된 문서는 여기에서 정점에 도달한다. 마지막 종착역인 부활의 사건은 공간의 설정에서 서두의 도입장면에 연결된다. 외딴 광야에서 수행된 악마의 퇴치는 빈 무덤에서 성취될 부활의 영광을 예시한다. 저자는 의미 있는 순환의 구성을 통해 자신의 집필구상을 명료하게 제시하고 있다.

역사의 기술은 신약성서에서 특별한 위치에 있다. 그것은 단순한 실재사실의 기록과 보존이 아니라 믿음의 소망을 확립하는 굳건한 토대이다. 이 사실은 무엇보다 기적의 서술에서 확인된다. 역사의 현실에 근거하는 기적이야기는 믿음의 고취에 연결된 희망의 이야기이다. 놀라움과 경이를 자아내는 기적이야기에서 독자는 미래의 소망을 확인하게 된다. 이것이 '삶의 현장'에 바탕을 둔 이야기의 기능이다. 서사적 이야기는 현실과 허구의 대립을 보편적 상징의 세계로 용해한다.

신약성서의 역사기술에서 중요한 것은 **'말해진 것'이 단순한 사화가 아니라 '발생한 사건'이라는 사실이다**. 다시 말해 변화와 생성의 의미를 지닌다. 이것이 역사이야기가 실증이 아니라 실존으로 해석되어야 하는 이유이다. 역사의 서술과 이해에 있어서의 실존적 관점은 20세기 후반에 들어와 실천적으로 완성된다. 객관적 사실의 기록으로서의 역사와 인간의 사고와 행위의 산물로서의 역사는 구분된다. 실존주의 역사해석은 후자에 관계된다.

예수님에 관한 전기의 서술도 이와 같은 지평에서 조명되어야 한다. 전기의 출발점인 출생사의 기록은 연대기의 범주를 넘어 계시의 역사로 읽어야 한다. 그것은 하나님에 의해 계획된 구원사의 실현이다. 다시 말해 구약에 약속된 메시아의 탄생에 관한 기독교적 현실화이다. '성령의 잉태'에 관한 지적은 이 사실을 증거한다. 부활사의 기술도 같은 위치에 있다. 예수님 전기의 저편에 놓여있는 초월의 이야기도 '새로운 에온'의 출발이라는 관점에서 적합하게 관찰된다. 부활자의 현현에 관한 이야기는 부활의 사실에 대한 증언일 뿐만 아니라 부활 이후의 선교의 역사를 위한 거점을 제공한다. 역사의 이야기는 예수님의 전기에서 새로운 현실을 창조하는 발생적 사건의 의미를 얻는다.

1. 예수님의 전기

1) 출생사와 유년사

마태와 누가는 그들의 복음서를 예수님의 출생으로 시작한다. 이로써 역사적 전기의 성격이 부각된다. 물론 전체의 구성과 구체적 서술은 서로 다르다. 이것은 전거의 사용과 저자의 관점과 구상의 차이에 기인한다. 마태가 출생의 사건을 요셉의 조망에서 바라본다면 누가는 마리아에 관한 이야기를 재생한다. 그러나 전체의 서술방향은 일치한다. 두 저자는 출생의 이야기를 공적 활동의 시작을 알리는 세례요한의 전파 이전에 배치함으로써 독자로 하여금 예수님의 신분과 미래의 활동에 관한 유익한 정보를 얻게 한다.

출생사에 취급된 내용도 여러 면에서 서로 일치하거나 연계된다. 족보의 제시, 출생의 연대(헤롯의 시기), 출생지(베들레헴), 천사의 계시, 예수라는 이름의 명명, 요셉과 약혼녀 마리아의 관계, 마리아의 잉태의 원조로서의 성령의 역할은 두 복음서에 공통된 요소이다. 아기 예수가 발견된 특별한 장소의 지적은 출생의 이야기에 예언적 성격을 부여한다. 베들레헴의 구유는 미래의 메시아 사역을 예시하는 징표적 매체이다. 꿈을 통한 천사의 계시는 마태의 문서에서 미래의 운명의 알림으로 주어지는데 비해 누가에 있어서는 수태고지의 장면으로 인도한다.

족보의 제시는 두 저자에 의해 동일한 방식으로 가공되지 않는다. 마태는 문서의 도입부를 '예수 그리스도의 계보'로 장식한다(1.1-17). 유대의 복음가로서의 그의 면모를 보여주는 대목이다. 과거동사 '낳다'로 이어지는 수많은 이름의 연쇄는 아브라함과 다윗의 후예로서의 예수님의 혈통을 강조하기 위함이다. 역사의 책으로서의 인물의 계보는 창세기에 나오는 아담의 족보 색인의 영향 아래 있다(5.1-32). 단락의 마지막 절에 거듭하여 지적된 '14세대'는 양식화의 작업이다. 첫째 그룹에는 세 명의 이름이 생략되며, 셋째 그룹은 13세대를 포함한다. 14라는 숫자는 신성수 7의 두 배에 해당하는 의미가 있다. 다윗의 히브리어 이름의 숫자 가치도 14에 관계된다. 이것은 예수님에게 주어진 다윗의 왕권을 암시한다.

누가는 병행의 단락을 예수님의 세례예식 이후에 삽입한다(3.23-38). 서사의 흐름을 중단하는 이와 같은 조처는 매우 드문 형태에 속한다. 그러나 고대의 작가는 오늘날처럼 보충의 자료를 주해로 처리하지 않는다. 따라서 족보의 제시와 같은 부록의 요소도 본문의 줄거리 사이에 들어오게 된다. 저자는 악마의 시험으로 시작되는 복음전파의 사역 이전에 예수님의 출신과 신분을 다시 상기하게 한다. 족보의 서술방식은 특이하게도 마태와 반대의 방향으로 수행된다. 다시 말해 상세한 조상의 나열이 아브라함을 거쳐 아담으로 거슬러 올라간다. 다윗과 요셉 사이에는 많은 수의 다른 이름들이 열거된다. 전체의 서술방향에서 마태는 다윗의 왕권에 대한 예수님의 요구를, 누가는 상속권을 지닌 요셉의 조상의 위치를 중요하게 고려한다.

꿈속에 주님의 천사가 출현하여 하나님의 의도를 전하는 일은 마태의 출생사 기술에 여러 차례 등장한다(1.20, 2.12, 13). 신비한 '현몽'의 대상은 동방박사와 요셉이다. 천사는 이들에게 앞으로 닥칠 위험을 미리 통고함으로써 정치적 압박에서 벗어나게 한다. 동시대의 이방인에게 꿈은 부정될 수 없는 계시의 매체이다. 이에 비해 유대인에게는 그 강도가 상대적으로 미약하다. 복음가는 주님의 천사가 꿈을 통해 활동하게 함으로써 전승된 계시의 도구를 확고히 한다. 하나님은 이와 같은 방식으로 인간의 역사를 조종한다.

'성령의 잉태'는 출생사 해석의 최대의 난제이다. 독자의 이해를 어렵게 만드는 까다로운 주제는 두 복음가에 의해 설득력 있게 증언된다. 하나님의 성령에 의한 인간화는 예수님 출생의 의미를 파악하는 열쇠이다. 구약의 예언은 이를 위한 유용한 근거로 도입된다. 예형론은 초자연적 출생의 기적을 이해하는 방법적 범주이다. 성령에 의한 예수님의 생성에 관한 복음은 초기 개신교와 카톨릭의 연구에서 헬레니즘 이야기의 문학적 모방으로 이해하려는 경향을 보인다. 그러나 그동안의 진전된 연구사는 헬레니즘 이야기와의 커다란 차이를 발견하고 예언자의 소명의 전통에서 신학적 자리매김을 시도한다. 예언자가 '모태로부터' 성령에 의해 채워진다면 예수님은 이 역사적 문맥에서 최고의 고양의 단계에 속한다. 즉 예언자의 지위를 넘어서는 하나님의 아들이다. 이 점층적 상승의 과정은 다음과 같이 정리된다.

이사야 49.1: 예언자는 '어머니의 몸에서' 부름을 받는다. 여호와 하나님은 그 이름을 명명한다.

예레미야 1.5: 선지자는 '어머니의 몸에서' 선택되어 성화된다.

갈라디아 1.5: 바울은 '어머니의 몸에서' 분리되어 은총에 의해 부름을 받는다.

누가 1.15: 세례요한은 '어머니의 몸에서' 성령으로 채워진다.

누가 1.30: 예수님은 ('어머니의 몸에서') 성령에 의해 생성된다.

위의 역사적 조망은 구약에서 신약에 이르는 전통의 단계를 보여준다. 이와 같은 영속적 첨예화를 통해 예수님의 잉태가 세속적 영향이 아니라 성서 전체의 문맥에서 증명된다. 누가의 출생사 서술의 환경은 헬레니즘의 문화가 아니라 고대와 유대기독교의 상황이다. 이것은 마태의 경우도 마찬가지이다. 성령에 의한 예수님의 생성은 다음과 같은 사실을 의미한다. 포착할 수 없는 위대한 하나님은 팔레스티나의 여인 마리아에게 가까이 다가감으로써 살아있는 인간의 신체적 생성을 가능하게 한다. 예수님의 부활도 근본적으로 유사하다. 하나님은 무덤에 누워있는 예수님의 시체에 가까이 접근한다. 여기에서 기적적으로 변화된 새로운 생명이 생산된다. 고대의 인간에게 알파벳 철자 A와 O, 즉 처음과 마지막으로 생각되는 두 장면에서 하나님은 육체의 활동성을 지닌 **생명의 증여자**로 출현한다. 예수님의 생성과 부활은 "동일한 목재에서 각인된" 것이다. 전체의 구원사의 양극에서 하나님과 인간 사이의 인접은 가장 크게 확대된다.

예수님의 생성은 부활과 같은 차원 위에 있다. 하나는 지상적 삶의 출발에서, 다른 하나는 삶의 마지막, 즉 새로이 '고양된 존재'의 시작에서 발생한다. 두 사건은 성령의 능력에 의해 이루어진다. 하나님의 성령이 잉태의 기적을 가져옴으로써 예수님은 마리아로부터 생성된다. 기적적인 부활 역시 성령에 의해 발생한다. 에스겔 37장에서 죽은 뼈에 생기를 불어넣는 힘은 하나님의 영이다. 생성과 부활의 두 경우 모두 성령은 인간의 육체와 직접 관계된다. 육체는 죽은 질료가 아니라 외부를 향한 인간의 접촉의 가능성의 총화이다. 다시 말해 성령의 '착륙지점'이다. 성령은 하나님의 자녀에게 '새로운 에온'에서 인간적 육체의 삶의 원리이다.

예수님은 한 인간으로 '새로운 에온'의 육체를 획득한다. 그의 변용, 기적, 손의 안수는 이 사실을 증언한다. 하나님의 아이로서의 신적 질감의 작용은 그의 신체가 성령에 의해 움직임을 보여준다. 모든 믿는 자의 부활과 함께 시작되는 '새로운 에온'에는 기독교인의 육체가 성령에 의해 하나님과 유사한 형태로 변화된다. 바울은 밀알의 비유를 통한 부활의 진술에서 "신령한 몸으로 다시 살아난다"고 강조한다(고전 15.44). 여기에서 '신령한 육체'는 하나님의 성령에 의해 지배되는 성스러운 육체이다. 그것은 부활의 시점에 새로이 창조될 육체이다. 이것이 복합적인 부활의 장을 마감하는 단락의 주제인 '몸의 부활'의 의미이다.

'성령의 잉태'는 마태와 누가에 의해 예수님 출생의 대전제로 다루어진다. 마태의 출생사 기술은 '성령의 잉태'의 증거로 시작된다. 출생이야기의 서언에 속하는 1장 18-25절의 단락은 "성령으로 잉태된 것이 나타났다"로 시작된다(1.18). 이것은 혼인의 결과가 아니라 성령의 능력에 의해 아기가 태어났음을 지시한다. 하나님이 지닌 절대권능의 표징인 성령의 탄생은 요셉의 행동에 의해 증명된다. 그 구체적 내용은 해당단락 전체를 통해 밝혀진다(1.18-25). 약혼한지 얼마 되지 않는 요셉은 '마리아를 데려오기를' 주저한다. 부정한 결혼이라는 수치와 모욕을 감당하기 어렵기 때문이다. 하나님은 천사를 요셉에게 보내 '구세주 아기'의 탄생의 사건을 전하게 한다. 요셉은 마리아와 동거하지 않았음에도 불구하고 예고된 아이는 잉태된다. 어머니의 몸속에 하나님의 성령이 활동하였기 때문이다.

저자가 단락의 서두에 제시한 '성령의 잉태'를 증명하기 위해 인용한 구절은 이사야 7장 14절이다.

> 보라 처녀가 잉태하여 아들을 낳을 것이요 그의 이름을 임마누엘이라 하리라.

원래 히브리어 본문에 의하면 첫 문장의 주어 '처녀'(alma)는 '하나의 젊은 여인'이라고 한다. 이 명사는 유대인의 그리스어 성경에서 '처녀'로 번역된다. 이로써 '처녀의 잉태'가 문헌적으로 보증된다. 이것은 누가의 표현대로 놀라운 표적이다(2.12). 그리스어를 사용하는 유대인의 기대에는 다윗의 가문에 속하는 임마누엘이 처녀의 몸에서 태어난다. '하나님이 함께한' 결과이다. 이사야의 예언은 마태에 의해 성령의 탄생을 설명하기 위한 전거로 도입된다.

누가의 관점도 마태와 맥을 같이한다. 출생사의 기술에 선행하는 수태고지 기사에는 '성령의 잉태'가 보다 구체적으로 취급된다. 구약의 전통에 연결된 환상의 장면에서 하나님의 사자인 천사는 마리아에게 나타나 다음과 같이 전한다(1.35).

> 성령이 네게 임하시고 지극히 높으신 이의 능력이 너를 덮으시리니 이러므로 나실 바 거룩한 이는 하나님의 아들이라 일컬어지리라.

위의 문장에서 '높으신 이의 능력'의 행사를 나타내는 '덮다'는 성막 위에 거하는 여호와의 영광의 충만을 상기시킨다(출 40.35). 이 역동적 타동사는 '돌보다'의 의미로 '능력'에 의한 성취를 뜻한다. 성령의 '능력'에 의한 잉태는 당시의 전승신앙에서 완전히 새로운 사실은 아니다. 성령은 하나님이 인간을 창조한 원동력이다. 따라서 잉태와 분만도 가능하게 한다. '거룩한' 존재로 표기된 하나님의 아들은 성령에 의한 하나님의 인간화이다.

예수님의 출생에 관한 마태의 이야기에는 서언의 단락이 선행된다(1.18-25). 여덟 절의 이야기는 양육의 아버지 요셉의 조망에서 기술된다. 따라서 '요셉의 회심'이라고 불린다. 이와 같은 표제는 회개의 이야기처럼 독자를 향한 화자의 의도를 지시한다. 구약에 예언된 '성령의 잉태'는 요셉의 행동에 의해 실현된다. 요셉은 천사의 분부대로 약혼한 여인을 집으로 데려오지만 아이를 낳기까지 동침하지 아니한다(1.24-25). 인간적, 사회적 윤리의식으로 성사된 약혼을 파기하려는 요셉을 새로운 결심으로 유도한 것은 꿈에 나타난 천사의 전언이다. 계시의 매체인 꿈은 저자의 출생사 기술에서 중요한 역할을 한다. '의로운 사람' 요셉은 하나님이 계획한 구원사역에 순종과 믿음으로 보답한다.

마태의 출생사에서 아기 예수의 탄생은 유대민족이 아닌 이방족의 대리자를 통해 증언된다(2.1-12). 이것은 누가가 기술한 목자의 계시와 비견된다. 동방에서 찾아온 박사와 베들레헴 들판의 양치기는 아기예수 출생의 현장을 목격한 두 그룹이다. 이와 같은 증인의 설정에는 미래의 메시아의 모습이 예시되어 있다. 물론 구세주(salvator)로 세상에 탄생한 예수님의 신분은 들판의 목자와 동방의 박사와 다르다. 그러나 서로 다른 두 인물의 유형에는 복음전파의 사역을 수행할 예수님의 상이 암시되어 있다. 그것은 선한 목자와 지혜의 교사로서의 이스라엘의 영적 통치자이다. 목자와 양은 구약에서 하나님과 백성을 지시하는 비유의 상이다(겔 34장). 신약에는 이 비유가 그리스도와 민중의 관계로 이전된다. 양떼를 인도하는 목자로서의 메시아의 상은 복음서에 거듭하여 등장한다. 예수님은 외딴 마을의 변두리까지 자신을 따라온 민중이 '목자 없는 양'처럼 불쌍하게 생각되어 많은 것을 가르치며 급식의 기적을 수행한다(막 6.34).

동방박사의 이야기는 종교사의 측면에서 '천상의 구원자와 해방자의 계시'라는 동방과 유대의 옛 전통에 연결된다. 여기에서 해방자는 천상의 아기나 인간의 형상으로 나타난다. 구약의 예언서에 묘사된 '사람 같은 형상'과 '사람과 비슷한 자'는 그 증거이다(겔 1.26, 단 7.16). 예수님이 '인자'로 불린 것은 신약성서에서 예수님의 천상의 근원과 미래의 심판자의 기능을 강화한다. 이와 같은 관점은 영향사의 측면에서 소아시아 지역에 가공되어 수용된다.

출생사의 기술에는 후속의 기사가 이어진다(2.13-23). 동방박사들이 떠난 후에 요셉은 천사로부터 헤롯이 아이를 죽이려 한다는 꿈의 지시를 받고 아이와 아이의 어머니를 데리고 이집트로 도피한다. 구약에 언급된 '종의 나라' 이집트(출 20.2)는 미래의 구세주를 보호할 안전의 장소이다. 모험적인 요셉의 여정은 동방박사의 순례와 함께 출생사의 전개에서 이중의 순례이야기를 구성한다. 영아살해에 관한 헤롯의 조처는 전승된 사실에 부합한다. 이에 해당되는 지역에는 20명의 아이들만이 살아남았다는 이야기가 유대인 사이에 전해 내려온다. 2장 18절에 인용된 예레미야의 예언은 이야기의 줄거리와 직접적 관계가 없다(3.15). 따라서 저자는 그 내용을 설명하려 시도한다. 라헬은 이스라엘의 어머니이며, 라마(Rama)는 그녀의 무덤이 있는 장소이다. 라헬의 통곡은 앞으로 전개될 메시아의 고난의 구원사역에 대한 예시이다.

요셉은 헤롯대왕이 죽은 후에 다시금 꿈의 지시를 받아 가족과 함께 고국으로 돌아온다. 이 전기적 사실 역시 구약의 예언의 실현이다(호 11.10). **"내가 사랑하여 내 아들을 애굽에서 불러냈거늘."** 하나님이 선택한 종 모세를 어린 시절의 질곡에서 해방한 것처럼 자신의 아들을 살해의 위기에서 벗어나게 한다. 이스라엘을 구원할 메시아의 운명은 하나님의 은혜 아래 있다. 다시금 이스라엘로 돌아온 요셉은 헤롯대왕의 후계자인 헤롯 아켈라오(Archelaus)의 위협으로 갈릴리의 작은 도시 나사렛으로 가서 정착한다. 이것은 후일 '나사렛 예수'라는 호칭의 근거가 된다. 아켈라오는 유대, 사마리아, 이두매를 관할하는 영주의 왕이다. 그는 갈릴리와 페레아 지방을 위임받은 안티파스(Antipas)보다 예수님의 출생에 더 큰 두려움 가진 것으로 보인다. 동방박사의 귀국과 요셉 가정의 도주와 귀환에 관한 서술은 새로운 메시아의 출현과 사역이 하나님에 의해 예비되어 있음을 증거한다.

단락의 마지막 절인 2장 23절은 이해하기 쉽지 않은 대목이다. 여기에서 복수로 표기된 '예언자들'은 여러 관련구절을 상정하게 한다. 일반적으로 이사야 11장 1절이 가장 적합한 대상으로 언급된다.

> 이새의 줄기에서 한 싹이 나며 그 뿌리에서 한 가지가 나서 결실할 것이요.

위의 예언적 문장에서 '가지'에 해당하는 히브리어 'neser'는 'Nazareth'에 연관된다. 다시 말해 미래의 메시아가 거주할 장소를 암시한다. '나사렛 사람'이라는 명칭은 구약에 언급된 '나실인'(하나님에게 바쳐진 자)과 관계가 없다. 저자는 여기에서 갈릴리에서 활동한 예수님이 나사렛에서 살게 된 이유를 설명하고 있다.

마태복음 2-4장에 다루어진 '신학적 지리'는 장소에서 장소로의 이동에 신성한 의미를 부여한다. 세장의 서술은 마치 한 권의 순례의 책처럼 읽혀진다. 성스러운 개별장소는 모두 **'반성의 인용'**에 의해 근거가 밝혀진다. 저자는 여기에서 구약의 도움에 의한 신약적 사건의 실현에 관해 성찰한다. 복음서의 서두에는 예수님의 유년기와 예수님의 활동의 성지가 차례로 제시된다. 베들레헴-이집트-나사렛-가버나움. 하나님의 계시는 공기가 없는 공간에서 순수하게 영적으로 실현되는 것이 아니라 시내 산과 시온 산에 연관된 옛 언약에서처럼 거룩한 곳에서 성취된다. 복음가는 유대인과 이방인에 대한 예수님의 관심이 균형을 이룬 것처럼 두 개의 유대의 장소와 함께 두 개의 이방 지역을 명명한다. 이것이 베들레헴-나사렛과 이집트-갈릴리의 병행이다.

누가가 출생사를 기술하는 특별한 전기적 수단에는 넓은 의미의 예표가 중요하게 작용한다. 다시 말해 예수님과 세례요한의 미래의 의미에 관한 예비적 해석이다. 하나님의 사자에 의한 수태고지의 계시가 이미 거대한 예표이다. 그밖에 세례요한의 경우 일치된 이름의 부여와 사가랴의 혀의 풀림이, 예수님의 경우 들판의 목자, 성전의 시므온과 안나, 12세 소년의 가르침이 같은 범주에 해당된다. 초기단계의 성서연구에는 이와 같은 대목이 순수한 전설로 여겨진다. 그러나 경건한 전설의 성격을 지닌 여러 이야기는 역사적 사건의 맥락에서 올바르게 이해된다. 전기적 예표는 예수님과 세례요한의 존재와 활동을 분명하게 하기 위한 의미 있는 매체이다.

거대한 안목으로 구상된 출생사의 기술은 선행하는 서언에 연결된다. 즉 역사기술의 지침에 부응한다. 무려 두 장에 걸친 긴 단락은 역사적 사건인 '구세주 아기'의 탄생을 방대한 서사의 작품으로 형상화한다. 원래의 주제인 출생의 이야기에는 수태고지와 유년기의 단면이 앞뒤에 배치되어 있다. 이와 같은 다원적 구성을 통해 출생사의 전체적 윤곽이 설계된다. 그 근저에는 하나님의 구원계획의 실현을 믿는 저자의 신앙고백이 깔려있다. 이 중요한 요청은 출생의 이야기를 읽는 독자에게 전이된다.

누가는 예수님의 출생사를 다층적 구조의 망으로 편성한다(1.5-2.52). 전체의 조직은 매우 체계적이고 기교적이다. 다수의 개별이야기가 통일된 주제의 범주 아래 접합된다. 그것은 약속된 메시아의 탄생에 관한 확신의 증언이다. 이것은 마태의 경우도 마찬가지이다. 줄거리의 진행에는 예수님과 세례요한의 출생이 서로 교체된다. 이와 같은 서술방식은 기적적인 수태와 분만의 성격을 부각시킨다. 두 사건은 하나로 연결되어 있다. 신비의 성향을 지닌 예수님의 출생은 지상의 사건으로의 하나님의 관여라는 차원에서 이해된다.

1장 5절에서 2장 52절에 이르는 출생사와 유년사는 다음과 같이 구성된다.

세례요한 출생의 통고: 1.5-25

예수님 출생의 통고: 1.26-38

마리아의 엘리사벳 방문: 1.39-45

마리아의 찬양: 1.46-55

세례요한의 출생: 1.57-66

사가랴의 찬양: 1.68-79

예수님의 탄생: 2.1-20

성전에 '바침': 2.22-40

12세 소년 예수: 2.41-52

위에 제시한 종합적 개관에서 보면 예수님의 출생사에는 수태의 사실에 관한 두 차례의 통고가 선행된다. 이것은 새 시대의 메시아 탄생을 위한 의미 있는 전조이다. 환상의 장면으로 구현된 천상적 계시에 관한 신비적 체험은 두 편의 찬가로 이어진다. 마리아와 사가랴의 찬양은 하나님의 권능에 의한 기적적인 아기의 잉태가 동인이 된다. 이들은 전기적 이야기의 질적 가치를 높여준다. 숭고한 칭송의 노래에는 유대의 전통적 찬양형식에 연결된 메시아 기대의 언어가 드러나 있다.

예수님의 출생에 관한 누가의 서술방식은 '전기적 비교'(synkrisis)에 의거한다. 이것은 플루타크(Plutarch, 서기 45-125년)의 영웅전에서 발견되는 병행전기의 기법이다. 즉 세례요한과 예수님의 출생의 동시적 기술을 통해 두 인물의 개성이 비교됨과 동시에 아기 예수의 탄생이 부각된다. '전기적 비교'에는 공통점과 아울러 차이점이 도출된다. 예수님은 하나님의 아들인데 반해 세례요한은 단순한 예언자를 넘어서는 예수님의 선구자이다. 세례요한은 금욕가인데 비해 예수님은 "포도주를 먹고 즐기는 자"(눅 7.18-19)이다. 예수님은 제자들과 함께 메시아의 혼인예식을 위한 예비행사를 거행한다.

마리아에게 주어진 수태의 예고는 사가랴에 비해 강도가 높다. 1장 26-38절의 단락은 유대의 환상서술의 전통 아래 있다. 그것은 장르상으로 천사의 현현(Angelophanie)에 속한다. 이 장르의 전형적 요소는 '두려워하지 말라'라는 위로의 말씀과 출현한 자의 말걸기로서의 이름의 부름이다. '두려움'은 신약에서 초자연의 현상에 대한 인간의 반응을 나타낸다. 열세 절의 단락은 위임, 이의, 이의에 대한 세 차례의 반박의 순서로 진행된다. 세 가지 반박의 내용은 하나님의 아들의 출생의 약속, 엘리사벳의 수태의 지적, 모든 것을 할 수 있는 하나님의 권능이다. 상호대화의 형식으로 전개된 전체의 줄거리는 마리아의 종국적 동의로 마감된다(1.38).

주의 여종이오니 말씀대로 내게 이루어지이다.

"내게 이루어지이다"(fiat)라는 짤막한 답변은 천사가 언명한 '말씀의 권능'을 믿는 마리아의 신실하고 굳건한 자세를 보여준다. 마리아가 '종'으로 하나님의 뜻에 순종한다는 사실은 나중에 비하와 겸손으로 표현된다(1.48). 단락을 구성하는 환상의 특성은 서술된 내용의 역사성을 부인하는 것이 아니라 마리아가 일어난 사실을 정당한 환상으로 체험하였음을 지시한다. 전체의 보고가 마리아로 돌아간다면 그것은 그녀의 증언이 누가와 요한의 전통에 연관됨을 의미한다. 요한복음 19장 26절에는 어머니를 향한 예수님의 특별한 배려와 관심이 나타나 있다. 수태고지의의 역사적 사건은 신비적 엑스타시의 현상으로 볼 수 있다. 마리아는 하나님의 천사의 환상의 힘에 전적으로 동화된다. 그 결과 초현실의 기적이 발생한다.

엘리사벳에게 일어난 수태의 사건은 마리아에게 '표적'으로 수용된다(1.36). 대천사 가브리엘은 엘리사벳이 임신한지 6개월 되는 시점에 나사렛의 마리아에게 나타난다. 엘리사벳은 다섯 달 동안 자신의 임신을 주변에 알리지 않는다. 가브리엘은 '약혼한 처녀' 마리아를 '은혜를 입은 여인'으로 부른다(1.28). 여기에서 은혜는 은혜의 충만이 아니라 메시아의 어머니로 선택된 하나님의 은혜를 말한다. 특별한 은총의 내용은 하나님의 아들의 잉태이다. 잉태할 아들의 이름 예수에 해당하는 히브리어 'Josua'는 '구원자'의 뜻이다(1.31). 이 대목은 출생사의 서언에 등장하는 마가의 지적과 일치한다(1.21).

구체적인 출생의 예언은 1장 32-33절에 진술된다. 구약의 문안에 근거한 두 절은 메시아로서의 예수님의 존재를 천명한다. 그는 영원히 지속될 '나라'를 다스릴 다윗 가문의 기름 부은 왕이다. 이 사실은 이미 구약의 이사야서와 시편에 예언되어 있다. 특히 다니엘 7장 14절에는 다음과 같이 천명된다.

> 그의 권세는 소멸되지 아니하는 영원한 권세요 그의 나라는 멸망하지 아니할 것이라.

이제 유대민족이 오랫동안 고대하였던 메시아의 출현과 통치가 현실로 이루어진다. 저자는 대천사의 의미 있는 계시의 전언을 유대기독교의 옛 찬가문체로 작성한다. 영원한 존속을 칭송하는 숭고한 찬가에는 종말적 특성이 나타나 있다(1.33).

영원히 야곱의 집을 왕으로 다스릴 것이며 그 나라가 무궁하리라.

수태고지의 이해에는 사사기 13장 2-5절에 서술된 삼손의 출생의 예고가 도움이 된다. 구원자라는 호칭에서 알 수 있듯이 삼손은 카리스마의 구조자의 인물이다. 여기에는 초기유대의 성령의 관념이 결정적 역할을 한다. 예수님은 정치적 지도자가 아니라 이스라엘의 카리스마의 지도자로 출현한다. 구약과 순수한 역사적 사건과의 관계는 누가에 있어 혼란을 야기하지 않는다. 삼손에게 주어진 특별한 이름 '나실인'(nesir)은 '성화된 자', '바쳐진 자'의 뜻이다. 여기에도 '모태로부터'라는 성령의 작용의 도식이 사용된다.

마리아의 엘리사벳 방문은 중간에 삽입된 막간극이다(1.39-45). 이 단락의 이해에는 예형의 주석이 자주 활용된다. 유사하면서도 대립되는 두 여인의 만남은 구약과 신약에 드물지 않게 발견된다. 사라와 하갈, 마르다와 마리아, 바빌론의 창녀와 어린 양의 신부, 나아가 교회와 유대의 회당도 여기에 해당된다. 성령의 충만이 동반된 환영의 인사는 장엄한 예식의 발언이다(1.42-45). 네 절의 축원에는 카리스마의 예언이 들어있다. 뱃속의 아기는 '기쁨과 환호에 가득 차' 뛰어논다. 엘리사벳이 마리아에게 인사할 때에 성령이 넘쳐흐른다. 주님을 만나는 자가 성령으로 채워진다. 만남은 하나의 예표이다. 세례요한은 어머니의 뱃속에서 움직이며 예수님은 이를 받아들인다. 아직 태어나지 않는 자 사이의 만남은 두 인물의 미래의 관계를 위한 예언적 징표이다.

엘리사벳의 축원에 대한 화답인 마리아의 찬송은 시의 형식으로 된 찬가이다(1.46-55). 후세에 라틴어 명칭 'Magnificat'로 불리는 아름다운 노래에는 구약의 찬송의 여운이 감지된다. 스스로 완결된 운문의 소품은 저자의 수려한 문체구사를 보여주는 전형이다. 마리아 찬송은 누가의 신학의 중심요소를 포함한다. 예수님의 출생은 아브라함을 향한 약속의 실현이다. 낮은 자와 고통 받는 자의 고양은 강한 자의 특혜와 달리 마리아의 임신에 의해 이루어진다. 찬가의 종반에 지적된 부의 비판은 복음서 전체의 특징이다(1.53-54). 기도와 찬송은 인간이 구원사에 참여하는 방식이다.

46 내 영혼이 주를 찬양하며

47 내 마음이 하나님 내 구주를 기뻐하였음은

48 그의 여종의 비천함을 돌보셨음이라 보라 이제 후로는 만세에 나를 복이 있다 일컬으리로다

10행으로 구성된 찬가는 위의 세 행으로 시작된다(1.46-48). 루터의 번역본에 의하면 첫 절의 동사 '찬양하다'는 '높이 들어 올리다'로 표기된다. '주님의 찬양'으로 인도되는 도입부는 사무엘의 출생을 가져온 한나의 기도의 서두와 거의 일치한다(삼상 2.1). "내 마음이 여호와로 말미암아 즐거워하며 … 이는 내가 주의 구원으로 말미암아 기뻐함이니이다." 마리아의 시적 화답은 유대의 찬송에 친숙한 언어를 사용하고 있다. 그녀는 비천한 종인 자신을 축복한 하나님을 칭송한다. 이것은 낮은 자를 받아들이고 높은 자를 멸망시키는 하나님의 긍휼과 합치된다. 한나의 기도와 마리아의 찬양에는 시편의 찬가의 형식과 언어가 모형이 된다.

처음의 두 행은 일인칭 자아의 주어의 형식으로 내면의 '찬양과 기쁨'을 노래한다. 이에 대한 이유는 셋째 행에서 밝혀진다(1.48). 여기에 지목된 비천함은 찬가 전체의 주제이다. 찬양의 주체인 '나'는 '주님의 여종'으로 표기된다.

마리아의 겸손은 비천한 종에게 주어진 영예를 감당할 수 없음에 기인한다. 이와 같은 자기비하의 자세에는 고귀한 소명의식이 내재되어 있다. 강조의 어법으로 표현된 후반의 문장을 규정하는 수동의 서술부 '축복받을지어다'는 이를 뒷받침한다. 후반의 다섯 행에 서술된 하나님의 행위는 그의 본질과 약속에 부응한다(1.51-55). 그 중심은 '긍휼과 기억'으로 표기된다. 예수 그리스도와 함께 구원의 사건은 시작되었지만 찬가의 전개에는 종말의 특성이 나타나 있다.

구약과 유대의 전승에 연결된 'Magnificat'의 신학은 다음과 같이 요약된다. 첫째, 예수님의 탄생은 조상에 대한 약속의 실현이라는 이스라엘의 가정을 증거한다. 둘째, '하나님과 강한 자'라는 주제 아래 역사의 신학을 개진한다. 하나님은 교만한 자의 몰락과 겸손한 자의 상승을 관장하는 주님이다. 셋째, 하나님이 어떻게 불의와 악을 허용하는가 하는 물음에 대한 성서적 답변이다. 하나님은 불의와 악을 항상 허용하는 것이 아니라 회개를 촉구한다. 하나님이 겸손한 젊은 여인과 그의 아들을 선택한다면 그것은 가난한 자에게 복음을 선포하고 병든 자를 치유하며 죽은 자를 소생시키는 '새로운 에온'에 대한 예표이다. 이들의 목표는 죽음의 극복이다.

엘리사벳의 이웃은 오랫동안 불임으로 고생한 그녀를 하나님이 불쌍히 여겨 아이를 낳게 한 사실에 관해 기뻐한다. 그들은 태어날 아이가 아버지의 이름을 얻으리라고 생각한다. 그러나 어머니는 말을 못하는 아버지가 보증한 이름 '요한'을 주장한다. 사가랴는 이미 엘리사벳에게 천사의 출현에 관해 이야기한 것으로 보인다. 말을 다시 찾은 사가랴가 처음으로 실시한 발언은 찬양의 노래이다. 이 모든 비범한 일들은 이웃사람들에게 강한 인상을 부여한다. 그들은 표적을 동반한 어린 아이의 출생에서 약속된 예언자의 미래를 본다. '주의 손이 함께함'은 서술자 누가의 표현이다(1.66).

찬가에 제시된 예언의 실현에 관한 보고는 예수님의 출생사의 기술로 중단된다. 간결한 후속의 진술은 소년 요한이 어떻게 성장하였는가를 보여준다(1.80). 그 내용은 수태고지에 주어진 예언에 부응한다(1.15-17). 장소의 부사 '빈들에서'는 그가 사해에서 멀지 않은 광야에 살았음을 지시한다. 이 지역은 엄격한 금욕의 생활을 영위하면서 제식적 청결을 유지하는 유대의 공동체가 다가오는 하나님의 구원의 시기를 기대하는 곳이다. 세례요한의 증언과 활동은 이 종교집단의 기본자세와 근본적으로 구분된다.

누가의 출생의 이야기는 크게 두 부분으로 구성된다(2.1-21). 전체의 줄거리는 동시대의 역사적 사건의 언급과 함께 시작된다. 이와 같은 도입공식은 이어지는 단락인 세례요한의 전파에도 동일하게 나타난다(3.1-2). 역사의 연대기를 포함한 전반의 단락은 후반의 사건을 위한 예비단락이다(2.1-7). 서두의 두 절에는 증세의 목적을 위한 로마제국의 인구조사와 호적등록 제도가 언급된다. 아우구스투스 황제의 인구조사 명령은 적지 않은 문제를 지닌다. 물론 로마의 통치구역 내에서 인구조사를 실시하는 것은 가능한 일이다. 중요한 문제는 데이터의 불일치이다. 둘째 절에서 호적등록의 첫 시행자로 명명된 키레니우스(Cyreinius)는 서기 6년 이후 시리아 지역을 관할한 로마황제의 위임자이다(번역된 본문에는 '구레뇨'로 표기된다). 이 시기에 인구조사에 저항하는 소요가 일어난다(행 5.37). 그러나 예수님은 헤롯왕이 사망하기 전에 출생한다. 저자가 키레니우스의 이름을 언급한 것은 그의 집정기에 헤롯왕이 사망한 이후의 정치적 과정이 종식되었기 때문인 것으로 추측된다. 아우구스투스 황제는 기원전 31년에서 서기 14년까지 통치한 로마의 황제이다. '존엄한 자'를 뜻하는 아우구스투스는 로마의 초대황제 가이우스 옥타비아누스의 존칭이다.

다윗의 자손 요셉은 황제의 칙령을 이행하기 위해 임신한 마리아와 함께 갈릴리의 나사렛에서 고향 베들레헴을 향해 떠난다. '약혼한 신부'라는 명칭은 아직 공식적인 결혼이 이루어지지 않았음을 시사한다(2.5). 유대사회에는 보통 약혼한 지 일 년 후에 결혼식이 거행된다. 단락의 마지막 절은 아기 예수의 출생에 관한 총체적 보고이다(2.7).

> 첫아들을 낳아 강보로 싸서 구유에 뉘었으니 이는 여관에 있을 곳이 없음이러라.

위의 문장에서 분만의 장소로 지적된 곳은 곳간의 구유이다. 이와 같은 사실은 작은 도시에 묵을 만한 거처가 없는 것으로 설명된다. '강보에 싸서'는 어머니에 의해 포대기로 덮어진 상태를 말한다.

누가는 출생사의 기술에 두 개의 후속이야기를 추가하고 있다. 하나는 신성한 정결예식의 거행이다(2.22-40). 유대의 전통적 종교의식에 의하면 첫 번째 태어난 아기는 성전에 '바쳐진다.' 이 행사가 있기 전에 8일만의 할례와 이름의 부여가 이루어진다(2.21). 원래 구약에는 이름의 명명이 태어나면서 바로 행해진다(창 21.3). 예수라는 이름은 아기가 수태되기 전에 이미 천사에 의해 고지된 것이다. 아이의 할례가 완료된 이후의 어머니는 33일 동안 예식의 자리에서 불결하게 취급된다. 다시 성전에 들어가기 위해서는 감사의 제물을 드려야 한다. 산비둘기는 가난한 사람의 제물이다. 그리스어 원본에 의하면 여기에서의 정결은 아이와 어머니 모두에게 해당되는 것으로 표현된다.

성전의 정결예식은 시므온과 안나에 의해 집행된 메시아의 헌신이다. 이 부부는 경건한 유대인의 모형이다. 시므온은 성전에 봉헌되는 어린 아이의 모습에서 전 인류를 구원할 구세주를 본다. "내 눈이 주의 구원을 보았사오니." 그가 아이를 팔에 앉고 부른 찬송은 그리스도의 탄생에 관련된 마지막 찬가이다(2.29-32). 네 절의 시구에는 '주의 구원'이 '이방의 빛'과 '이스라엘의 영광'으로 송축된다. 예수님의 활동범위가 이방의 지역을 포괄한다는 사실은 여기에서 처음으로 강조된다. 예수님의 부모의 놀라움은 심리적으로 이해된다. 그들에게는 미래의 구세주라는 아들의 의미가 새로이 보증되었기 때문이다.

시므온의 고귀한 발언은 선지자 안나에 의해 보증된다. 그녀가 속한 아셀(Asser) 지파는 북부 제국의 잃어버린 열 종족 가운데 하나이다. '84세의 과부'의 소개에서 고령의 나이는 존엄의 특성을 지시한다. "성전을 떠나지 아니하고"는 수사적 어법이다. 안나는 성전의 규례를 철저히 준수하는 존귀한 인격의 소유자이다. 여기에 언급된 예루살렘은 이스라엘의 연관에서 구원의 사역이 시작되는 장소이다(행 1.8). 간략한 후기의 문장에는 성장하는 아이에게 보이는 지혜의 충만과 은혜의 선사가 지적된다(2.40). 그 구체적 내용은 다음 단락의 결구에서 분명하게 드러난다.

> 아이가 자라며 강하여지고 지혜가 충만하여 하나님의 은혜가 그의 위에 있더라.

다른 하나는 열두 살 소년의 행적이다(2.41-52). 이 이야기는 예수님의 유년 시절에 관한 유일의 기록이다. 고대의 전기에 의하면 열두 살의 아이에게 미래의 재능에 대한 징표가 발견된다. 이와 같은 토포스가 예수님의 전기로 이전된다. 유대의 소년은 13세가 되면 법적 의무를 지니게 되고 종교적 공동체에 참여한다. 예수님의 부모는 이 행사를 준비하기 위해 유월절 축제기간에 예루살렘 성전을 방문한다. 귀향의 첫날에 자식을 돌보지 못한 것은 유월절 순례의 상황에 비추어 자연스러운 일이다. 셋째 날에 다시 성전으로 돌아온 그들은 아들이 회당에서 랍비들과 함께 공부하며 대화하는 장면을 목격한다. 이것은 후일에 자주 일어난 형태의 논쟁은 아니다.

성전에서의 학습장면은 매우 인상적으로 묘사된다. 율법교사들은 열두 살 소년의 '지혜와 대답'에 놀라게 된다. 율법의 내용을 열심히 설명하며 토론하는 그는 장래가 촉망되는 유능한 학생이다. 이와 같은 사실은 후일 예수님에게 보이는 권위 있는 가르침을 예시하는 전조이다. '아버지의 집'에 관한 소년의 발언은 하나님의 아들로서의 자신의 위치를 의식하고 있는 증거이다(2.49). 하나님에 대한 예수님의 관계는 경건한 유대인의 종교의식을 넘어선다. 소년 예수의 행동방식이 부모의 공경이라는 제4의 계명을 위배하는 것이 아니라는 사실은 2장 51절에 밝혀진다. "나사렛에 이르러 순종하여 받드시더라." 단락의 마지막 절에는 어린 아이에서 청년으로 넘어가는 완전한 '지혜의 성장'이 지적된다(2.52). 이와 함께 유아기에서 성년기에 이르는 전기적 이야기도 마감된다.

2) 고난사의 노정

예수님 전기의 정상은 고난사이다. 라틴어 'passio'에 유래하는 단어 고난은 예수님의 경우 특별한 의미를 지닌다. 그것은 인간에게 닥치는 일반적 고통과 고뇌가 아니라 하나님에 의해 예정된 수난이다. 예수님은 순회의 전도여행 도중에 세 차례나 자신에게 주어질 고난에 관해 예고한다. 그 내용이 실제로 이루어지는 것이다. 예루살렘의 고난의 일정은 유월절의 시작과 함께 본 궤도로 진입한다. 출애굽의 해방을 기념하는 유월절축제에 예수님의 죽음을 통한 이스라엘 민족과 전 인류의 구원이 이루어진 것은 특별한 의미가 있다. 유월절의 어린 양은 신약성서에서 속죄 양 그리스도를 상징한다. '도살된' 어린 양의 피는 죄를 깨끗하게 하는 대속의 피이다(계 7.4).

결코 짧지 않은 고난극의 핵심은 십자가의 상징이다. 최악의 사형도구인 십자가는 최고의 가치를 지닌 구원의 매체로 승화된다. 이것이 고난이 갖는 영광의 특성이다. 이 역전의 논리는 고난사의 의미를 이해하는 열쇠이다. 골고다의 언덕에 세워진 십자가의 형상은 만인의 구원을 나타내는 의미 있는 징표이다. 로마군병의 조롱극에서 예수님의 머리 위에 씌워진 가시관은 고통과 동시에 승리를 상징한다. '생명의 면류관'은 요한계시록에서 '이기는 자'에게 주어지는 최후의 보상이다(2.10). **"내가 생명의 관을 네게 주리라."**

고난에 담긴 승리의 암시는 이미 예루살렘 입성의 장면에 보인다. 구약의 예언대로 나귀새끼를 타고 거대한 성의 도시로 들어오는 예수님의 모습은 죽음과 부활을 예고하는 승리의 행진이다. 그것은 '죽음의 영주의 승리자'를 구가하는 '숨겨진 계시'의 예증이다. 예루살렘의 입성은 당시의 일반민중의 기대처럼 정치적 목적을 달성하려는 것이 아니라 지상적인 죄의 권세를 제거하기 위한 것이다. 때문에 도시로 들어온 예수님은 제일 먼저 성전을 방문한다. 다음 날에는 부패한 성전을 회복하는 성전정화의 과업을 수행한다. 그리고 다시금 제자들과 함께 베다니의 숙소로 돌아간다(막 11.11). 이것은 자신에게 주어진 대속의 구원사역을 계속하기 위함이다.

복음서의 종반을 장식하는 고난사의 기술은 대제사장과 율법학자의 살해모의에서 시작된다. 이미 오래 전부터 계획된 거대한 음모는 그 어떤 '책략'에 의해 시간적으로 유예된다(막 14.1). 성대한 축제기간 동안에 일어날지도 모를 민중의 소요나 봉기에 대한 우려 때문이다. 대규모의 정치적 저항은 로마의 총독과 유대의 종교지도자가 제일 두려워하는 대상이다. 예수님의 납치와 죽음에는 때 이른 유다의 배반이 중요하게 작용한다. 예수님은 유월절 이틀 전에 자신이 배반자에 의해 적의 손에 넘어갈 것을 예고한다(마 26.2). 예수님이 마지막으로 십자가의 죽음을 통고한 날은 바로 대제사장과 장로들이 대제사장 가야바의 관저에 모여 예수님을 어떻게 죽일까 모의하던 때이다.

고난사의 내용과 과정은 모든 복음서에서 거의 동일하게 기술된다. 이들의 공통된 주제는 "의로운 고난자로서의 예수님"이다. 하나님의 아들은 아무런 죄가 없음에도 불구하고 지상에서 고난을 받고 십자가의 형벌에 처해진다. 이 거대한 역전의 사실은 사도신경에 포함될 정도로 중요한 의미를 갖는다. "본디오 빌라도에게 고난을 받으사 십자가에 못 박혀 죽으시고…" 여기에서 '고난 받아'에 해당하는 라틴어 단어 'passus'는 명사 'passio'의 수동형 부사이다. 고난을 제공한 주체로 지명된 로마총독 빌라도(Pontius Pilatus)는 정당하지 못한 사유로 새 시대의 메시아를 십자가의 처형에 넘긴 역사적 죄인이다.

그러나 고난사의 개별부분에는 적지 않은 오차가 존재한다. 이것은 이야기의 구성과 내용에 모두 관계된다. 전체의 조망에는 각기의 복음에 내재한 고유의 양상에 유의할 필요가 있다. 네 편의 복음서는 세부적 사항의 서술에서 스스로의 특성을 보이는 경우가 적지 않다. 고난사 기술의 원형이라 할 수 있는 마가의 문안은 전체적으로 특별한 차이가 없다. 그가 제시한 최후 주간의 도식은 고난사의 일정의 근간이 된다. 이것은 예루살렘 입성에서 빈 무덤의 부활에 이르는 1주일 동안 기간이다(일요일-일요일).

다른 세 저자의 경우에는 독자적 내용이 드물지 않게 발견된다. 특히 가장 나중에 나온 요한복음은 가장 큰 차이를 보인다. 그 구체적 내용에 관해서는 앞으로 밝혀진다. 마태의 특종기사에는 다음과 같은 대상이 소속된다. 유다의 최후, 빌라도의 아내의 꿈, 빌라도의 손 씻기, 유대군중에 의한 자손의 저주. 저자는 작은 에피소드의 삽입을 통해 '의인의 고난'이라는 고난사의 주제를 명료하게 제시한다. 유다의 최후에 관한 독립된 이야기는 저자 고유의 업적이다. 여기에는 배반자의 죽음을 바라보는 서술가의 관점이 반영되어 있다. 그것은 하나님의 구속사로의 편입이다.

누가의 문서에서 예수님은 '의로운 고난자'인 동시에 인내하는 순교자로 서술된다. 이것은 후세의 모든 기독교 순교자의 모형이 된다. 최초의 순교자 스데반의 숭고한 죽음은 예수님의 죽음의 모사적 계승이다. 그가 돌에 맞아 죽으면서 남긴 마지막 말은 예수님의 발언에 연결된다. 그 내용은 '영혼의 맡김'과 죄인에 대한 용서이다(행 7.59-60). 예수님은 인내의 순교자로서 자신에게 주어지는 일련의 악행을 그대로 허용한다. 예수님에게 가해지는 모욕과 폭력의 행사는 자기제어의 시도로 서술된다(22.63-65). 즉 독자를 가차 없는 믿음의 고백으로 경고하는 순교문학의 토포스이다. 짤막한 단락에 이어지는 공의회의 심문에는 하나님의 아들에 관한 예수님의 고백이 등장한다(22.70).

누가가 제시한 십자가 처형의 종결장면은 저자의 고유기사에 속한다(23.39-43). 별도의 독립단락에는 예수님의 십자가가 두 사람의 '행악자' 사이에 놓여진다. 이것은 하나님의 사자가 두 천사에 의해 '둘러싸이는' 전승의 병행이다. 단락의 마지막에서 예수님은 한 사람의 의로운 강도에게 다음과 같이 말한다(23.43). **"오늘 네가 나와 함께 낙원에 있으리라."** 독자의 오해를 불러일으키기도 하는 이 구절은 낙원에 관한 해석에 관계된다. 앞에 언급된 나라에 연결된 낙원의 머무름은 마지막 시점에서의 구원의 실현을 지시한다. 신약성서에는 내세의 시간에 관한 바울의 관념과의 연결점을 보여준다(고후 5.1-4). 그것은 지상의 육체와 부활의 몸, 개인의 죽음과 일반적 부활 사이에 놓여있는 '중간상태'의 지적이다.

요한은 십자가 처형의 단락에서 옛 언약을 완성하는 구속사의 징표의 제시에 무게를 둔다. 예수님이 십자가 위에서 운명한 이후 군인들이 그의 옆구리를 창으로 찔러 '피와 물'이 터져 나온 것은(요 19.34) 시편 22편 14절의 계승이다. "나는 물 같이 쏟아졌으며 내 모든 뼈는 어그러졌으며." 십자가의 처형과정에서 '엘리 엘리'로 시작되는 고난시편이 세 차례나 낭송된 것은 우연의 일치가 아니다. '피와 물'은 요한의 문서에서 스스로의 의미를 지닌다. 고대의학의 설명에서처럼 인간의 육체는 '피'와 '물'의 두 요소로 구성된다. 이것의 소진은 완전한 소멸로서의 죽음을 의미한다. 실제의 죽음의 확인은 곧 일어날 부활에 관한 증거가 된다.

네 편의 복음서에 기록된 고난사의 내용에서 가장 두드러진 차이를 보여주는 부분은 두 차례에 걸친 예수님의 심문이다. 1차의 단계인 유대의회의 심문은 누가와 요한의 경우 간략하게 다루어진다. 이것은 역사적 사실성의 결여에 기인한다. 역사가 누가는 심문의 과정과 결과에 무리가 있는 사건을 처리함에 있어 요한과 입장을 같이한다. 그 대신 2차의 단계인 빌라도의 재판에 관해서는 마가의 원본에 입각하여 상세하게 기술한다. 예수님 죽음의 직접적 동인이 되는 역사적 사건은 당시의 사기에도 기록되어 있다.

누가는 나아가 다른 복음서에 없는 헤롯왕의 심문까지 추가한다. 예수님의 심문이 유대와 빌라도의 법정을 오가며 수행된 것은 당시의 정치적, 법적 제도에서 자연스러운 일이다. 빌라도는 피고가 갈릴리 출신인 것을 확인하고 그를 헤롯 안티파스에게 보낸다(23.6). 당시에 갈릴리 지역의 통치를 관장한 그는 유월절축제의 행사로 인해 예루살렘에 머물게 된다. 세례요한의 죽음 이후 예수님의 행방을 찾던 헤롯은 뜻밖의 조우에 크게 기뻐한다. 예수님이 수행한 기적을 체험하고 싶은 그의 마음은 단순한 호기심의 발로와 센세이션의 즐김에서 나온 표면적 성질의 것이다. 때문에 예수님은 불신자의 질문에 침묵으로 일관한다. 피고를 고발한 유대의회 대표자들은 스스로의 정담함을 증명하기 위해 예루살렘에 있는 헤롯의 관저까지 몰려든다.

유월절축제의 행사와 함께 시작된 고난사의 노정은 최후의 만찬에서 시작하여 겟세마네의 기도, 예수님의 체포, 유대의회의 심문, 베드로의 부인, 빌라도의 재판을 거쳐 십자가의 처형과 예수님의 운명으로 마감된다. 예루살렘 입성, 성전의 청결, 베다니의 향유부음의 사건은 고난사를 준비하는 예비단계이다. 여기에 베드로의 부인, 유다의 죽음, 로마군대의 조롱극, 골고다의 길, 시체의 매장과 같은 막간의 사건이나 후속의 이야기가 추가된다. 점진적으로 진행된 줄거리의 운동은 십자가의 운명에서 정점에 이른다. 유대의회와 빌라도에 의한 두 개의 심문은 이를 위한 준비단계이다. 고난사 전체의 줄거리를 구성하는 중요한 대상이나 사건을 순서대로 제시하면 다음과 같다.

개별사건	마태복음	마가복음	누가복음	요한복음
예루살렘 입성	21.1-11	11.1-1	19.28-40	12.12-19
성전의 청결	21.12-17	11.15-19	19.45-48	2.13-22
베다니의 향유	26.6-13	14.3-9		12.1-8
최후의 만찬	26.26-30	14.22-26	22.15-20	
겟세마네의 기도	26.36-46	14.32-42	22.39-46	
예수님의 체포	26.47-56	14.43-50	22.47-53	18.2-12
유대의회의 심문	26.57-68	14.53-65	22. 66-71	18.19-24
베드로의 부인	26.69-75	14.66-72	22.56-62	18.15-18, 25-27
빌라도의 재판	27.1-12	15.1-15	23.1-5	18.28-19.16
십자가의 처형	27.32-44	15.21-32	23.26-43	19.17-27
예수님의 운명	27.45-61	15.33-41	23.44-56	19.28-37
시체의 매장	27.57-61	15.42-47	23.50-56	19.38-42

위의 도표에서 보면 최후의 만찬과 겟세마네의 기도는 요한복음에 결여되어 있다. 나머지 항목은 네 복음가의 공통기사이다. 요한이 두 이야기를 독자적으로 다루지 않은 것은 다른 단락이나 구절에 연결되기 때문인 것으로 보인다. 최후의 만찬의 주제는 이미 고귀한 '생명의 떡' 설교에 제시된다(6.54-56). 여기에 사용된 두개의 모티브 '살'과 '피'는 몸과 피에 유추된다.

아래에는 고난사의 줄거리를 개별이야기를 중심으로 단계적으로 살펴보려고 한다.

(1) 예루살렘 입성은 예루살렘의 사역과 고난을 위한 출발점이다. 예수님은 고독한 순회전도의 일정을 마친 후 예루살렘을 향한 여정을 거쳐 대성전이 있는 예루살렘으로 들어온다. 이곳에서 그의 복음사역을 완성하기 위함이다. 예루살렘에서 활동한 마지막 일주일은 '성스러운 주간'으로 불린다. 고난과 죽음이 부활의 영광으로 끝나기 때문이다. 예루살렘 입성은 종려주일로 불리는 첫째 날의 일정이다. 예수님은 예루살렘에 들어와 성전을 둘러본 후 숙소인 베다니로 물러간다.

정치적 통치자가 도시로 입장하는 장면은 고대의 문서에서 일정한 도식에 의해 기술된다. 여기에는 장엄한 행군, 환영하는 군중, 동의의 환호가 등장한다. 그러나 예수님이 화려한 성전의 도시를 향해 들어오는 모습은 조촐한 행렬로 서술된다. 약속된 메시아는 유대민족의 기대와 달리 작은 나귀를 타고 소수의 무리와 함께 고난의 장소로 들어선다. 이것은 스가랴 9장 9절에 기록된 예언의 실현이다.

그는 공의로우시며 구원을 베푸시며 겸손하여서 나귀를 타시나니 나귀의 작은 것, 곧 나귀새끼니라.

여기에서 '겸손한 구원의 왕'은 나귀새끼를 타고 온다. 겸손은 온화와 부드러움을 말한다. 온화의 성품은 훌륭한 왕의 덕목이다. 나귀새끼는 평화와 봉사의 상징이다. 예수님이 저렴한 수송기관인 작은 나귀를 이용한 것은 가장 낮고 비참한 십자가의 죽음을 암시한다. 예수님의 추종자의 소유로 보이는 작은 나귀는 하나님에 의해 사전에 예비된 것이다.

예루살렘 입성의 이야기는 마가의 복음에서 두 부분으로 구성된다. 제1부는 예수님이 사용할 나귀새끼의 준비이며(11.1-6), 제2부는 나귀새끼를 타고 들어오는 장면의 묘사이다(11.7-11). 마지막 절에는 성전을 둘러보고 숙소로 돌아가는 예수님의 모습이 소개된다. 바로 이 성전이 개혁적인 청결작업의 목표가 된다. 예루살렘 체류기간 동안의 예수님 거처는 예루살렘 외곽의 마을 베다니이다. 제자들은 스승의 분부에 따라 '맞은편 마을'로 가서 나귀새끼를 발견하여 끌고 온다. 입성장면의 서술에서 많은 사람들이 길가에 긴 옷을 펼친 것은 들어오는 길을 부드럽게 하기 위함이다(11.8).

이야기의 줄거리는 예수님의 앞뒤에 늘어선 사람들이 외친 환호의 찬송으로 절정에 이른다. 이들은 멀리서부터 예수님을 따라온 사람들이다. 여기에 불린 '호산나'(hosianna) 합창은 시편 118편 25-26절의 계승이다. 그 내용은 "주의 이름으로 오시는 이"에 대한 칭송, 즉 송영의 노래이다(막 11.9).

호산나 찬송하리로다 주의 이름으로 오시는 이여.

칭송의 대상을 지칭하는 '오는 자'는 메시아의 호칭이다. 그리스어 감탄사 '호산나'는 '구원하여 주소서'를 뜻한다. 유사한 구원(soteria)의 축원이 요한계시록에도 발견된다(7.10, 12.10).

요한복음에 의하면 축복의 노래를 부른 사람들은 손에 종려나무 가지를 들고 있다(12.13). 유월절 축제에 사용되는 토속의 식물은 이스라엘 민족에게 해방과 승리를 상징한다. 예수님은 죽음에서 삶으로의 해방을 가져오는 승리자로 구가된다. 승리자로서의 메시아는 고별설교의 종반에서 예수님 자신에 의해 천명된다(16.33). "내가 세상을 이기었노라." 요한에 의하면 환영의 무리의 열광적 찬양은 나사로의 소생을 옆에서 지켜본 목격자의 증언에 기인한다(12.17-18). '이스라엘 왕'이라는 호칭의 사용은 마태의 서술방향과 일치한다. 예수님의 출생사에서 페르시아 왕을 증인으로 제시한 그는 여기에서 왕의 입성으로서의 예수님의 입성을 강조하고 있다. '시온의 딸'을 부르는 대목에는 '네 왕'이라는 명칭이 등장한다(21.5).

누가의 병행단락은 종반의 장면에서 다른 복음서와 차이를 보인다. 19장 38-40절의 세 절은 저자 고유의 서술이다. 첫 절을 구성하는 찬탄의 구문에는 '호산나'의 축원이 생략된다. 그 대신에 새로운 송영이 등장한다(19.38).

하늘에는 평화요 가장 높은 곳에는 영광이로다.

위의 시행은 출생의 이야기에서 목동에게 들려온 천상의 합창을 상기시킨다(2.14). 그러나 구체적 서술방식은 변화되어 있다. 즉 이전의 문장에 대한 교체적 병행의 구성이다. 그곳에 지적된 지상과 천상의 이원화는 이곳에서 천상으로 일원화된다. 서로 다른 지역과 대상에 관계된 평화와 영광은 같은 장소의 제시에 의해 하나로 연결된다. 이와 같은 문장의 재구성은 지상의 평화에 대한 부정이 아니다. 천상의 영광은 지상의 평화에 바탕을 두고 있다.

이어지는 두 절의 내용은 바리새인의 책망의 요구와 이에 대한 예수님의 응수이다. 현장에 있던 일부 바리새인들은 제자들을 잠잠하게 해달라고 예수님에게 촉구한다. 그러나 예수님은 그들이 침묵하면 "돌들이 소리를 지른다"라고 답변한다. 당시의 다른 문서에도 발견되는 이와 같은 어법은 보통 세계의 질서가 뒤바뀌는 상황에 대한 반응으로 사용된다. 사물의 인칭화에 해당하는 비유의 언어는 예언의 차원에 관계된다. 예루살렘의 심판이 수행되면 도시의 폐허가 예수님의 요구가 정당함을 증명하게 된다. 이와 같은 해석은 이어지는 성전청결의 사건에 부응한다.

나아가 성전의 파멸에 관한 묵시설교의 전제에 연관된다(21.5-9). 예수님은 화려한 성전의 위용에 관한 제자들의 감동에 동조하지 않고 예언의 확인을 위한 기회로 이용한다(21.6).

> 날이 이르면 돌 하나도 돌 위에 남지 않고 다 무너뜨려지리라.

놀라움에 사로잡힌 제자들은 예수님에게 성전이 완전히 무너지는 시점과 그 '징조'에 관해 물어본다. 이와 같은 질문은 성전의 파멸을 종말의 시간과 연결시키는 계기가 된다. 여기에 서술된 담화는 마가의 병행구문과 파멸의 시점의 제시에서 오차를 보인다. 그의 병행구절에는 '날이 이르면'이라는 서두의 전제가 결여되어 있다(13.2). 예루살렘의 입성에 암시된 성전의 파멸은 종말의 관점에서 완전하게 이해된다.

예수님이 작은 나귀를 타고 예루살렘으로 들어온 사건은 계속적 해석을 필요로 한다. 중세의 시기에는 종려주일에 예수님이 죽음의 영주를 능가하는 승리자로 입성하였다고 해석된다. 단지 예수님을 환영하기 위해 사람들이 들고 있는 종려나무 가지만이 메시아의 평화와 존엄을 나타낸다고 설명한다. 이것은 홍수의 종식의 표시로서의 노아의 올리브나무 가지를 연상시킨다. 예수님은 일반사람들이 이해하는 지상의 왕이 아니다. 예수님은 오천 명 급식의 기적을 수행한 후 매일처럼 빵을 제공하는 왕의 관념에서 벗어나기 위해 산으로 들어간다(요 6.15). 예수님은 삶에서 죽음을 가져오는 강력한 지상의 왕이 아니라 죽음에서 삶으로 인도하는 생명과 평화의 왕이다.

⑵ 성전의 청결은 예루살렘 입성 직후 수행된 개혁적 사건이다. 비교적 간략하게 기술된 사실적 이야기는 부패한 성전의 정화라는 주제를 다룬다. 이제까지와 다른 형태의 사건은 유대의 최고의회 의원에게 커다란 충격으로 받아들여진다. 그들은 다음날 성전의 뜰을 걷는 예수님에게 그와 같은 행동을 취한 권능의 근거에 관해 묻게 된다(막 11.28). 불순한 의도로 가득 찬 물음에 대해 예수님은 우회의 형식으로 반박한다. 부패한 성전을 척결한 예수님의 권능은 기적이나 사죄의 행위에서처럼 하나님으로부터 나온 것이다. 이어지는 포도원 소작인의 비유이야기는 이 사실을 분명하게 하기 위해 도입된다(12.1-12). 이 예언적 이야기에는 마지막 상속자인 하나님의 아들이 악한 포도원 소작인에 의해 죽음에 처해진다. 그러나 예수 그리스도는 하나님의 권능과 사랑으로 다시 살아나 새로운 영생의 나라를 건설한다. 이 마지막 대목은 시편에 나오는 '머릿돌'의 비유로 서술된다(12.10-11).

낡은 성전의 폐쇄는 새로운 성전의 구축을 의미한다. 이 중요한 사실은 요한에 의해 명료하게 밝혀진다. 그의 문안에는 사흘 만에 세워질 성전이 부활할 예수님의 '몸의 성체'로 비유된다(2.21).

그러나 예수는 성전 된 자기 육체를 가리켜 말씀하신 것이라.

위의 문장에는 예수님 자신이 '육체의 성전', 즉 진정한 성전으로 표현된다. 새롭게 건설될 성전은 부활의 사건을 증거할 예수님의 지체이다. 사흘만의 성전건설은 후일 유대 최고의회의 재판에서 예수님의 정죄를 위한 죄목으로 고발된다. 그러나 원래의 발언을 의도적으로 왜곡한 거짓 증언으로 인해 성과를 얻지 못한다(막 14.55-59).

역사적으로 진행된 예루살렘 성전의 오염은 당시의 상황에서 극에 달한다. 예수님은 매매하는 자들이 상행위를 하는 성전의 앞뜰을 깨끗하게 청소한다. 거대한 청결의 작업은 매우 과격한 방식으로 수행된다. 그 이유는 정의가 사라진 예배와 기도를 바로잡기 위함이다. 부패한 성전의 폐쇄에 대한 경고는 이미 구약의 예언서에 나타나 있다. '기도의 집'이라는 용어는 이사야 56장 7절에서, '강도의 소굴'은 예레미야 7장 11절에서 취한 것이다. 예수님의 성전회복 작업은 구약에 주어진 예언의 실현이다.

성전청결의 기사는 네 편의 복음서에 모두 다루어진다. 마태의 경우에는 도시의 입성의 이야기에 바로 이어져 있다(21.12-17). 이것은 예루살렘에 들어온 예수님의 사명과 사역을 뚜렷하게 인식하게 한다. 여섯 절의 단락에는 마가의 원안에 비해 완전히 다른 종결부가 추가된다(21.14-15). 그 내용은 성전의 치유기적과 어린아이의 '호산나' 찬양이다. 나중의 경우는 예루살렘 입성에 보인 민중의 환호의 여운이다. 전승의 호칭 '다윗의 자손'은 여기에서 '복음의 노래'라는 새로운 의미를 얻는다. '아기의 입'이라는 구문에는 예언의 행위와 연관된 계시의 성격이 들어있다. 어린아이에 의한 구원의 축원은 바리새인의 비난과 대조를 이룬다.

누가의 병행단락은 다른 복음서에 비해 요약적으로 처리된다(19.45-48). 마지막 절에는 유대의 백성이 예수님의 성전의 가르침을 경청한 사실이 지적된다. 이것은 유대성의 연속이 성전이 아니라 성경과 율법에 있음을 지시한다. 성전으로부터의 상인의 축출은 누가의 문맥에서 부의 비판이라는 주제에 연결된다. 성전은 제물을 바치며 하나님의 은총을 기다리는 거룩한 장소이다. 성전은 시므온과 안나의 경우에 드러나듯(2.22-39) 외부적으로 기독교의 정당성을 뒷받침한다. 성전에서 일어나는 것은 이스라엘 전체를 대언한다.

마가의 문안은 전체의 문맥에서 독자적 구성을 보이고 있다(11.15-19). 다섯 절의 이야기는 무화과나무의 저주와 소멸의 단락 사이에 배치되어 있다(11.12-14, 11.20-26). 이것은 독자로 하여금 가운데 이야기를 앞뒤의 두 이야기에서 읽도록 유도한다. 즉 성전청결의 사건을 무화과나무의 소멸에서 이해하게 한다. 제 때에 열매를 맺지 못하는 무화과나무는 목적과 기능을 상실한 무용지물이다. 진정한 기도와 예배가 존재하지 않는 부패한 성전도 마찬가지이다. 무화과나무의 소멸과 성전의 척결은 말씀의 권능에 의해 하나로 연결된다.

세 부분으로 구성된 다원적 단락을 하나로 이어주는 고리는 '말함'의 능력이다. 그 구체적 내용은 저주-기도-저주의 실현-기도-간구의 순서로 전개된다. 저주와 소멸의 기적은 기도와 믿음의 교리로 귀결된다. 기도의 장소로서의 성전에서 예수님은 권능의 말씀을 가르친다. 가르침의 마지막에는 기도의 들음이 믿음과 용서에 연결된다. 무화과나무의 저주는 권능의 말씀의 실현에 관한 실례이다.

'기도의 집'으로서의 성전의 정화는 전체이야기의 중심이다. 유대 종교지도자의 세속적 권위를 단숨에 무너뜨린 과감한 작업의 동기는 거룩한 성전이 '장사하는 집'이 아니라는 사실이다. 성전은 모든 것이 하나님에게 소속된다는 사실에 대한 징표이다. 사람들이 성전에서 그 어떤 이득을 취하려고 한다면 이것은 성전의 본질과 의미에 어긋난다. 성전의 청결은 스가랴에 의해 옛 예언의 희망으로 표현된다(14.21).

그날에는 만군의 여호와의 전에 가나안 사람이 다시 있지 아니하리라.

위의 문장은 스가랴의 마지막을 장식하는 '주님의 집의 영광'에 관한 단락의 결구이다. 여기에서 '가나안 사람'은 순례자를 착취하는 장사꾼을 말한다. 가나안의 옛 주민은 부패에 물든 백성이다. 그 이름은 모든 속된 자와 거룩하지 못한 자의 총칭이 된다. 이제 스가랴의 예언은 다음과 같이 정리된다. 구원의 날에 더 이상 물건을 사고 파는 상인이 여호와의 집에 존재할 수 없다.

요한의 문서에는 병행의 단락이 공생애 초기에 배치되어 있다(2.13-22). 이와 같은 구성은 문서 전체의 전개에서 중요한 의미를 지닌다. 가나의 혼인잔치 기적에 이어진 예루살렘 성전의 청결은 앞의 이야기에 계시된 새로운 창조의 모티브를 완성한다. 예수님은 '표적'의 행사를 요구하는 유대인들의 질문에 제2의 성전이라는 말씀으로 대응한다. 낡은 성전의 소멸과 새로운 성전의 건설은 예수님의 죽음과 부활을 예시한다. 하나님의 거룩한 현존의 척도는 예수님의 운명, 죽음, 부활이다. 제자들은 예수님이 부활한 후에야 제2의 성전의 의미를 이해한다. 유대의 전통적 모티브인 성전은 변화된 시대의 문맥에서 의미 있는 상징의 가치를 얻는다.

(3) 베다니의 향유부음의 사건은 고난의 시작을 알리는 징표이다. 이야기에 선행하는 시간의 제시 '유월절과 무교절 이틀 전'은 이 사실을 지시한다(막 14.1-2). 독립된 형태의 이야기는 세 복음서에 공통으로 다루어진다. 요한의 문안은 마태와 누가의 문안에 비해 상대적으로 큰 차이를 보인다(12.1-8). 이것은 주어진 문맥의 상황과 저자의 관점에 기인한다. 요한의 문맥에서 베다니의 향유사건은 앞에 발생한 나사로의 소생기적에 연결되어 있다. 나사로

의 여동생 마리아의 특별한 행위는 이와 같은 맥락에서 이해된다. 그녀가 베다니의 식사의 자리에서 고가의 향유를 예수님의 발에 붓고 머리털로 발을 닦은 것은 지극한 감사와 존경의 표시로 이해된다. 이 복합적 행동은 머리에 향유를 부은 마가와 마태의 경우와 구분된다.

저자는 서두의 상황서술에서 방안을 가득 메운 풍만한 향유의 냄새에 주의를 환기시키고 있다(12.3). "**향유냄새가 집에 가득하더라.**" 나드 향유가 발하는 짙은 향기는 주변의 인물뿐만 아니라 독자의 후각을 자극한다. 이와 같은 표현방식은 정서의 지각을 동반하는 '기억'의 사건을 명료하게 한다. 여인의 특별한 행위는 마가의 문안에서 예수님에 의해 복음의 현장에서 '기념되어야 할' 사건으로 칭송된다(14.9). 예수님의 장례를 준비하는 의로운 행사이기 때문이다. 고난사의 서두에 배치된 베다니의 향유사건은 앞으로 다가올 메시아의 속죄의 죽음에 대한 상징적 예표이다.

(4) 최후의 만찬은 본격적인 고난극의 전주곡이다. 마가복음 14장 22-26절의 단락에는 유월절 식사의 준비와 유다의 배반의 폭로에 관한 기사가 선행된다. 유월절 식사의 준비는 11장의 예루살렘 입성의 이야기와 유사하게 기술된다. 두 경우 모두 예수님은 두 제자의 파견을 통해 행사를 준비한다. 그들은 스승이 지시한 대상이 현장에 그대로 있음을 발견한다. 그것은 덮개를 씌운 노새와 물동이의 남자가 안내한 작은 방이다. 서로 유추되는 두 이야기는 '예언자의 사전의 인지'를 증거한다. 예수님이 사건의 진행을 미리 알고 있다는 사실은 예언자의 주권을 지시한다. 독자는 **병행적 구성**을 통해 '집중의 원'의 법칙을 확인한다. 구체적으로 성전의 제어와 언약의 식사이다. 예루살렘 입성과 최후의 만찬의 상호연계는 서로 다른 이야기를 일정한 범주 아래 접속하는 저자의 서사기법을 보여준다.

배반의 폭로와 공동식사의 예식은 외형상 어울리지 않는다. 그러나 독자는 서로 모순되는 사건의 결합에서 화자의 특별한 의도를 읽을 수 있다. 동일한 장소에서 일어난 두 가지 행위, 즉 예수님의 선사와 유다의 판매는 정면으로 대치된다. '몸의 나눔'은 욕망의 충족에 대한 대립의 상이다. 예수님의 '몸'은 제자들을 위해 '내어주는' 자신의 삶이다. 예수님의 삶 전체는 여기에서 하나의 초점에 모아진다. 그것은 완전무결한 헌신의 구현이다. 배반자의 악행에 관한 공개적 폭로와 질책은 이어지는 성만찬의 의미를 부각시킨다. 이런 점에서 최후의 만찬은 최고의 사실성을 구현한다. 그러나 이 실재성은 이야기의 전개에서 상징의 차원으로 이전된다.

최후의 만찬의 문맥은 선행하는 유월절 식사의 준비와 연계되어 있다. 그러나 실제의 서술과정에는 뚜렷한 유사성이 드러나지 않는다. 어린 양, 쓴 나물, 전통적 예식의 문구는 결여되어 있다. 그럼에도 불구하고 예수님의 마지막 식사를 유월절 식사로 보는 것은 유월절 제도와 율법의 제도의 긴밀한 연관 때문이다. 그러나 마지막 식사의 내용은 새로운 구원사의 상황에 맞게 완전히 새로이 형상화된다. 누가는 동일한 이야기의 서두에서 유월절(pascha)과 고난(pathein)의 관계를 지적하고 있다(22.15). 여기에서 두 단어는 첫 음절의 음향이 일치하는 언어유희를 조성한다.

최후의 만찬에 관한 이야기는 세 복음서에서 비교적 간결하게 다루어진다. 마가의 문안은 네 절의 범위에 국한되어 있다(14.22-25). 통일된 단락의 중심은 두 차례에 걸친 식사의 예식, 즉 빵의 분배와 포도주의 나눔이다. 예수님이 빵을 쪼개는 것은 자신의 '몸'을 완전히 찢는 것이며, 붉은 포도주를 함께 마시는 것은 자신의 쏟아 부은 피와 하나가 되는 것이다. 마태의 병행단락에는 '많은 사람을 위하여'에 '죄 사함을 얻게 하려고'라는 목적의 구문이 동반된다(26.28). 이것은 대속의 피의 모티브를 예시한다. 식사의 도구인 빵과 포도주는 새로운 영적 관계의 형성을 위한 의미 있는 상징으로 고양된다. 이 상징의 의미는 후세에 더욱 심화된다.

예수님의 몸을 먹는 것은 요한복음의 '생명의 떡' 설교에서 그 의미가 구체적으로 드러난다. 여기에서 몸과 피는 '살과 피'의 관계로 나타난다(6.54-56). 특별하게 사용된 명사 '살'(sarx)은 육체와 달리 생명 그 자체이다. '나의 살'은 예수님 자신의 생명을 가리킨다. '살과 피를 먹고 마시는' 것은 영생의 소유와 영적 합일을 가져온다. 이 귀중한 선언은 몸과 피의 나눔에 따른 영적 동일화라는 최후만찬의 기본정신과 일치한다. 요한의 문서에는 최후의 만찬에 관한 기사가 없다. 그러나 참된 양식과 음료에 관계된 세 절의 내용은 성찬의 이해를 위한 안내의 역할을 한다.

감사와 축원이 포함된 축도문의 정점은 마지막에 천명된 '언약의 피'이다(14.24). 최후의 만찬의 의미를 규정하는 이 용어는 출애굽기의 시내산 언약에 유래한다(24.8). 여기에서 '언약의 피'는 여호와 하나님이 자신의 백성에게 베푸는 구원과 화해의 보증이다. 언약의 그리스어 'diatheke'는 동등한 권리를 가진 두 주체 사이의 계약이 아니라 어떤 다른 사람에 의한 한 사람의 예속을 의미한다. 포도주의 잔은 예수님이 제자들에게 상속과 성화로 남겨주는 언약의 잔이다. 하나님의 귀중한 언약은 새로운 메시아의 시대에서 예수 그리스도가 인류를 위해 흘려야 할 대속의 피로 나타난다. 이것은 모세에게 주어진 언약에 비해 완전히 새로운 언약이다.

두 단계로 진행된 예수님의 축사는 이제까지와 다른 형태의 선언으로 마감된다(14.25).

> 내가 포도나무에서 난 것을 하나님 나라에서 새 것으로 마시는 날까지 다시 마시지 아니하리라.

특별한 언어형식으로 표현된 '포기의 선언'은 두 가지 사항을 포함한다. 첫째, '마시지 않는다'는 부정의 동사는 십자가를 향한 고난의 길과 제자들과의 이별의 슬픔을 지시한다. 동시에 '새 것으로 마신다'는 긍정의 동사부는 하나님 나라의 도래에 관한 확실한 약속이다. 번성과 평안을 상징하는 포도나무는 하나님의 나라의 평화와 충만을 지시한다. 미래의 하나님 나라에서 베풀어질 메시아의 향연에 대한 기대는 구약과 신약에 거듭하여 언급된다. 예수님은 마지막 만찬의 성격을 종말의 축복과 연관시키고 있다.

누가의 병행단락에는 포도나무에 관한 '포기의 선언'이 식사의 서술에 선행된다(22.16). 동일한 내용이 22장 18절에 다시 천명된다. 이것은 마지막 만찬의 성격을 강화한다. 빵의 분배에는 "나를 기념하라"라는 명령이 추가된다. 그리고 포도주의 분배에는 '새 언약'이라는 용어가 등장한다. 누가가 지적한 두 가지 사항은 성만찬의 제정에 관한 고린도전서의 내용과 일치한다(11.23-26). 주님의 만찬과 교구의 분열의 단락(11.17-22)에 이어진 네 절의 진술은 가장 오래된 성만찬의 기사로 인정된다. 이어지는 단락은 무분별한 '먹고 마심'에 대한 경고이다(11.27-34).

사도바울은 예수님이 언명한 '언약의 피'를 '내 피로 세운 새 언약'으로 약간 바꾸어 표현한다(고전 11.25). 여기에 사용된 새 언약은 출애굽기 24장의 언약을 무효화하는 예레미야의 새 언약에 관계된다(31.31-34). 이 문맥에서 언약이란 백성을 보증하고 소유로 보호하는 하나님의 약속을 말한다. 예레미야는 하나님의 구원계획이 종국적으로 실현되리라는 사실을 알고 있다. 바울이 강조한 새 언약은 성찬의 참여자에게 예수님에 의해 주어지는 영원한 구원의 계약이다. 이로써 주님과 성도 사이의 새로운 영적 관계가 형성된다. 몸과 피를 먹고 마시는 것은 주님과 하나가 되어 그의 죽음을 영원히 기념하기 위함이다. 자신을 대신하여 십자가에서 죽은 주님을 기억하고 증거하는 것이 성만찬의 목적이다.

최후의 만찬과 겟세마네의 기도 사이에 베드로의 부인의 예언에 관한 짧은 단락이 삽입된다(막 14.27-31). 예수님은 배반자의 행동을 미리 폭로하듯 베드로의 부인을 예고한다. 스가랴 13장 7절의 말씀은 예수님 자신과 제자들에게 실현된다. 주님의 죽음은 제자들을 심각한 믿음의 위기로 몰아넣는다. '버림'의 예언은 예수님의 체포의 장면에서 실제로 이루어진다(막 14.50).

제자들이 다 예수를 버리고 도망하니라.

그리스어 본문에는 '모두'라는 부정대명사가 강조된다. 제자들은 예외 없이 스승을 홀로 남겨놓고 그 자리를 피한다. 예수님은 완전히 버림받은 채 홀로 서 있게 된다.

그럼에도 불구하고 예수님은 어둠의 시간이 지나면 제자들을 다시 갈릴리에서 만날 것을 약속한다. 그러나 자만으로 가득 찬 베드로는 가이사랴의 메시아 고백에서처럼(8.32) 스승의 통고에 대해 강하게 항변한다. 그러나 예수님은 반박은 장엄한 어조로 울려온다(14.30). "내가 진실로 네게 이르노니"는 이어지는 내용을 강조하는 자기지시의 어법이다. '오늘 이 밤에'라는 시간부사는 비겁한 부인의 행동이 몇 시간 안에 일어날 것임을 가리킨다. '세 차례'의 지적은 한 번의 실수로 부족함을 의미한다. 모든 제자가 베드로의 항거에 동조한 것은 특기할 만한 일이다.

(5) 예수님의 체포는 고난사의 줄거리에서 변두리에 위치한다. 극적으로 전개된 장면은 선행하는 겟세마네 기도의 이야기의 마지막 담화에 이어져있

다. 고난자의 처절한 기도는 적대집단에 의해 납치되기 직전에 이루어진다. 칼과 몽둥이로 무장한 체포대는 등불과 횃불을 들고 동산의 아래에서 대기하고 있다. 체포대를 안내한 유다는 예수님이 이곳을 지나가리라는 사실을 알고 있다. 평소에 제자들과 함께 기도하기 위해 자주 찾은 곳이기 때문이다(요 18.2). "예수를 파는 유다도 그곳을 알더라."

마가의 문안에서 예수님의 체포장면은 두 부분으로 구성된다. 제1부는 유다의 특별한 동작과 이로 인한 체포대의 납치를 기술한다(14.43-45). 제2부의 내용은 예수님의 수행원이 적을 무력으로 공격한 일이다(14.46-52). 체포대원 가운데 한 사람이 예수님의 몸을 강제로 '붙잡는' 순간 일행 중의 한 사람이 칼을 빼어 들어 대제사장의 종의 귀를 자른다. 잘려나간 대제사장의 종의 귀가 예수님에 의해 즉시 치유된 사실은 누가에 의해서만 보고된다(22.51). 자신을 강제로 납치하려는 체포대원의 상처를 치료한 것은 스스로 강조한 원수사랑의 실천이다. 요한은 격정적인 공격의 장면에서 관련자의 실명을 제시하고 있다(18.10). 즉 칼을 차고 있던 사람은 베드로이며, 귀가 잘린 종은 말고(Malchus)라고 명명된다.

마태는 베드로의 행동에 대한 예수님의 반응을 구체적으로 기술하고 있다. 예수님은 베드로에게 "칼을 도로 칼집에 꽂으라"고 명령하며 다음과 같이 선언한다(26.52). **"칼을 가지는 자는 다 칼로 망하느니라."** 위의 문장은 폭력은 언제나 또 다른 폭력을 가져온다는 사실을 지시한다. 폭력을 사용하는 자는 바로 그 폭력에 의해 동일한 대가를 치르게 된다. 일반적으로 폭력의 행사는 위기의 상황에 대처하는 방어수단으로 인정되기도 한다. 그러나 그와 같은 정당화는 절대적인 하나님의 사랑 안에서 효력을 상실한다. 마태가 객관적으로 서술한 문장은 무기의 사용을 선호하는 자에 대한 일깨움의 경고이다.

예수님의 체포에 관한 누가의 이야기는 대조의 구도에 의거한다(22.48-53). 이와 같은 서술방식은 반대의 측면의 불의를 명료하게 한다. 장면의 연속에서 드러나는 다원적 대조의 양상을 순서대로 표시하면 다음과 같다.

22.48: 입맞춤 - 인자의 넘김

22.49-51: 칼의 사용 - 귀의 치유

22.52-53: 예수님에게 손을 대지 않음 - 강도처럼 취급함

22.53: 매일처럼 성전에 있음 - 강제로 잡아감

22.53: 성전 - 어둠의 권세

여섯 절의 단락에서 예수님은 곤궁의 상황을 제어하는 주체로 나타난다. 그는 자신의 제자들이 자제할 것을 명령하고 구원자로서 치유기적을 수행한다. 그리고 자신을 칼의 범죄자처럼 취급하는(22.37) 적의 무리 앞에 존엄에 가득 찬 인물로 소개된다. 여기에 기술된 내용은 '어둠의 시간'의 현상이다. 그러나 모든 것은 하나님의 허용 아래 일어난다.

(6) 세 차례에 걸친 베드로의 부인은 선행하는 예고의 실현이다(막 14.66-72). 요한복음에는 동일한 이야기가 두 차례로 나누어 기술된다(18.15-18,25-27). 그 사이에 대제사장의 심문이 놓여있다. 겟세마네 동산으로 가는 도중에 주어진 통고는 대제사장의 심문이 진행되는 동안에 그대로 현실화된다. 이야기의 출발은 앞 단락의 서두에 연결되어 있다(14.54). 그 내용은 베드로가 체포당한 예수님의 뒤를 멀리서 따라왔다는 사실이다. 누가의 병행단락에는 이 부분이 통일된 이야기로 흡수된다(22.54-62). 세 차례에 걸친 베드로의 부인은 대제사장의 심문과 연계하여 기술된다. 동일한 시점에 일어난 베드로

의 비겁한 행동과 예수님의 담대한 영광의 선언(14.62)은 첨예하게 대조된다. 베드로의 부인에 관한 연속의 이야기는 예수님의 고난을 강화하는 역할을 한다.

일곱 절의 이야기는 베드로 자신으로 돌아간다. 줄거리의 생동감과 완전함은 그 증거이다. 베드로가 스승을 부인하는 과정은 마치 눈앞에 보듯 사실적으로 묘사된다. 그의 신분이 대제사장의 하인 앞에서 밝혀진 것은 갈릴리의 사투리 때문이다(막 14.70). "너도 갈릴리 사람이니…." 베드로가 '저주하며 맹세한' 것은 하나님을 모독한 것이 아니라 자신의 변명을 맹세로 나타낸 것이다(14.71). 그가 거짓말을 하는 경우에는 하나님의 저주를 스스로 받아들이게 된다. 두 번째로 들려온 닭의 울음소리는 공허한 맹세의 주체인 그에게 스승의 예언을 상기시킨다. 그가 밖으로 나가서 '울음을 터뜨린' 것은 결코 이상한 일이 아니다. 줄거리의 진행에서 베드로의 얼굴이 불빛에 의해 알려진 사실은 누가에 의해서만 지적된다(22.56). "한 여종이 베드로의 불빛을 향하여 앉은 것을 보고…." 야간의 추위를 피하기 위해 쬐고 있던 불길이 정체를 폭로하는 도구로 작용한 것이다.

(7) 예수님에 관한 심문은 크게 두 차례에 걸쳐 진행된다. 하나는 대제사장에 의해 주도되는 종교적 심문이고 다른 하나는 로마의 집정관이 집행하는 정치적 재판이다. 이들에 관한 보고는 병행적으로 기술된다. 전체의 줄거리는 재판장과 피고 사이의 문답의 형식으로 전개된다. 예수님은 막강한 권력을 지닌 심문자 앞에서 당당하게 하나님의 아들과 영광, 그리고 하나님의 나라의 진리를 천명한다. 이것은 단순한 자기방어가 아니라 위대한 복음의 선포이다. 구체적 재판의 과정은 두 이야기에서 상당한 차이를 보인다. 앞의 경우에는 예수님의 정죄가 자명한 것으로 전제된다. 실제적인 심문의 과정은 이를

정당화하기 위한 형식적 절차에 불과하다. 그러나 뒤의 경우에는 고발의 사유에 관한 회의가 제기된다. 빌라도는 가야바로부터 이관된 고발의 죄목과 판결의 결과에 의구심을 품는다. 그럼에도 불구하고 대제사장의 회유에 넘어간 몽매한 군중의 강한 압력에 굴복하여 십자가의 처형을 결정한다. 예수님의 죽음은 유대의 종교지도자의 정치적 이해와 자신의 지위를 보존하려는 로마총독의 안이하고 비겁한 자세가 낳은 역사적 불의의 산물이다.

유대의 최고의회의 심문은 마가와 마태에 의해 비교적 상세하게 다루어진다(26.57-68, 14.53-65). 두 저자의 문안은 전체의 내용에서 거의 일치한다. 다만 마태의 경우에는 몇 군데에서 요약적으로 서술된다. 요한은 비교적 간결하게 서술한 병행단락의 마지막에서 심문의 주도자를 안나스(Hannas)로 표기한다(18.24). '그 해의 대제사장' 가야바의 장인인 그는 퇴임한 후에도 여전히 대제사장의 후견인 역할을 행사한다. 예수님의 체포에 이어진 공의회의 심문은 십자가의 죽음을 가져온 원천적 동인이다. 로마총독 빌라도의 재판은 산헤드린(synedrion) 의회의 고발에 의해 열린다. 전격적인 회의의 소집은 혹시 일어날지도 모르는 유대인의 집단소요를 고려해 볼 때 당연한 처사이다. 그리고 일반적인 절차를 무시한 졸속한 심문의 진행도 당시의 공회의 분위기에서 이상한 일이 아니다. 사형결의의 사유로 제기된 신성 모독의 죄는 자신들의 행위에 대한 역전의 조치이다. 신성의 모독은 성령이 결여된 자에게 해당되는 것이지 성령의 소유자에게 주어지는 것이 아니다. 최고의회의 처사는 바알세블 음해의 재연이다(막 3.20-30).

바리새인과 율법학자는 장로들을 모아 자정에 급박하게 회의를 소집한다. 그 목적은 예수님을 사형에 처할 수 있는 결정적 증거를 찾는 데 있다. 그러나 가장 직접적인 사유인 성전의 재건에 관한 '많은 사람'의 증언은 구체적 내용이 일치하지 않는다. 요한복음에 의하면 예수님은 성전이 외부의 세력에 의해 무너지더라도 '사흘 동안에' 다시 세워진다고 말한다(2.19). 여기에서 성전의 파괴와 건설은 예수님의 죽음과 부활에 대한 비유이다. 결과적으로 성전모독의 혐의는 부패한 성전의 청결에 불만을 품은 자들의 기만적인 속임수에 불과하다. 때문에 예수님은 '증거의 제시'에 대한 대제사장의 답변의 요구에 침묵으로 일관한다.

상황의 진행에 초조감을 느낀 대제사장은 상대방을 향해 "네가 찬송 받을 자의 아들 그리스도냐?"라고 묻는다(막 14.61). 여기에서 수동의 과거분사형 명사로 표기된 '찬송 받을 자'는 신성한 하나님의 칭호를 기피하기 위하여 사용된 것이다. 만일 예수님이 이번에도 답변을 거부한다면 하나님의 아들을 부정하는 일이 된다. 담대한 응답의 선언은 다음과 같다(막 14.62).

> 내가 그니라. 인자가 권능자의 우편에 앉은 것과 하늘 구름을 타고 오는 것을 너희가 보리라.

앞에 놓인 암시적 문장은 '내가 그인가?'라는 반문의 의미로도 들린다. 다시 말해 직접적 답변의 회피로 볼 수 있다. 그러나 이어지는 발언은 확실한 긍정을 넘어선 적극적 의지의 표현이다. 앞에 나온 묵시설교의 재림 장면과 유사한(13.26-27) 내용은 인자가 하나님의 심판과 구원의 완성을 위해 다시 온다는 사실이다. 구름은 하나님의 거룩한 현존을 나타내는 영광의 표시이다. 유대종교의 최고 권력자 앞에서 재림의 영광을 선포하는 예수님의 위용에는 신적 후광이 강하게 배여 있다. 예수님은 자신의 운명을 결정짓는 위기의 순간에 하나님의 진리를 당당하게 선포함으로써 진정한 하나님의 아들의 정체성을 증명한다.

피고의 충격적 답변을 들은 대제사장은 격분의 감정을 누르지 못한 채 더 이상의 증인이 필요 없음을 강조한다. '옷을 찢는' 행위는 대제사장에게 금지되어 있다(레 21.10). 그러나 가야바는 이와 같은 특별한 방식으로 성전모독의 발언에 대한 분노의 감정을 표출한 것이다. 그리고 의원들을 향해 유죄의 판결을 하도록 촉구한다. 그들은 모두 사형에 처하는 것이 마땅하다고 의결한다. 마지막으로 최고의회 의원과 하인들은 피고를 모욕하고 조롱하며 때리기 시작한다(14.65). 이것은 그들의 증오가 얼마나 강한가를 잘 보여준다.

(8) 누가의 문안에는 헤롯왕의 심문의 삽입으로 전체의 구성과 서술방식에 변화가 일어난다(23.6-12). 마가의 이야기의 중심인 바라바의 사면은 단락의 마지막에 요약적으로 보고된다. 빌라도의 재판과정 초반에 편입된 헤롯왕의 심문은 후세의 수용에서 별로 주목받지 못한 상태에 있다. 그러나 여기에서 이루어진 심문의 결과는 재판장의 심리에 영향을 미친다. 빌라도 역시 헤롯처럼 특별한 죄를 발견하지 못한 피고를 '때려서 놓아주려' 한다(23.16). 이와 같은 그의 의도는 실제의 재판과정에서 완전히 좌절된다. 헤롯은 복잡한 문제를 초래할 수 있는 예민한 사건에 더 이상 말려들지 않기 위해 판결을 유보한 채 넘어온 사안을 다시 빌라도에게 돌려보낸다. 그는 이미 빌라도의 의중을 간파하고 있다.

단락의 마지막에 서술된 헤롯의 조롱은 로마군대의 조롱극과 유사한 양상을 보인다. 피고에게 입힌 '빛나는 흰 옷'은 왕의 복장이다. 이 허위의 장식은 조롱극에서 '바보의 왕'이 걸친 '붉은 옷'에 비견된다. 이야기의 결구에는 헤롯과 빌라도의 변화된 관계가 지적된다(23.12). 그들은 '작은 물고기'에 불과한 나사렛 사람을 보잘것없는 인물로 취급하는데 일치한다(23.6). 빌라도가 취한 송사의 이관은 통치자로서의 헤롯의 권위를 인정하는 것이다. 따라서 서로 시기하던 두 권력의 소유자 사이의 예전의 적대의 감정은 완화된다.

(9) 빌라도의 재판에 관한 기술은 요한의 경우가 가장 상세하다. 광대한 분량의 이야기는 18장 28절에서 19장 16절에 이른다. 저자는 극도의 긴장감을 자아내는 역동적 재판의 과정을 마치 눈앞에 보듯 생동감 넘치게 연출하고 있다. 의문문과 명령문을 동반하는 수사적 문체는 이와 같은 서술방식에 부합한다. 특히 사실이나 진리를 뒤집어 표현하는 아이러니의 형식은 여러 곳에서 발견된다. 예를 들어 단락의 첫 절에 지적된 '더러움의 기피'는 허위의 깨끗함이다. 유대의 최고의원들은 무고한 예수님의 고발로 이미 '더럽혀졌기' 때문이다. 또한 대제사장과 유대군중을 향해 십자가의 처형을 주문한 빌라도의 두 차례의 발언 역시 아이러니이다(19.6, 15). 로마의 집정관은 유대인 신분의 죄수라 하더라도 유대의 법에 의해 처벌될 수 없다는 사실을 잘 알고 있다. 반어의 어법은 대화와 문답에 내재된 모순과 역설에 연관된다.

전체의 이야기는 여섯 개의 막으로 구성된다. 제1막은 관정 밖의 심문(18.28-32), 제2막은 관정안의 심문(18.33-38), 제3막은 바라바 교환극(18.38-40), 제4막은 채찍질의 고문과 조롱극(19.1-8), 제5막은 관정안의 마지막 심문(19.9-12), 제6막은 최종의 판결(19.13-16)이다. 전체의 단락을 마감하는 종결부의 서두에는 새로운 재판석으로의 장소의 이동이 일어난다(19.13). 바라바의 교환극과 채찍질은 전체의 재판과정에 삽입된 중간 장면이다. 바라바의 교환극의 마지막 절에는 예수님의 사형과 바라바의 사면이 첨예하게 대조된다(18.40). 극도의 긴장상황에서 전개된 여섯 단계의 줄거리는 십자가 처형의 넘김(paredoken)과 함께 종식된다(19.16).

여러 차례에 걸친 재판의 과정은 관정의 내부와 외부를 오가며 진행된다. 라틴어로 '프레토리움'(praetorium)이라고 불리는 관정은 빌라도총독의 관저이다. 로마군병의 조롱극도 여기에서 자행된다. 관정 밖의 뜰에는 유대의 군중이 집결해 있다. 그들은 호산나의 찬양을 외친 예수님의 추종자가 아니라 대제사장의 회유에 넘어간 어용집단이다. 빌라도는 심문을 마치면 밖으로 나아와 그들에게 의견을 물어본다. 되풀이되는 유대군중의 고함 "십자가에 못 박으소서"는 빌라도의 질문에 대한 무조건의 협박이다. 마가의 문안에는 동일한 명령이 "무슨 악한 일을 행하였느냐"라는 재판장의 물음에 대한 답변으로 나타난다(15.14).

역사적 재판의 진행은 예수님(피고), 빌라도(재판장), 대제사장 및 유대 군중(고발인) 사이의 대화에 의해 인도된다. 독자는 여기에서 완전히 다른 입장에 처한 세 등장인물의 행동과 발언에 주목하게 된다. 특히 빌라도의 나약함과 우유부단은 중대한 재판을 지연시키고 판결의 오류를 가져오는 원인이 된다. 그는 가야바의 법정에서 이관된 유대민족 사이의 고발사건에 관해 중도의 입장에 있다. 피고를 심문한 그는 세 차례에 걸쳐 죄가 없음을 고백하지만 결국 거대한 집단세력의 압력에 굴복한다. 로마황제에 의해 파송된 집정관인 그를 가장 두렵게 만드는 것은 유월절 행사기간에 일어날 수 있는 대규모의 소요이다.

제1막에 해당하는 관정 밖의 심문은 전체의 재판과정을 열어주는 도입부이다. 재판장은 고발인과 피고를 법정으로 받아들인다. "무슨 일로 고발하느냐?"라는 재판장의 물음에 대해 고발인은 핵심을 벗어나는 무책임한 답변으로 응수한다. "우리에게는 사람을 죽이는 권한이 없나이다"라는 부정의 발언은 유대의 공의회가 사형을 의결할 수는 있으나 그것은 로마 당국에 의해 보증되어야 함을 의미한다. 예수님은 이미 자신이 십자가의 죽음에 처해질 것을 예고한바 있다. 단락의 마지막 절은 하나님이 모든 일의 운행을 주관한다는 사실을 보여준다(18.32).

다원적으로 전개된 재판의 성격을 규정하는 기본요소는 종교와 정치의 충돌이다. 이것은 빌라도의 두 번째 심문에서 알 수 있다. 18장 36-37절의 두 절은 불의의 재판에 임하는 예수님의 의연한 자세를 명료하게 보여준다. 재판장은 제일 먼저 피고를 향해 "네가 유대인의 왕이냐"고 묻는다. 이 물음에는 "네가 유대인의 왕의 권리를 주장하느냐"라는 의미가 들어있다. 여기에 언급된 '유대인의 왕'은 마태의 출생사에 드러나듯 정치적 뇌관의 요소를 지닌다(2.3). "헤롯왕과 온 유대인이 듣고 소동한지라." 헤롯왕은 동방박사로부터 '유대인의 왕'이 태어났다는 전언을 듣고 크게 경악한다. 자신의 지위에 불안을 느낀 그는 '새로 태어난 왕'에 대한 공포를 지니고 있다.

유대의 전승에 유래하는 용어는 질문자와 답변자 모두에 의해 아이러니로 사용된다. 예수님은 도전적 의미를 지닌 물음에 대해 영적 차원으로 응수한다(요 18.36). "내 나라는 이 세상에 속한 것이 아니니라." 정치적 왕권은 세상의 권력에 의존한다. 그러나 '영적 생명의 왕'은 그와 같은 지상의 도움을 필요로 하지 않는다. 예수님은 이 중요한 사실을 '진리의 증언'이라고 표현한다(18.37). 증언이란 요한의 복음에서 인간으로 세상에 내려온 하나님에 관한 증거이다. 예수님의 인물에는 하나님의 현존이 나타나 있다. 때문에 그 자신이 진리이다. 본문에 은폐된 왕과 진리의 관계는 이와 같은 맥락에서 설명된다. 여기에는 복음의 핵심이 내포되어 있다.

요한의 문맥에서 진리는 특별한 의미로 사용된다. 이 명사는 잘못된 것과 허위와 대조되는 인식의 올바름이 아니라 죽음을 능가하는 권능의 의미에서의 하나님의 진리이다. 예수님에게 의존하고 고백하는 자 만이 하나님의 진리에 참여한다. 진리는 인식의 이론이나 도덕이 아니라 능력, 잠재성, 역동성이다. 여기에서 인물로서의 진리의 개념이 성립된다(14.6). 진리의 동화는 진리인 예수님의 인물과 완전한 관계를 맺는 것이다. 예수님의 심오한 발언의 뜻을 이해하지 못한 심문자는 "진리가 무엇이냐"라고 다시 묻는다. 진리에 대한 무관심을 보여주는 질문에는 초조의 감정이 배어 있다.

빌라도는 예상하지 못하게 전개된 출발의 상황에 매우 당황하기 시작한다. 이와 같은 미지의 불안은 점차 두려움으로 넘어간다(19.8). 유대인들이 주장한 하나님의 아들이라는 명칭은 그를 미신적 공포에 사로잡히게 한다. '유대인의 왕'에 대한 일말의 두려움은 그의 마음을 움직이는 심리적 요인으로 작용한다. 역사가의 기록에 의하면 빌라도는 권력지향의 강하고 간교한 인물로 소개된다. 그러나 예수님의 재판에 보인 그의 모습은 결단성이 부족한 나약함의 대명사이다. '유대인의 왕'은 요한의 고난사에서 빌라도에 의해서만 사용된다. 그는 이 명칭을 후세에 전하는데 크게 기여한 인물이다. 이어지는 십자가 처형의 장면에서 십자가의 팻말에 새겨질 '제목'을 결정함에 있어 '유대인의 왕'으로 표기하도록 조처한다(19.19). 고발자들은 '자칭 유대인의 왕'이라고 쓰도록 주장한다. 이에 대해 빌라도는 "내가 쓸 것을 썼다"라고 대응한다(19.22). 여기에서는 자신의 의사를 굽히지 않은 것이다.

'유대인의 대제사장'이라는 요한의 표현은 예수님의 호칭에 대조된다(요 19.21). '유대인의 왕'의 앞에는 '나사렛 예수'라고 표기된다. 나사렛은 단순히 나사렛 사람이 아니라 카리스마의 인물인 치유자와 기적의 남자를 가리킨다. 근처에 사는 유대인들은 빌라도에 의해 만들어진 '죄패'의 내용을 히브리, 로마, 헬라의 언어로 읽게 된다. 골고다의 언덕에 세워진 십자가의 표제(titulus)는 '진리의 왕'에 의한 전 세계의 복음화를 나타내는 표징이다. 후세의 성화를 보면 십자가의 상단에 새겨진 라틴어 명칭이 눈에 띈다. 대문자로 표기된 'INRI'는 표제를 구성하는 네 단어의 첫 글자를 딴 약자이다. 예수님의 죄목을 지시하는 이니시얼은 세상의 구원자를 나타내는 새로운 상징으로 받아들여진다.

빌라도는 조롱극에 이어진 관정 안의 심문에서 마지막으로 피고와의 타협을 시도하며 사면의 조처를 위해 힘쓴다. 그러나 이미 극도의 모욕과 희롱의 대상이 된 예수님은 이에 응하지 않는다. "네가 누구냐"라는 빌라도의 질문에 침묵으로 대처한다(19.9). 저항의 침묵에 자극을 받은 빌라도는 사면의 권한을 지닌 자신의 권위를 주장한다. 그러나 예수님은 종국적 심판의 능력을 지닌 하늘의 권능을 강조한다(19.11). "위에서 주지 아니하셨더라면 나를 해할 권한이 없으리니…." 하나님의 구원사역은 빌라도와 같은 지상의 권력에 좌우되지 않는다. 나아가 불법으로 자신을 로마의 법정에 세운 가야바의 책임이 빌라도보다 더욱 막중함을 지적한다. 가야바의 무책임하고 부당한 송사의 이관이 없었더라면 로마법정의 재판도 없었을 것이다.

최종의 판결을 선고하는 종결의 장면은 새로운 상황에서 서술된다. '유월절 준비일의 제육시'라는 정확한 시간의 제시는 유월절의 죽음이 중요하기 때문이다(19.14). 요한에 의하면 십자가 처형의 판결은 유월절 이전에 이루어진다. 그러나 다른 공관복음에 의하면 유월절 축제는 이미 최후의 만찬과 함께 시작된다(막 14.12). 요한이 예수님의 죽음과 유월절을 직접 결부시킨 것은 문서 전체의 문맥에 부합한다. 무엇보다 하나님의 구속사로서의 십자가의 죽음이 갖는 성격을 분명하게 한다. 십자가의 사형이 선고된 '가바다'(gabbata)는 심리가 진행된 관정 안의 장소는 아니다. '언덕'을 뜻하는 아람어 '가바다'는 돌의 바닥과 모자이크로 만들어진 자리로 안토니아(Antonia) 성 근처에 있다. 높은 위치의 재판석을 가리키는 특별한 명사의 언급은 종국적 판결의 권위를 세우기 위한 것으로 보인다.

빌라도의 재판은 비극적 결말로 막이 내린다. 그러나 그것이 야기한 강한 파장은 쉽게 사라지지 않는다. 독자는 이야기를 읽고 난 후에 예수님의 죽음이 주는 깊은 의미에 관해 다시 한 번 생각하게 된다. 부조리하게 판결된 십자가의 형벌은 허깨비와 같은 인민재판이 가져온 허무한 결과가 아니다.

하나님의 뜻을 성취하기 위한 위대한 대속의 사건이다. 예수님이 모든 고통과 수모를 받으며 십자가 위에서 흘린 피는 인류를 죄의 질곡에서 해방함으로써 하나님과 화해하는 계기를 이룬다. 그때까지 주어진 온갖 핍박과 박해는 이를 위한 예비단계일 뿐이다. 만일 십자가의 죽음이 없다면 구원의 복음도 없을 것이다. 우리가 복음서에 기록된 빌라도의 재판을 다시 음미하면서 슬퍼할 수 없는 이유이다.

(10) 빌라도의 재판이 종식된 이후에는 '골고다의 길'(Via Dolorosa)이 따른다(15.21-22). 날카로운 채찍으로 온몸을 얻어맞은 죄수는 무거운 사형틀을 어깨에 메고 높은 언덕을 올라간다. 사형수가 자신이 못 박힐 십자가를 직접 운반하는 것은 관례이다. 그것은 수직의 기둥에 박을 수평의 횡목(antenna)이다. 땅 위에 세워질 수직의 기둥은 처형의 집행자에 의해 사전에 운반된다. 두 절의 장면은 사형수가 십자가에 못 박히기 위해 거쳐야할 코스에 불과하다. 그러나 여기에는 이미 죽음을 극복한 메시아의 자세가 드러나 있다. 예수님의 '뒤에서' 십자가를 대신 짊어지고 따라간 구레네(Kyrene) 사람 시몬은 진정한 제자의 상이다. 여러 단계에 걸친 고난사의 과정은 십자가 위에서의 최후의 운명으로 클라이맥스에 도달한다. 예수님이 숨을 거두는 장면은 초자연의 기적과 함께 매우 격정적으로 묘사된다. 이것은 의로운 죄인의 죽음에 대한 거대한 충격의 반응이다.

(11) 비극적인 고난사의 줄거리는 십자가의 처형과 최후의 운명으로 정점에 도달한다. 골고다의 언덕에서 집행된 처참한 처형의 과정은 세 단계로 나누어 기술된다. 즉 제3시에 못 박히고, 제6시에 암흑이 시작되며, 제9시에 운명한다. 예수님은 여섯 시간 동안 십자가 위에서 온갖 고초를 다 겪고 숨지

게 된다. 예수님이 십자가에 못 박히는 모습은 세 절을 통해 짤막하게 기술된다(막 15.25-27). 죄수가 못 박힌 십자가 위에는 '유대인의 왕'이라는 문구가 새겨진 나무판이 부착된다. 원래 십자가의 죄수는 죄명을 적은 작은 '죄패'를 목에 단다. 요한에 의하면 십자가 위에 걸린 나무판에 새겨진 글자는 히브리, 로마, 그리스어로 표기된다(19.20). 이것은-처형 집행자의 의도와 다르게-'진리의 왕'에 의한 구원의 복음이 전 세계로 퍼져나갈 것임을 암시한다.

누가는 보다 자세하게 기술된 십자가 처형의 단락에 별도의 후기를 추가하고 있다(23.39-43). 여기에는 예수님이 곁에 있는 한 명의 회개한 강도와 이야기를 나누는 장면이 소개되어 있다. 이 특별한 대화에는 나라와 낙원이라는 단어가 등장한다(23.42, 43). 두 명사는 구원받은 자가 죽음으로 들어가기 전에 놓이는 휴식의 장소(requioc)를 의미한다. 예수님은 십자가에서 운명한 후 무덤에서 부활하기까지 사흘 동안 중간 공간으로서의 낙원에 머물게 된다.

(12) 예수님의 운명장면은 십자가 처형의 클라이맥스이다. 일곱 절의 단락은 숨을 거둘 당시의 상황과 주변의 반응을 역동적으로 묘사하고 있다. 예수님의 운명에는 특별한 자연의 변화가 동반된다. 제6시가 되자 '온 땅에' 짙은 어둠이 덮여 세 시간 동안 지속된다. 이것은 자연의 재난일 뿐만 아니라 몸과 영혼의 암흑이다. 제9시가 되자 예수님은 다음과 같이 외친다(막 15.34).

> 나의 하나님, 나의 하나님, 어찌하여 나를 버리셨나이까?

예수님은 평소 애송하던 시편 22편의 첫 절을 큰 소리로 낭송함으로써 최후의 순간을 맞는다. 곁에 서있던 사람들이 예수님의 절규를 듣고 "보라 엘리야를 부른다"라고 말한다. 이들이 '엘리'(엘로이)를 엘리야로 바꾸어 말한 것은 잘못 들은 것이 아니라 고의적 조작이다. 그들은 약속된 선지자가 '유대인의 왕'을 구할 수 없음을 보여주려 한 것이다. 누가는 예수님의 마지막 발언을 약간 달리 표현하고 있다(23,46). "내 영혼을 아버지 손에 부탁하나이다." 이것은 자신의 생명을 전적으로 하나님에게 의탁함을 말한다. 예수님의 죽음은 철저하게 하나님 아버지의 구원계획에 의하여 이루어진다.

예수님의 운명장면에는 세 시간 동안의 총체적 암흑과 함께 성소 휘장의 파열이 동반된다(막 14,38-39). 성소의 휘장이 둘로 갈라진 것은 부패한 성전 기능의 정지인 동시에 하나님과의 화해를 상징한다. 지성소의 출입을 가로막는 장벽의 제거로 대제사장 이외의 제사장도 직접적 통과가 가능해진다. 기적적인 초자연의 사건은 십자가의 아래에 서 있는 로마군대의 백인대장으로 하여금 "이 사람은 진실로 하나님의 아들이었도다"라고 고백하게 한다(15,39). 이것은 곧 이루어질 이방지역으로의 선교를 예시하는 의미 있는 발언이다.

3) 부활사의 구성과 서술

부활사는 공관복음의 대미를 장식하는 중요한 부분이다. 고난사의 서술은 여기에서 목표에 도달한다. 역사적인 부활의 사건에는 부활자의 현현의 이야기가 이어진다. 서로 연결된 두 이야기는 부활사 전체를 구성한다. 신약성서의 최대기적이라 할 수 있는 신비의 부활은 초대기독교의 신앙형성과 교구의 선교사역에 절대의 영향력을 행사한다. 부활사의 중심인 빈 무덤의 부활은 그 중대함에 비추어 모든 복음가에 의해 다루어진다. 이야기의 구체적 내용은 각기의 문서에 따라 다소의 차이가 있다. 이것은 사용된 전거의 상이함과 저자의 개인적 관점에 기인한다. 그러나 이야기를 기술하는 전체의 방향과 목적은 근본적으로 일치한다. 그것은 죽은 자의 부활에 대한 확신의 증언이다.

가장 큰 상치를 보이는 부분은 천사의 계시의 내용과 이를 들은 여인들의 행동이다. 마태와 누가의 문안에는 천사의 전언에서 마가에 비해 예수님 자신의 예언에 관한 지적이 추가되어 있다. 요한복음에는 이 사실이 성경의 예언으로 암시된다. 여인들의 반응에 관해서는 마가와 다른 세 복음서 사이에 상당한 거리가 있다. 마가는 두려움에 사로잡힌 여인들의 침묵을 강조한다. 그러나 다른 저자들에 의하면 여인들은 경험한 사실을 제자들에게 보고한다. 마태는 여인들이 예수님을 만나 '평안'의 인사를 받고 경배하였다고 기록하고 있다(28.9).

여인들의 행동에 관한 마가의 독자적 기술은 문서의 생성과 관계가 있다. 마가복음 원래의 문안을 마감하는 16장 서두의 여덟 절은 그 어떤 사유로 인해 중단된 것으로 알려져 있다. 여덟 절의 단락은 '두려웠기 때문에'라는 상황의 부사구로 종식된다. 따라서 다음 장면이 삭제되었을 것으로 추측되기도 한다. 그러나 이와 같은 '미완의 결말'은 문서의 문맥에 저촉되지 않는다. 죽은 자의 부활에 관한 증언은 현장을 경험한 목격자의 충격적 반응에 관한 지적으로 충분하다. 놀라운 기적의 사건에는 경외의 공포감이 동반된다.

여기에서 상대적으로 간결하게 기술된 마가의 부활이야기를 재구성할 필요가 있다(16.1-8). 안식일이 지난 일요일 새벽 세 명의 여인, 즉 막달라 마리아, 마리아, 살로메는 미리 보아둔 무덤을 찾아간다. 이들이 무덤 안으로 들어가자 흰 옷을 입은 주의 사자가 나타난다. 마태의 문안에는 천사의 현현이 산상의 변용과 유사하게 묘사된다(28.3). 천사는 예수님이 살아 일어나 밖으로 나갔음을 통고한다. 뿐만 아니라 갈릴리에서 만나리라고 덧붙인다. 갈릴리는 부활의 사건을 확인시키는 표어이다. 여인들은 '심히 놀라 떨며' 무덤 밖으로 나와 성급하게 도망한다(16.8). 더할 수 없는 '두려움'에 사로잡혀 그 누구에게 아무 말도 하지 못한다.

비교적 담담하게 전개된 이야기는 장소와 목표의 제시에 의해 극적 역동성을 지닌다. 처음의 두 절은 무덤으로의 이동을 보고한다. 16장 5절에는 여인들이 돌이 치워진 무덤 안으로 들어간다. 다음 절에는 여인들에게 죽은 자의 부재가 통고된다. 그리고 부활한 자는 갈릴리로 먼저 가리라고 통고된다. 마지막 절에 이르면 여인들이 도망치듯 무덤 밖으로 뛰쳐나간다. 단계적으로 진행된 줄거리의 운동은 그 내용이 특별한 사건임을 지시한다. 부활의 사건은 천상의 계시에 의해 진실로 증명된다. 천사의 전언은 "시체를 놓아둔 곳을 보라"는 확인의 명령에 의해 정당화된다(16.6). 시체의 사라짐은 메시지의 신빙성을 보증하는 '표적'이다.

이야기의 첫 절에 제시된 세 명의 여인의 명단은 십자가 처형의 장면을 멀리서 지켜본 증인들과 일치한다(15.40). 이들 가운데 두 명은 시체를 매장한 무덤에 무거운 돌을 올려놓은 사실을 알고 있다(15.47). 막달라 마리아와 살로메는 초대교회의 선구적 여인으로 알려져 있다. 이와 유사한 여인의 목록이 누가복음 8장 2-3절에 발견된다. 부활이야기를 열어주는 여성의 명단은 예수님의 죽음, 매장, 부활에 관한 증인의 존재를 지시한다. 나아가 초기기독교의 여선지자 목록에 관계된다. 눈에 의한 증언과 이에 따른 소식의 전파는 여성예언자의 중심기능이다. 부활의 여증인에 관한 저자의 지적은 고린도전서 15장 5-8절에 게재된 바울의 증인명단에 대조된다. 여기에는 게바, 열두 제자, 오백 명, 야고보, 모든 사도, 그리고 저자 자신의 순서로 명명된다. 이와 같은 단계적 서술은 당시에 퍼져있는 공적 증인의 명단에 기초한 것으로 보인다.

여인의 명단은 마태와 누가의 문안에도 동일하게 등장한다(마 28.1, 눅 24.10). 물론 여기에는 이름의 명명에 오차가 있다. 마가를 비롯한 복음가들은 부활의 증인으로서의 여성의 위치에 주의를 환기시킨다. 요한의 문서에는 무덤을 방문한 막달라 마리아가 예수님의 부활을 경험한 최초의 증인으로 부각된다(20.1). 그녀는 무덤 안에서 부활한 자를 다시 만나는 최고의 은혜를 누리게 된다. 주님의 '봄'과 말씀에 관한 그녀의 진실된 증언은 후세의 부활신앙 확립에 막강한 영향력을 행사한다.

부활의 이야기는 장르의 형식에서 무덤에서의 시체의 찾음(Ossilegium)과 천사의 나타남의 결합으로 구현된다. 죽은 자의 시체를 찾는 일은 무위로 끝난다. 그러나 천사는 여인들에게 그들이 찾는 예수님이 그곳에 계시지 않으며 다시 일어나 하늘로 가셨다고 전한다. 지상과 천상은 무덤과 부활자의 장소의 대립으로 나타난다. 빈 무덤을 뛰쳐나온 여인들을 엄습한 무서움은 천사의 나타남과 자신들의 기대를 뛰어넘는 신적 메시지에 기인한다. 일반적인 천사의 현현과 달리 여기에서 천사는 상대방을 위로하는 것이 아니라 그대로 놓아둔다. 천상의 소리는 여인들이 정신을 잃은 채 할 말을 못하도록 만든다. 이와 같은 공포의 감정의 유발은 기적적인 신적 계시의 사건에 수반되는 현상이다.

마가의 부활기사에는 예수님의 부활을 '메시아 비밀'의 연장에서 서술하려는 성향이 내재해 있다. 여기에 등장하는 증인은 일요일 아침의 무덤의 고독 속에 나타난 세 명의 여인에 불과하다. 초자연의 부활의 사건은 뚜렷한 외형적 서술이 없이 보이지않는 과거의 사건으로 용해된다. 예수님의 부활은 결코 세계를 움직이는 거대한 사건으로 연출되지 않는다. 그것은 인자의 고난과 부활이 선포되는 인자의 신학으로의 가교를 형성한다. 구약의 예언서에 유래하는 인자의 형상은 묵시의 수수께끼 존재로 나타난다. 일반대중의 어론에서 멀리 떨어진 부활의 성격은 인자와 '에온'의 전환에 관한 신비의 세계로 이입된다. 이어지는 부활자의 현현과 승천의 경험은 예수님의 선교명령을 실행하는 새로운 **성령의 시대**를 열어준다.

누가의 부활기사에는 비교적 상세한 승천의 이야기가 따른다(24.50-53). 여기에 보고된 내용은 사도행전의 서두에서 보다 구체적이다(1.6-11). 부활의 현현에 이어진 승천의 사건은 누가의 두 문서에서 완전한 이야기로 구성된다. 여기에는 승천한 예언자에 관한 전통이 반영되어 있다. 예언자가 생애의 마지막에 하늘로 올라간 이후에는 **'들어 올려진' 자의 성령**이 증인의 위로 내려온다. 승천한 자의 후계자에게 성령을 풍성하게 내려 보내는 주체는 하나님 자신이다. 성령은 '들어 올려진' 예언자의 파송에 관한 직접적 증거이다. 승천한 예언자는 천상의 카리스마 유산을 완전하게 분배할 수 있다. 마가의 승천의 기사는 한 절의 범위에서 요약하여 서술된다(16.19). 승천의 방향을 지시하는 특별한 동사 '위로 받아들이다'(analambano)는 이곳에서만 발견된다(16.19). '하나님의 오른편'이라는 목표의 제시는 천상의 보좌의 옆을 지시한다.

요한의 문안은 다른 복음서에 비해 오차의 정도가 상대적으로 크다(20.1-10). 마지막 복음가인 그의 서술은 빈 무덤의 증인과 증거의 내용에 집중되어 있다. 이야기의 주된 내용은 막달라 마리아의 무덤 방문과 그녀의 전언에 의한 베드로와 '사랑하는 제자'의 빈 무덤의 확인이다. 다른 제자가 무덤에서 기다리는 동안 베드로는 무덤 안으로 들어가 시체가 사라진 현장을 목격한다. 그곳에는 두 개의 아마포, 즉 시체를 덮는 세마포와 두건이 서로 분리되어 놓여있다. 이것은 죽은 자가 스스로 일어나 걸어 나갔음을 증명한다. 가지런히 정돈된 아마포와 성경의 예언은 부활의 사실을 증거하는 의미있는 매체이다. 요한은 세 명의 증인과 세 개의 증거를 부활이야기의 중심대상으로 제시하고 있다.

빈 무덤의 기사는 예수님이 실제로 부활하였음을 전하고 있다. 예수님의 시체는 그 누구에 의해 도둑질당한 것이 아니다. 이것은 경비병의 파수에 관한 마태의 보고에서 확인된다(마 27.62-66). 이 별도의 후기에는 유대의회 의원의 기만을 고발하는 경비병의 보고가 이어져 있다(28.11-15). 두 복합이야기에서 경비병의 행동은 무덤을 찾아간 여인들과 대조된다. 그들은 무덤을 지킨 경비병이 보지 못한 것을 확인한 것이다. 여인들의 증언은 진실인데 반해 경비병은 유대의회에 의해 매수되어 허위사실을 퍼뜨린다. 빈 무덤의 여인들의 증언은 부활자와의 만남에 의해 확증된다(28.9-10).

사도바울은 부활의 장인 고린도전서 15장의 전반에서 부활의 진실을 부정하는 기독교인을 향해 무서운 결과를 선언하고 있다(15.12-19). 만일 부활이 없었다면 사도들의 증언은 거짓이며, 믿음이란 가상에 불과하다. 이미 죽은 기독교인은 완전히 소멸할 것이며, 살아있는 기독교인에게는 절망과 좌절만 남게 된다. 부활은 기독교 신앙에 내재한 희망의 핵심이다. 단락의 마지막 절에는 영생의 획득이 없는 단순한 세상의 소망이 아무런 의미가 없음이 강조된다(15.19).

> 만일 그리스도 안에서 우리가 바라는 것이 다만 이 세상의 삶뿐이면 모든 사람 가운데 우리가 더욱 불쌍한 자이리라.

기독교인이 '이 세상'의 생활에서 희망하기만 하고 영원한 생명을 얻지 못하면 목표 없는 노력이란 우스꽝스러운 것이다.

15장 35-58절에 다루어진 '몸의 부활'은 부활에 관한 방대한 기술의 결론이다. 부활이란 완전히 새로운 형태의 재탄생을 말한다. 부활의 몸에 관한 설명은 15장 42-44절에서 밀알의 비유로 주어진다.

42 죽은 자의 부활도 그와 같으니 썩을 것으로 심고 썩지 아니할 것으로 다시 살아나며
43 욕된 것으로 심고 영광스러운 것으로 다시 살아나며 약한 것으로 심고 강한 것으로 다시 살아나며
44 육의 몸으로 심고 신령한 몸으로 다시 살아나나니

위의 세 절은 부활의 의미를 다수의 대조법으로 서술하고 있다. 세 문장에 공통으로 사용된 과거분사 동사 '심어지다'는 살아있는 몸과 무덤에 묻힌 몸을 모두 가리킨다. '썩을 것'이란 완전히 부패된 것을 말한다. '욕된 것'은 빌립보서 3장 21절에 지적된 '낮은 몸'과 통한다. '죽은 자의 부활'은 땅에 뿌려진 씨앗이 썩어 없어짐으로써 썩지 않고 살게 되는 것과 같다. 씨앗이 썩는 것은 썩지 않음을 위한 전제이다. 이와 같은 역설의 논리는 마지막 절에서 육신의 몸에서 영의 몸으로의 바뀜으로 정리된다. 육신의 몸은 자연적인 생명에 종속된 물질적 육체이다. 이에 반해 영의 몸은 하나님의 영에 의해 지배되는 성스러운 육체이다. 영의 몸은 '부활 후의 생명'을 나타내는 대체와 완성의 개념이다.

이어지는 절은 '마지막 아담'인 예수님의 존재를 '살려주는 영'으로 규정하고 있다(15.45). '첫 사람 아담'과 대비되는 특별한 명칭은 인간의 본성인 '생령'에 연유한다. '살려주는 영'은 죽은 자에게 생명을 부여하는 영적 구원의 주체이다. 다시 말해 새로운 생명의 창조자로서의 그리스도를 지칭하는 탁월한 용어이다. 인간은 부활의 은총에서 하나님의 영에 의해 새로이 창조된 육체를 소유할 수 있다. 이것이 단락의 주제인 '몸의 부활'의 의미이다. '살려주

는 영'은 요한복음 6장 63절에도 유사한 문맥 아래 등장한다.

> 살리는 것은 영이니 육은 무익하니라 내가 너희에게 이른 말은 영이요 생명이니라.

위의 선언은 예수님의 '생명의 떡' 설교에 이어진 후속단락의 중심이다. 그 취지는 영과 육을 아직 구분하지 못하는 제자들을 향하고 있다. 여기에서 제자들은 예수님의 추종자와 열두 제자를 포함한다. 아직도 믿음이 부족한 그들의 자세는 육신을 향해 있다. 그러나 예수님은 육을 '무익한' 것으로 규정하면서 이와 반대되는 영과 생명의 진정한 의미를 인식할 것을 촉구하고 있다. '살리는 것은 영'이라는 구문은 영원한 생명을 주는 영의 존재를 강조하는 표현이다.

빈 무덤의 기사에 비해 부활 이후의 일을 다루는 현현의 이야기는 비교적 상세하게 취급된다. 일반적 상상력을 뛰어넘는 초월의 사건은 이야기의 형태로 현재화된다. 이것은 이야기의 서사기능을 구현하는 최고의 범례이다. 마가의 경우에는 세 차례에 걸친 부활자의 나타남이 비교적 객관적으로 기술된다(16.9-18). 한 여인, 두 제자, 열한 제자의 순서로 진행되는 단계적 과정에는 증인의 숫자의 확대가 징표적 의미를 지닌다. 즉 초현실의 사건이 갖는 사실적 의미가 점차 강화된다. 열한 제자의 명명에서 11이라는 숫자는 실제의 숫자와 관계없이 사도의 집단의 표기를 위한 집합적 명칭으로 사용된다.

요한의 현현이야기는 막달라 마리아, 방안의 제자들, 도마, 일곱 제자의 순서로 진행된다. 두 번째 경우는 방에 모여 있는 제자들에게 부활자가 출현한 사건이다(20.19-23). 여기에서 예수님은 두 번씩이나 제자들에게 '평강'을 기원한 후에 숨을 내쉬며 '성령을 받으라'고 말한다(20.22). 이것은 육체와 영의 동일적 재생을 보여주는 탁월한 증거이다. 여기에 강조된 '성령의 부여'는 예형론의 입장에서 두 가지 측면에서 해석된다. 하나는 창세기의 인간창조를 규정하는 생명의 입김의 불어넣음이다(2.7). 죄를 용서하는 성령의 작용에는 진정한 의미에서 새로운 창조가 실현된다. 다른 하나는 에스겔서에 예언된 성령의 파송이다(36.25-26). 여기에서 하나님은 자신의 성령을 물길처럼 내려 보낸다. 이로써 인간의 가슴은 모든 불결과 우상숭배로부터 정화된다. 성령은 모든 죄악을 깨끗하게 씻어주는 매체이다. 이것이 예수님이 제자들에게 부여하는 권능의 내용이다. 이제 제자들은 강력한 힘을 지닌 말씀을 계속해서 전파하는 능력을 받게 된다. 말씀은 호흡의 작용을 통해 새로운 인간의 창조를 실현한다.

세 번째 현현의 이야기에는 제자 도마의 변화에 초점이 맞추어진다(20.24-29). 동료들의 증언을 믿지 못한 그가 극적으로 회심한 것은 예수님의 적극적 자기증거에 기인한다. 간략하게 서술된 이야기의 마지막에는 '보지 않는' 믿음의 진리가 강조된다. 도마가 사용한 이중의 호칭 '나의 주님, 나의 하나님'은 초대교회의 신앙고백으로 수용된다. 이야기의 중반에 인상적으로 서술된 부활자의 촉구의 발언(20.27)은 열한 제자에게 나타난 누가의 현현이야기에 연결된다(24.36-43). 두 이야기에는 십자가에 못 박힌 신체의 흔적이 동일하게 '몸의 부활'을 위한 증거로 제시된다. 빈 무덤의 부활과 부활의 현현은 예수님의 다시 살아남이 영적이며 동시에 육체적인 것임을 명료하게 증언한다.

점진적으로 전개된 일련의 현현의 사건은 디베랴 호수의 고기잡이 이야기에서 목표에 도달한다(21.1-25). 추후의 보완문서로 알려진 21장의 내용을 구성하는 거대한 기적이야기는 현현이야기의 정수를 보여준다. 갈릴리의 고기잡이 기적을 재연하는 사실적 이야기에는 부활자와 제자들의 공동식사가 중심을 형성한다(21.9-10). 그물로 잡아 올린 물고기를 반찬으로 하는 전원의 아침식사는 최후의 만찬을 상기시킨다. 부활자에 의해 초대된 조촐한 식사가 끝난 후에는 인상적인 베드로의 위임식이 거행된다. 여기에는 미래의 선교사명을 규정하는 순교의 죽음이 예언된다. 일곱 제자에게 일어난 은혜로운 고기잡이 기적은 초대교회 사도들의 험난한 선교사역을 인도할 지침으로 작용한다.

2. 사도의 역사기

1) 역사적 교훈서

사도행전은 초대교회가 수행한 우주적 선교사역을 기록한 역사적 문서이다. 여러 작은 집단을 통한 선교의 활동에는 유대의 전통과 이방의 선교, 기독교와 그리스 철학, 구약성서와 기독교 신학의 중재가 이루어진다. 이런 점에서 **새로운 역사의 형성**이라 할 수 있다. 이방의 종교에 맞서는 복음의 방어는 문서의 중요한 관심사이다. 이 중요한 종교적 변증은 루스드라의 남자들을 향한 바울과 바나바의 담화와 아덴에서 거행된 바울의 설교에 발견된다(14.14-18, 17.22-31). 이들은 자연의 계시에 관한 초기기독교의 증언이다. 아덴의 연설에는 기독교와 그리스 철학과의 가교가 형성된다. 즉 그리스 시인의 인용을 통해 유일신 하나님의 존재가 설명된다. 아덴의 청중을 위한 이와 같은 논증은 사도행전의 역사적, 문화적 위상을 지시한다.

모든 사도의 선교사역을 움직이는 동력은 성령이다. 성령은 예수님에 의해 제자들에게 부여된 영적 은사이다. 예수님의 권능이 시현되는 성령의 활동은 문서 전체를 관류한다. 성령은 동시에 성문서의 실현을 인식하게 하는 기본요소이다. 이사야에 의해 선포된 예언은 사도의 시기에 이르러 새로운 형태로 성취된다. 이런 점에서 사도의 역사기는 구약의 역사서와 예언서에 닿아 있다. 그러나 이스라엘의 역사는 예수님의 부활 이후 기독교의 역사로 이전된다. 이를 위한 계기를 마련한 것이 초대사도의 선교활동이다.

사도행전은 그 스스로 정확한 역사책이다. 저자는 로마의 집정관과 예속의 왕에 관한 이름을 자주 언급하고 있다. 문서의 후반에 거듭하여 명명되는 '가이사'(그리스어 'sebastos', 라틴어 'Augustus')는 로마황제에 대한 존칭이다. 실명으로 거론된 인물들의 행동에 관한 기술은 극도의 신중함을 필요로 한다. 역사가의 비난의 대상이 되기 때문이다. 낯선 이역의 장소의 특징을 소수의 터치로 묘사하는 방식은 서술가의 뛰어난 관찰력과 문체기법을 보여준다. 소아시아 지방의 지역적 특성에 관한 상세한 안내는 고고학자에 의해 보증된다. 이와 같은 역사적 재현은 신약성서의 다른 곳에서 찾아보기 힘들다. 그러나 역사적, 지리적 대상과 사실은 저자의 손에 의해 문서 전체의 문맥으로 용해된다. 이로 인해 독자적 형태의 역사서가 생성된다. 그 배경에는 복음가의 깊은 신앙이 자리하고 있다.

9장 이후의 서술은 사도 베드로와 바울의 '병행의 전기'에 의거한다. 역사적 전기에 다루어진 적지 않은 대상과 사건은 복음서의 진술에 연결된다. 스데반의 죽음은 예수님의 죽음에 유추된다(7장). 기적의 이야기는 형식과 내용에서 공관복음의 모형에 병행된다. 회당에서의 사도의 행동은 회당에서 수행된 예수님의 성경해석을 따르고 있다(눅 4장). 그러나 종말의 묵시에 관한 조망에 있어서는 차이가 엿보인다. 제2장의 서두에 제시된 요엘 3장의 인용이 하나의 예이다. 주님의 날에 관한 선지자의 예언은 베드로에 의해 오순절 기적의 문맥에서 진술된다. 몇 차례에 걸쳐 진행된 바울의 재판에 관한 마지막 서술은 피고의 순교의 운명을 유보한다. 이것은 사도행전이 서기 68년 이전에 집필되었음을 시사한다. 네로 황제의 통치기간에 속하는 이 시기는 바울의 순교시점에 해당한다.

사도행전의 저자가 누가복음의 저자와 동일인물이라는 사실은 일반적으로 인정된다. '누가행전'(Luke-Acts)이라는 또 다른 명칭은 이를 뒷받침한다. 누가는 사도의 활동에 관한 기술을 위해 여러 전거를 활용하고 있다. 이들은 안디옥, 예루살렘, 가이사랴의 전거이다. 안디옥 전거는 중반기 선교의 서술을 위한 기초가 된다. 이방교구의 중심인 안디옥 교회의 정보는 1세기 말까지 활동한 누가에게 어렵지 않게 전수된다. 초기선교의 중심지인 예루살렘 선교에는 두 사도 베드로와 요한이 주도적 역할을 한다. 야고보는 이 교구의 중요한 지도자이다. 예수님의 형제인 그는 예루살렘에서 누가와 조우한다(21.18). 이 사건은 누가가 출생의 전기를 집필하는 동기로 작용한다. 예수님의 출생사와 유년사에 관한 그의 상세한 기술은 신약성서에서 독보적 위치에 있다. 가이사랴 전거의 사용은 베드로를 초청한 백부장 고넬료(Kornelius)의 이야기에서 확인된다(10.1-43). 가이사랴는 팔레스티나 서부의 해안에 위치한 신항구도시로 로마총독의 관저가 있는 곳이다.

누가가 의존한 가장 중요한 전거는 여러 증인들의 여행일지이다. 목격자의 증언과 귀중한 여행일지는 문서의 역사적 타당성과 정확성을 보증한다. 누가는 자신이 손에 넣은 여러 전거를 토대로 독자적인 역사서를 집필한다. 여기에는 자신의 관점과 구상이 작용한다. 이와 같은 업적은 당시에 전래된

다른 전설적 전기와 구분된다. 역사기술가로서의 누가의 위상은 언어의 구사에서 확인된다. 복수일인칭 대명사 '우리'라는 주어에 의거하는 보고형식의 문체는 서술된 대상과 사건의 사실성을 지시한다. 이미 누가복음 첫 절에 등장한 '우리'의 형식의 문장은 문서의 후반에서 선교여행과 로마항해의 보고에 의미 있게 사용된다. 누가는 바울의 로마여행에 직접 참여한 동반자로 알려져 있다. 로마항해의 도중에 일어난 사건에 관한 생동감 넘치는 기술은 그가 실제의 경험자임을 보여준다. 그 내용은 그리스인의 시각에 의존하고 있다. 여기에는 당시에 통용된 '읽는 지도'의 유형이 활용된다. 즉 구체적인 여행의 루트와 개별적 사건의 상황이 조망할 수 있도록 제시된다. 지중해 지역의 지형에 따른 세밀한 항해과정의 묘사는 문학적 항해기의 가치를 높여준다.

초기선교의 역사에 관한 누가의 서술에 가장 큰 영향을 준 것은 사도 바울의 증언이다. 그는 연상의 인물인 바울로부터 선교여행에 관한 유익한 정보를 얻는다. 그의 문서는 바울의 전통 아래 있다. 그러나 바울서신과 사도행전은 개별부분에서 차이를 보인다. 예루살렘 사도회의에 관한 보고가 여기에 속한다. 사도행전과 갈라디아서는 베드로와 야고보, 바울과 바나바 사이의 갈등에 관해 서로 다르게 서술하고 있다. 이와 같은 오차는 누가의 신학적 관점에 기인한다. 그는 직접 들은 바울의 증언을 자신의 역사적 지평으로 용해하고 있다.

사도행전의 중요한 주제의 하나는 **이스라엘 역사의 연속성**이다. 유대민족과 이방민족의 관계는 문서의 전개에서 거듭하여 언급된다. 서두에 제시된 '이스라엘의 회복'의 시기에 관한 질문이 그 출발점이다(1.6). 물론 하나님의 나라의 도래는 전적으로 하나님의 권능에 달려있다. 그러나 예수님의 제자들은 위임받은 선교의 방향을 '이스라엘의 회복'에서 찾고 있다. 그것은 구약성서에 일관되게 다루어진 주제이다. 순교자 스데반의 설교에는 이스라엘 조상이 모세의 시대 이후 끊임없이 예언자를 핍박하고 '유일의 선지자'를 살해한 역사적 악행이 고발된다. 하나님의 백성인 유대인은 율법을 지키지 않는 반면(7.53) 멸시받은 이방인은 그리스도의 복음을 믿음으로써 새로운 공동체를 형성한다. 이스라엘의 역사는 초기의 이방선교 시대에 전환의 국면을 맞는다.

사도행전의 역사는 유대교와 기독교의 분리의 역사이다. 예수님의 지상명령에 따라 이루어진 사도들의 선교를 통해 유대의 공동체에서 이방의 교회로의 이행이 실현된다. 이와 같은 전이의 과정은 복음의 수혜자를 통해 단계적으로 진행된다. 그러나 기독교는 유대인의 복음거부를 하나님의 역사 속으로 용해한다. 누가는 하나님의 구원계획에 의해 이루어지는 '진정한 이스라엘'에서 이스라엘 역사의 정체성을 보고 있다. 이스라엘 민족의 구원에 관한 불확실성은 이스라엘 역사의 새로운 형성으로, 그리고 이에 대한 기독교 교회의 이해로 해소된다.

원시기독교의 역사는 문서의 초반에서 주로 환상, 천상의 은사와 명령, 들어 올림의 사건으로 기술된다. 이런 점에서 1장 1절에서 13장 2절까지를 '환상의 책'이라고 부른다. 대표적 자료를 보면 오순절의 환상과 엑스타시(ekstasis), 베드로의 감옥의 환상, 스데반의 환상, 빌립의 들어 올림, 바울의 소명의 환상, 고넬료의 환상 등이다. 이와 같은 환상의 집합은 초기기독교의 문서에서 독보적 위치에 있다. 천상의 하나님은 수많은 환상의 사건을 통해 초대교회의 역사를 조종한다. 그것은 예수님의 살아있는 현존에 대한 보증이다.

부활의 현현 이후의 사도들의 선교활동은 예수님이 승천하기 전에 남긴 마지막 선언에 의거하여 이루어진다. 그 내용은 예루살렘에서 시작하여 유대와 사마리아를 거쳐 '땅 끝까지' 복음을 전하는 선교의 사명이다(1.8).

> 오직 성령이 너희에게 임하시면 너희가 권능을 받고 예루살렘과 온 유대와 사마리아와 땅 끝까지 이르러 내 증인이 되리라.

위의 내용은 복음서에 제시된 최후의 선교명령을 이어받고 있다. 한마디로 성령의 권능에 의한 '증인'의 역할이다. 부사구 '땅 끝까지'는 지중해의 서쪽 끝자락을 가리키는 지리적 방향제시이다. 다시 말해 전 세계를 향한 선교의 목표를 나타내는 강조의 어법이다. 승천의 기사를 마감하는 강령적 문장은 사도의 역사기술을 규정하는 거대한 원을 지시한다. 이어지는 단락은 이를 위한 출발이다. 역동적 원의 도식에 의하면 문서의 줄거리는 다음과 같이 정리된다.

서언: 1.1-3
전제: 승천의 증언: 1.4-12
1. 예루살렘의 원시교구: 1.13-8.3
2. 유대와 사마리아의 복음전도: 8.4-11.18
3. 이방세계의 복음화: 11.19-28.31

사도행전의 구성은 위의 도식에 따라 조망된다. 1장 8절의 내용은 8장 1절과 11장 8절에서 지리적으로 확인된다. 즉 유대와 사마리아의 전도와 이방지역의 선교가 단계적으로 실현된다. 전체의 중심은 마지막 과정인 이방세계의 복음화에 주어진다. 그것은 '땅 끝까지'라는 우주적 선교의 지침에 부합한다.

성령의 권능을 받은 사도들이 세상에 나아가 담대하게 전할 내용은 '하나님 나라의 복음'이다. 이 중대한 요청은 이미 문서의 서두에 분명하게 지적된다(1.3).

사십일 동안 그들에게 보이시며 하나님 나라의 일을 말씀하시니라.

여기에서 40일은 부활한 예수님이 제자들의 눈앞에 나타나 활동한 기간이다. 그것은 하나님과 인간 사이의 만남의 시간을 지시하는 숫자의 상징이다. 예수님이 승천하기 전에 40일 동안 지상에 머무른 것은 살아난 사실을 직접 보여주면서 '하나님 나라의 일'을 전하기 위함이다. 이것은 공생애 기간 동안 끊임없이 천명된 복음의 내용이다. 하나님의 나라는 이제 부활의 증인을 통해 전 세계에 전파되어야 한다.

초대교회의 선교의 역사를 기술하는 사도행전은 충실한 역사서라기 보다 **역사적 교훈서**이다. 이 사실은 문서의 1/3을 차지하는 담화와 설교에서 알 수 있다. 중요한 사건의 전개에는 이와 관련된 설교가 동반된다. 그 내용은 일어난 사실에 대한 해설이나 코멘트의 성격을 지니는 경우가 적지 않다. 이런 점에서 화자의 관점에서 관찰되고 이해된다. 두 차례의 바울의 변호연설에는 자신의 자전적 이력에 관한 고백적 진술이 중요한 위치를 차지한다. 변호자의 논증은 이야기체의 형식으로 전개된다. 두 차례에 걸친 베드로의 성령강림 설교는 초자연의 성령의 기적과 천상의 계시의 환상이 도화선이 된다(2.14-40, 10.23). 청중의 즉각적 회개를 가져온 인상 깊은 두 연설은 예루살렘과 이방지역의 복음화를 성취하게 한 역사적 동인이다.

베드로, 스데반, 바울의 연설은 문서의 처음, 중간, 종반에 위치하고 있다. 문서의 틀거리를 형성하는 이들은 전체적으로 하나의 맥을 형성한다. 그 기본방향은 성령의 역사라는 저자의 구상이다. 각기 다른 상황에서 나온 세 연설은 근본취지에서 공통점을 보인다. 그것은 예수님의 영광의 부활에 관한 증언을 통한 구원의 복음의 전파이다. 이런 점에서 예수님의 선교명령에 대한 충실한 이행의 증거이다.

베드로의 연설은 오순절의 성령강림 기적으로 촉발된다. 서로 다른 언어를 사용하는 여러 지역의 신도가 하나로 소통하게 된 것은 성령이 역사한 최대의 표적이다. "불처럼 갈라진 혀"는 구원을 가져오는 말씀의 능력을 말한다(2.3). 이로써 바벨탑의 언어혼잡으로 인한 장구한 역사에서의 소통의 단절은 종식된다. 출애굽의 사건에 연유하는 유월절 속죄 양의 의미는 오순절의 성령강림으로 완성의 단계에 이른다. 이것은 제2의 언약시대를 알리는 신호탄이다. 이어지는 문서의 줄거리는 새로이 시작된 언약의 역사에 관한 기술이다.

베드로의 오순절 설교는 예수님의 전승에 문서의 증언이 따르는 방식으로 진행된다(2.14-40). 이와 같은 예형의 논증은 진술된 내용에 대한 이의의 제기가 의미가 없다는 사실을 인정하게 한다. 여기에 명명된 다윗은 종말의 다윗, 즉 그리스도이다. 다윗의 전통에 관한 강조는 저자를 학식 있는 유대기독교인으로 보게 하는 근거를 제공한다. 열다섯 절에 걸친 복합적 설교는 부활에 대한 성서의 증언으로 인해 높은 가치를 지닌다. 전체의 구성형식을 보면 시편 16편 8-11절과 110편 1절의 인용 이후 그중의 중요한 부분이 설명된다. 비교적 상세한 설교자의 해설은 청중을 향한 예리한 경고로 마감된다(2.36).

너희가 십자가에 못 박은 이 예수를 하나님이 주와 그리스도가 되게 하셨느니라.

위의 문장에서 이중의 호칭 '주님과 그리스도'는 그리스도의 승리와 승천이 메시아의 권능을 보증한다는 사실을 지시한다.

베드로의 논증에 설득당한 대부분의 청중은 커다란 양심의 가책을 받는다. 왜냐하면 그들은 주님의 죽음에 관여한 깊은 죄의식을 갖고 있기 때문이다. "우리가 어찌할꼬"라는 자책의 물음에 대해 설교자는 죄의 용서를 통해 성령을 받을 것을 촉구한다(2.38).

> 너희가 회개하여 각각 예수 그리스도의 이름으로 세례를 받고 죄 사함을 받으라 그리하면 성령의 선물을 받으리니

강력한 권고의 담화에서 회개는 참회의 세례와 성령의 전수로 이어진다. 이와 같은 요구는 이미 세례의 실천을 알고 있는 청중에게 크게 놀라운 사실은 아니다. 기독교의 세례는 세례요한의 세례처럼 참회가 동반된 물의 세례이다. 그러나 예수님의 이름으로 수행되어 성령의 은사와 연결된다.

열정적으로 수행된 설교는 요엘 3장 1-5절의 인용으로 시작된다(2.16-20). 여기에 등장하는 개별용어는 저자에 의해 편입되거나 초기기독교의 언어사용에 따라 보완된다. 둘째 절에는 '말세에'(마지막 날에)라는 시간의 부사구가 삽입된다(2.17). 마지막 두 절에 서술된 내용은 고난의 금요일에 보인 총체적 어둠과 초자연의 동반현상을 상기시킨다(2.19-20). 2장 19절에는 '아래의 지상의 징조'와 함께 '위로부터의 기사'가 지적된다. 이것은 예수님의 표적이 '위로부터' 주어진다는 사실에 대한 반사이다. 오순절의 기적은 '위로부터의 표적'이다.

주님의 날에 관한 요엘의 예언은 매우 상세하게 재현된다. 다섯 절의 중

심은 이미 서두에 명료하게 제시된다. 그것은 하나님에 의해 모든 사람에게 '부어지는' 성령의 선물이다(2.17).

> 내가 내 영을 모든 육체에게 부어주리니.

지혜의 선지자 요엘이 종말적 구원의 문맥에서 예언한 '성령의 강림'은 부활의 사건이 일어난 이후의 첫 오순절에 그대로 실현된다. 여기에 지적된 성령의 선물은 설교를 마감하는 2장 38절에 다시 강조된다.

스데반의 설교는 여러 집단으로 구성된 '자유민'과의 논쟁이 도화선이 된다(6.9). '자유민'(libertinoi)이란 노예에서 해방된 유대의 자유인들이나 그 후손을 말한다. 예루살렘에 회당을 가진 그들은 '지혜와 성령'으로 말하는 변론자를 당할 수 없어 억지로 죄를 뒤집어씌워 '거짓 증인'으로 세운다. 저자는 산헤드린의 대제사장 앞에 서 있는 그의 얼굴이 "천사의 얼굴과 같더라"고 묘사하고 있다(6.15). '얼굴의 간증'이라는 표현이 여기에 유래한다. 스데반의 연설은 자신의 무죄를 위한 변호가 아니라 불의의 재판장에 대한 고발이다. 하나님의 부르심을 거역한 이스라엘 조상의 패역과 예수님을 십자가에 처형한 예루살렘 유대인에 대한 강력한 비판이다. 전체의 내용은 주로 구약의 해설에 의거한 심판의 경고이다. 마지막 세 절은 '성령을 거스른' 조상의 악행을 단적으로 지적한다. 동시에 같은 방식으로 '유일의 의인'을 핍박한 유대인의 죄악을 폭로하고 있다.

예언적 형태의 설교는 청중의 분노로 두 번이나 중단되었다가 강제로 종식된다. 7장 전체를 관류하는 변호의 연설은 제1부(7.2-19)와 제2부(7.20-53)의 두 부분으로 나누어진다. 제1부에는 아브라함에서 야곱에 이르는 선조의 시기가 위대한 이름에 따라 서술된다. 스데반이 구원의 역사를 아브라함에 주어진 하나님의 환상으로 시작하는 것은 그 역시 환상에 의해 인도됨을 지시한다. 제2부에는 모세가 특별히 칭송된다. 다른 유대와 헬레니즘의 문서와 달리 모세는 이집트인의 교사가 아니라 이집트인에게 배우는 인물로 나타난다. 예수님에 대한 예형적 일치의 암시는 간과할 수 없는 부분이다.

방대한 분량의 연설은 청중을 향한 강한 일깨움의 경고로 마감된다(7.51-53). 첫 절에서 청중을 지칭하는 '너희'는 '목이 곧은 자'로 표기된다. 특이한 비난의 명칭은 구약의 율법서와 예언서에 유래한다. 설교자는 여기에서 선지자를 박해한 이스라엘의 불순종으로 돌아간다. 예언자를 거절한 사실은 성령에 대한 저항과 의인의 오심에 관한 복음의 거부로 해석된다. "천사가 전한 율법을 지키지 않았다"는 마지막 발언은 성령과 복음의 거역을 고발하는 수사적 어법이다. 천사에 의한 율법의 중재는 갈라디아서와 히브리서에 유사한 표현이 발견된다(갈 3.19, 히 2.2). 이와 같은 관념은 구약의 요소는 아니지만 당시의 다른 문서에 등장한다.

바울이 체포된 상태에서 아그립바 왕 앞에서 행한 변론은 공회와 벨릭스 총독의 심문에 이어진 마지막 경우이다(26.1-23). 여기에 등장하는 아그립바는 요한의 형제 야고보를 참수한 헤롯 아그립바 왕의 아들이다(12.1). 서기 27년에 출생한 그는 서기 50년부터 갈릴리의 북쪽 지역을 관할한다. 합의재판 성격의 특이한 심문에는 베스도 총독과 버니게(Berenike)가 동석한다. 베스도는 벨릭스 총독의 후임자이다. 과부인 버니게는 아그립바 II세의 누이로 당시에 궁성에 거주하던 여류인사이다. 바울의 사도의 변증은 자전적 형태를 취하고 있다. 그것은 자신의 삶의 이력과 기본사고에 관해 진술하는 마지막 기회이다. 여기에는 변론자가 이스라엘 민족의 희망을 위해 사도가 되었음이 강조된다.

매우 어려운 상황에서 감행된 과감한 연설은 청중의 상황에 맞게 우아한 언어를 사용하고 있다. 두 손을 내밀어 인사를 한(26.1) 변호자는 다시금 기독교인을 핍박한 과거의 악행과 회개의 환상 이후 시작된 삶의 변화를 진솔하게 고백한다. 하늘에서 들려온 계시의 음성은 다음과 같이 진술된다(26.14).

가시채를 뒷받질하기가 네게 고생이니라.

특별한 비유의 문장은 '가시 몽둥이'를 향해 덤벼들어 심한 고통을 당하는 황소의 자태를 지시한다. 격언형식의 표현은 그리스 문학에 발견되는 어법이다. 가시의 찌름은 박해자 바울로 하여금 이제까지와 정반대의 행동을 수행하게 만든다.

변론자가 선포한 내용은 예루살렘 군중 앞에서의 지난번 변호(22. 2-21)와 달리 특정한 사실에 중점이 주어진다. 그것은 새로운 종교의 선포가 아닌 민족의 희망의 실현이다. 새로운 메시아는 심한 고난을 당한 후에 부활하여 모든 민족에게 빛과 구원을 가져온다. 계속되는 바울의 연설에 대해 베스도 총독은 "많은 지식이 변호자를 미치게 만들었다"고 중단시킨다(26.24). 이에 대해 바울은 아그립바 왕이 자신의 말의 진실을 보증하리라고 대응한다. 구약에 있는 선지자의 예언을 전하였기 때문이다. 이 의외의 지적은 유대민족의 왕을 당황하게 만든다. 곤경에 처한 왕은 "네가 적은 말로 나를 권하여 그리스도인이 되게 하려 하는도다"라고 농담 섞인 답변을 하게 된다. 그러나 피고인은 굴하지 않고 그를 향해 다음과 같이 선언한다(26.29).

오늘 내 말을 듣는 모든 사람도 다 이렇게 결박된 것 외에는 나와 같이 되기를 하나님께 원하나이다.

바울은 "이렇게 결박된 것 외에는"이라고 말하는 대목에서 자신의 손을 내밀어 결박된 상태를 보여준 것으로 추측된다. 그는 스스로를 변론하기 위한 연설을 모든 청중을 향한 강한 기원으로 끝내고 있다. 자신의 생명을 위협하는 절박한 순간에도 담대하게 만인을 위한 구원의 복음을 선포한 것이다.

2) 예루살렘 선교

사도행전 제1장의 서술 의도는 사도의 증언에 관한 질적 보증이다. 저자는 제2의 책에 의한 복음의 연속을 명료하게 하기 위해 여러 요소를 도입한다. 이들은 예수님의 가르침의 재수용, 부활자의 행적, 승천의 증언, 성령강림의 기다림, 열두 사도의 보충, 신중한 성경의 증명 등이다. 하나님의 나라에 관한 복음은 부활한 예수님의 말씀의 핵심이다(1.3). 복음서의 마지막을 이어받는 승천은 새로운 부름의 표식이다. 그것은 제자들에게 선교의 사명을 위임하는 거대한 소명의 사건이다. 제자들을 위한 성령의 부여는 오순절 기적으로 실현된다. 배반자 유다를 대체하는 열두 사도의 완성은 성경에 예시된 약속의 실현이다.

문서를 열어주는 승천의 기사는 다시 오게 될 심판자로서의 예수님을 예시한다. 이 예언적 사실은 두 명의 천사에 의해 보증된다. 승천자는 종말의 시점에 자신의 직분을 실행하기 위해 구름을 타고 온다(1.9-11). 여기에 언급된 구름은 구약에서처럼 하나님의 영광을 지시한다. 예수님이 위로 받아들여진 구름은 재림의 구름과 일치한다(눅 21.27). 구름은 다니엘 7장 13절 이후 천상에서의 이동의 수단이다. 부활한 주님의 이별에 관한 장면은 신적 현현의 형태를 취하고 있다.

오순절에 일어난 성령강림의 사건은 사도들에 의한 세계선교의 출발점이다(2.1-13). 오순절은 유월절 이후의 첫 일요일에서 50번째 되는 축제일이다. 이 특별한 날을 맞이하여 일단의 작은 군중이 한 다락방에 모이게 된다. 갑자기 성령이 그들을 사로잡고 확실한 표적이 이미 약속된 천상의 은사에 동반된다. 거센 바람소리와 같은 굉음이 울리고, 불같은 혀가 모든 사람에게 주어진다. 가장 인상적인 것은 '다른 언어로 말하는' 방언(Glossolalie)의 현상이다. 제자들이 이제까지와 다른 언어로 수행한 하나님의 찬양은 서로 다른 지역의 무리에게 자신의 언어로 전달된다. '경건한'(eulabes) 자로 표현된 이들은 그리스의 서민어와 아람어를 사용하는 디아스포라의 유대인이다.

기적적인 성령강림의 사건은 최초의 기독교교회가 탄생하는 결정적 계기가 된다. 베드로의 감동적 설교에 힘입어 형성된 원시교구의 형태는 고대의 '코이노니아'(koinonia)에 근거한다(2.43-47). 이 그리스어 명사는 '공동, 참여'의 뜻으로 기독교인 사이의 친밀한 상호관계를 나타내는 단어이다. 여기에서 일치의 공동체라는 의미가 파생한다. 원시교구의 모습은 4장 32절에 다시 정리된다.

믿는 무리가 한마음과 한 뜻이 되어

여기에서는 이미 지적된 '물건의 공동체'가 바나바 및 아나니와 삽비라에 관한 보고를 시작하기 위해 도입된다. '위로의 아들'로 번역된 바나바의 명칭에는 '아들'이라는 명사가 인물의 성격과 연관된다. 바나바의 삶은 이를 보여주는 증거이다. 아나니아와 삽비라의 이야기는 열광적인 교구의 분위기에서 영적으로 성숙되지 못한 신도가 빠지기 쉬운 유혹에 관한 좋은 선례를 보여준다(5.1-11).

예루살렘 교구의 선교사역은 주로 베드로, 요한, 야고보에 의해 수행된다. 야고보의 행적은 상대적으로 제한되어 있다. 성전의 문의 입구에서 아침 기도시간에 수행된 베드로와 요한의 치유기적은 전도의 지역을 확장하는 계기가 된다(3.1-10). 치유를 받은 중풍병자는 기쁨에 가득 차 주변의 거리를 뛰어다니며 큰 소리로 하나님을 찬양한다. 이 사건은 커다란 센세이션을 불러일으킨다. 많은 사람들이 오랫동안 성전의 문 앞에서 구걸하던 마비자를 알고 있기 때문이다. 거대한 군중이 솔로몬의 행각에 모여들자 베드로는 이를 예수님을 메시아로 선포하는 기회로 삼는다(3.11-26). '기둥의 전당'에 해당하는 행각은 성전의 바깥뜰의 동쪽 측면 전체에 걸쳐있다. 신체의 중병에서 회복된 남자는 베드로의 발언의 진리를 증언한다. 그는 예수님의 이름으로 치유되었기 때문이다. 이것은 명백한 메시아의 표적이다.

베드로의 연설의 중심은 이미 서두에 확인된다(3.13). **"우리 조상의 하나님이 그의 종 예수를 영화롭게 하셨느니라."** 이 문장에서 '그의 종(pais)'은 이사야서에 명명된 '하나님의 종'으로 거슬러 올라간다(42.1). 이사야 52장 13절은 하나님이 자신의 종을 '영화롭게 하였다'고 선언한다.

보라 내 종이 형통하리니 받들어 높이 들려져 지극히 존귀하게 되리라.

문장의 마지막 동사 '존귀하게 되다'는 70인역 성서에서 그리스어 'doxaza'로 번역된다. 이 역어는 '영광'의 명사 'doxa'의 동사형이다. 신약성서의 표제어 '영광'에는 '높이 올려짐'과 숭고한 존귀함이 내포되어있다.

문서의 새로운 단락은 스데반의 이름으로 시작된다. 초대교회의 일곱 집사로 임명된 그의 사역은 예루살렘 전도의 후반을 장식한다. 일곱 집사는 예루살렘과 그리스어를 말하는 기독교인을 매개하는 중요한 고리의 역할을 한다. 헬라의 유대인 스데반은 일곱 집사 가운데 가장 위대한 인물로 '믿음과 성령이 충만한' 사람이다(6.5). 그는 '큰 기사와 표적'을 감행하다 체포된다. 그의 순교장면은 예루살렘 선교의 정점이다(7.54-60). 스데반은 변호의 연설을 끝맺기도 전에 건물 밖으로 쫓겨나 돌에 맞아 죽는다. '돌로 쳐서' 죽이는 것은 신성 모독의 죄에 대한 형벌이다(레 24.16). 스데반의 경우가 전통적 유대의 법에 의한 린치의 살해인지 산헤드린의 규율에 제시된 의의 준수에 대한 위반 때문인지는 불분명하다. 아마도 양자가 다 포함된 것으로 보인다. 그러나 설교자에게 주어진 최악의 형벌은 아무런 근거가 없다. 그의 예언적 연설은 하나님의 진리를 천명하였기 때문이다. 산헤드린 공회의 살인행위는 하나님의 아들에게 신성 모독의 죄를 뒤집어 씌워 십자가의 사형으로 몰아넣은 경우와 결코 다르지 않다(막 14.64).

스데반의 처형의 배후에는 사울이 있다. 옆에 있던 증인들이 "옷을 벗어 그의 발아래 놓은" 것은 사울이 이 사건에 어떤 형태로 관여하였음을 강하게 시사한다(7.58). 이어지는 구절은 이 사실을 뒷받침한다. "그의 죽음을 마땅히 여겼다"라는 구문은 사울이 산헤드린 공회의 회원임을 지시한다(8.1). 설교자의 비참한 죽음을 앞당긴 것은 설교의 마지막을 장식한 계시의 환상에 대한 증언이다(7.56).

보라 하늘이 열리고 인자가 하나님 우편에 서신 것을 보노라.

청중에게 직접 호소하는 간결한 발언에는 두 가지 특이한 내용이 들어있다. 하나는 예수님을 '인자'로 부른 것이고, 다른 하나는 인자가 하나님의 '우편에 서 있다'는 사실이다. 이것은 스데반의 환상이 매우 구체적이고 설득력이 있음을 말한다. '인자'라는 용어는 복음서를 제외하면 신약성서에서 이곳에만 발견된다. 천상의 예수님 영광을 목격한 위대한 영적 체험의 고백은 누가복음 12장 8절에 나오는 예수님의 약속의 실현이다.

> 누구든지 사람 앞에서 나를 시인하면 인자도 하나님의 사자들 앞에서 그를 시인할 것이요.

스데반이 돌에 맞아 숨을 거두면서 남긴 발언은 그가 지닌 믿음의 능력이 얼마나 강력한가를 증거한다. 그는 무고하게 죽는 마지막 순간에 하나님을 향해 살인의 집단인 적의 세력을 용서해달라고 청원한다(7.60).

> 주여 이 죄를 그들에게 돌리지 마옵소서.

마치 십자가에 못 박힐 당시의 예수님의 음성을 듣는 것 같은 착각을 일으키는(눅 23.34) 진술은 하나님의 절대의 사랑과 자비에 대한 확신이 없이는 불가능한 일이다. 간결한 호소의 문장은 유사한 상황에서 행해진 선지자 스가랴의 기도를 상기시킨다(대하 24.22). 스가랴는 예수님에 의해 구약의 최후의 순교자로 명명된다(마 23.35, 눅 11.51). 역대하는 히브리어 경전의 마지막 문서이다.

스데반의 순교는 예루살렘 교구의 신도들을 팔레스티나의 전 지역으로 흩어지게 만든다. 그들은 가는 곳마다 하나님의 복음을 전파함으로써 이방세계의 전도에 크게 기여한다(11.19). 예루살렘에서 북쪽으로 멀리 떨어진 시리아의 안디옥에도 몇 년 지나지 않아 놀랄만한 일이 발생한다. 스데반과 함께 선발된 제2의 집사 빌립은 유대에 인접한 사마리아로 건너가 '절반의 이방인'이라고 불리는 주민에게 활발한 전도활동을 벌인다(8.1-25). 성공적인 전도의 결과에 관한 소식에 접한 베드로와 요한은 이를 확인하기 위해 사마리아로 들어간다. 그들의 직접적인 안수는 세례 받은 자에게 성령을 부여한다(8.17).

이어지는 단락은 빌립이 에디오피아 내시를 전도한 사건이다(8.26-40). 독립된 형태의 서사적 이야기에는 당시의 에디오피아 왕국의 실상이 반영되어 있다. 태양신의 아들로 통하는 에디오피아의 통치자는 세속의 업무를 수행하기에 너무 성스러운 위치에 있다. 때문에 여왕은 간다게(Kandake)라는 모친의 칭호를 사용한다. 내시(eunouches)는 여성이 통치하는 왕국의 궁성에서 일하는 고급관리이다. 멀리 떨어진 이방국의 재무상은 예루살렘을 방문한 덕분에 새로운 종교의 세계에 귀의하는 귀한 기회를 갖게 된다. 열다섯 절의 단락에 사용된 문체는 구약에 나오는 엘리아와 엘리사의 이야기를 상기시킨다. 이것은 새로운 기적을 가져오는 예언적 언어의 힘이다. 빌립이 하나님의 계시에 의해 움직인 사실은 단락의 처음과 나중에서 거듭하여 지적된다(8.26, 36).

사마리아 전도에서 훌륭한 성과를 이룩한 빌립은 하나님의 사자의 분부에 따라 '가사'로 보내진다. 기원전 57년에 새로이 건설된 가자(Gaza) 지역은 기원전 93년 파괴된 옛 가자에서 남쪽으로 조금 떨어진 해안에 면해있다. 빌립은 남쪽 광야를 향해 내려가던 중에 에디오피아 여왕의 국고를 관리하는 내시와 만나게 된다. 예루살렘 순례자인 그는 자신의 마차를 타고 고국으로 귀환하던 길이다. 그가 하나님의 종인 위대한 예언자 이사야의 글을 읽은 사실은 빌립에게 예수님을 증거할 호기를 제공한다. 여행객 내시는 예루살렘에서 구약의 두루마리 문서를 구입한 것으로 보인다.

빌립으로부터 예수님의 구원을 확인한 내시는 길을 가다 물이 있는 곳에 머물러 세례 받기를 청한다. 이것은 요단강 강가에서 예수님에게 베풀어진 세례예식의 재현이다. 여행의 도상에서의 기도와 찬송으로의 침잠은 경건한 방랑객을 '길을 찾지 못하게' 만든다(9.39). 이와 같은 현상은 실재의 길에 대한 감각의 희미함이 신비한 성령의 경험과 교차되는 것을 말한다. 이로 인해 영적 경험의 현실을 위한 공간이 형성되어 시간과 목적에 관한 관념이 상실된다. 8장 39절에는 빌립이 '주의 영'에 의해 '이끌렸다'고 지적된다. 성령의 충만을 경험한 내시는 아소도(Aschold)에서 빌립을 만나 복음을 전파하고 가이사랴에 이른다. 아소도는 가자에서 북쪽으로 30km 떨어진 곳에 위치해 있다.

빌립으로 하여금 내시에게 복음을 전하게 만든 계기를 부여한 구절은 이사야 53장 7-8절이다. 첫 절의 내용은 다음과 같다. **"마치 도수장으로 끌려가는 어린 양과 털 깎는 자 앞에서 잠잠한 양 같이 그 입을 열지 아니하였도다."** 메시아의 고난을 예시하는 의미 있는 문장에서 제단에 바쳐지는 제물의 침묵은 믿음과 사랑에서 온다. '온순한 어린 양'의 부르짖음에(예 11.19, 12.3) 대조되는 조용함은 나약함이나 무기력이 아니다. '도살된 어린 양'의 상은 무거운 십자가를 짊어지고 가파른 골고다의 언덕을 묵묵히 올라가는 고난자의 모습에 비견된다. 그것은 속죄의 죽음에 의거한 순종의 믿음으로 위임된 구원사역을 수행하기 위함이다.

위에 인용한 이사야 53장 7절은 베드로전서 2장 23절에 계승된다. **"욕을 당하시되 맞대어 욕하지 아니하시고 고난을 당하시되 위협하지 아니하시고."** 여기에는 적대자의 가혹한 억압에 순순히 응하는 그리스도의 초연한 행위가 실감나게 묘사된다. 하나님을 향한 절대의 믿음에 기인하는 예수님의 인내의 침묵은 십자가 처형의 과정에서 여러 차례에 걸쳐 지적된다(14.61, 65, 15.29). 그것은 대속의 죽음을 통한 구원사역을 위한 준비의 단계이다. 이와 같은 침묵의 순종은 겟세마네의 자기극복의 기도에서 준비된다(막 14.36). **"아버지의 원대로 하옵소서."**

스데반의 순교 이후 사도들에 대한 핍박은 더욱 강화된다. 로마의 시민권을 가진 상류층의 율법학자 바울이 주도적 역할을 담당한다. '고뇌의 잔'을 마시겠다고 장담한(막 10.39) '요한의 형제' 야고보는 헤롯왕에 의해 참수됨으로써 열두 제자 가운데 최초의 순교자가 된다(12.2). 여기에 언급된 헤롯왕은 헤롯대왕의 손자로 서기 41-44년 동안 유대지역 전체를 관할한 헤롯 아그립바 I세이다. 기독교인의 가혹한 핍박자인 그는 벌레에 물린 화상으로 54세에 죽는다(11.23). 베드로 역시 헤롯왕에 의해 투옥된다. 그가 감옥에서 기적적으로 풀려난 기사는 예루살렘의 지역적 전승에서 취해진 것이다. 여섯 절의 이야기에 묘사된 초지상의 장면은 극적인 헬레니즘 기적이야기에 유추된다(12.6-11).

보다 넓은 이방지역으로의 선교는 우선 베드로에 의해 수행된다. 11장 18절에 명시된 '이방인의 구원'은 이를 위한 신호탄이다.

하나님께서 이방인에게도 생명 얻는 기회를 주셨도다.

베드로의 이방선교는 가이사랴의 백부장 고넬료에 의해 중재된다. 가이사랴의 전승에서 취한 이야기의 내용은 저자 자신의 손에 의해 재구성된다. 고넬료는 '하나님을 경외하는 자', 즉 유대인의 믿음에 동참하면서도 할례를 받지 않는 이방인에 속한다. 그가 관할하는 '이달리아 부대'는 서기 69년의 시리아의 묘비명에 의해 알려진 '로마 시민의 이달리아 제2부대'와 동일시된다. 로마군대의 장교가 욥바에 머물던 시몬 베드로를 초청한 것은 하나님의 사자의 계시에 기인한다. 베드로 역시 예상하지 못한 초대에 응하기 전에 황홀의 상태에서 천상의 환상을 보게 된다(10.10).

베드로가 고넬료의 하인의 안내로 가이사랴에 이르자 고넬료가 집에서 나와 마중한다. 그의 집에서 거행한 베드로의 설교는 사도의 복음을 포괄적으로 요약하고 있다(10.36-43). 이런 의미에서 제5의 복음이라고도 불린다. 번역된 문안은 아람어 원문의 흔적을 보여준다. 여덟 절에 걸친 설교의 전개는 세례요한의 활동에서 시작하여 예수님의 죽음과 부활을 거쳐 다가올 심판과 구원에 이른다. 마지막 절에는 이사야 53장의 예언에 의거하여 그리스도 안에서 이루어지는 죄인의 용서에 대한 약속이 강조된다. 베드로가 말씀을 마치자 "성령이 모든 사람에게 내려온다"(10.44). 이것은 역사적인 오순절 기적에 나타난 것과 동일한 하나님의 징표이다. 이방인 가족 전체와 주위의 사람들이 모두 성령의 충만을 체험한 것이다. 그들은 모두 방언을 말하며 하나님의 위대한 일을 칭송한다(10.46). 로마의 백부장의 가정에서 발생한 놀라운 사건은 '이방세계의 오순절'이라고 불린다. 다시 말해 제2의 성령강림이다.

야고보의 순교에 이어진 베드로의 투옥에 관한 기사는 감옥의 환상의 유형에 속한다(12.5-19). 이것은 사도행전과 다른 사도의 문서에 선호된 장르의 형식이다. 사도행전에는 5장 17-26절과 16장 23-30절에 유사한 환상의 장면이 등장한다. 앞의 경우에는 사도의 능욕에 관한 단락이고, 뒤의 경우에는 바울과 실라의 투옥의 이야기이다. 하나님이 야간의 탈옥을 위해 천사를 보내는 것은 거대한 구원사의 양식이다. 베드로의 투옥을 대하는 교구에게는 그 어떤 주저함이나 두려움이존재하지 않는다. 12장 15절의 특이한 구문 "그의 천사라 하더라"는 예수님 시대의 세속적 천사신앙의 반영이다.

3) 세계선교의 개척

사도행전 13장 이후로는 본격적인 세계선교의 시대가 열린다. 이 역사적 과업을 주도한 인물은 사도 바울이다. 14년에 걸친 그의 선교여행은 세 차례로 나누어 기술된다. 1차 여행은 시리아의 안디옥을 중심으로 한 소아시아의 남부지역(서기 45-49년), 2차 여행은 소아시아와 그리스의 일부(50-52년), 마지막 3차 여행은 에베소와 마케도니아가 주된 대상이다(53-58년). 전체적으로 보면 예루살렘에서 소아시아를 거쳐 그리스의 남부해안에 이르는 방대한 지역에 걸쳐 있다. 세 단계의 여행과 로마 항해의 루트를 구체적으로 도식화하면 다음과 같다.

1차 여행: 안디옥-페르게-구브로 섬(살라미스)-이고니온-루스드라-더베-안디옥(비시디아)
2차 여행: 안디옥-드로아-빌립보-데살로니카-베뢰아-아덴-고린도-안디옥
3차 여행: 에베소-마케도니아-드로아-밀레-두로-가이사랴-예루살렘
로마 항해: 예루살렘-시돈-크레타(그레데) 섬-말타(멜리데) 섬-로마

아래에서는 위에 제시된 세 차례의 선교일정을 중심으로 바울과 그의 동역자의 사역을 살펴보려 한다.

(1) 1차 선교여행(13.1-15.35)

초기의 이방선교의 거점은 안디옥과 갈라디아이다. 두 지역의 전도사역은 두 명의 선교사 바나바와 바울에 의해 수행된다. 시리아의 오론테스 강에 면한 대도시 안디옥에는 최초로 이방인 교구가 세워진다. 교구의 구성원은 주로 이교도의 그리스인이다. 13장 1-3절에는 '선지자와 교사'의 활발한 활동이 지적된다. 선구적 교회의 모범적 상황은 11장 21절에 요약된다.

수많은 사람들이 믿고 주께 돌아오더라.

안디옥에서 활동한 바울의 제자들은 처음으로 '기독교인'(Christianos)이라는 칭호를 받게 된다(11.26). 이방인에 의해 주어진 이 단어는 '그리스도에 속한 사람'이라는 뜻이다. 이로써 유대의 종속에서 벗어난 독자적 이방교회가 형성된다. 이것은 초기의 기독교 선교사에서 매우 중요한 의미를 갖는다.

12장 25장-13장 12절에는 구브로(Zypron)의 전도가 다루어진다. 바나바의 고향이 있는 구브로 섬은 기원전 57년 로마에 의해 점령된다. 바나바와 바울은 예루살렘에서 모금하는 일을 마치고 다시금 안디옥으로 돌아온다. 이 귀환여행에는 바나바의 사촌형제 요한 마가가 '조력자'로 동반한다. 예수님에 의해 선포된 복음에 관한 그의 정확한 지식은 사도들의 선교활동에 큰 도움이 된다. 이들은 실루기아로 가서 배를 타고 구브로의 수도 살라미로 간다. 살라미는 섬의 동부해안에 있는 행정의 중심지이다. 단락의 마지막 절에는 지혜로운 총독 서기오(Sergius)가 바울의 설교의 권능에 설득당한 사실이 지적된다.

이어서 소아시아의 가운데 위치한 로마의 점령지 갈라디아의 선교가 이루어진다. 중요한 선교의 노정은 이고니온에서 출발하여 루스드라와 더베를 경유하여 비시디아(Pisidien)의 안디옥에 이른다(13.14-14.28). 이것은 갈라디아 남부지방을 회전하는 순회의 코스이다. 갈라디아서의 수신자는 이 도시들의 교인이다. 안디옥은 비시디아의 경계에 놓여있는 도시로 소아시아 선교의 종착지이다. 회당에서 바울의 설교를 경청한 사람들은 '하나님을 경외하는 사람들'(13.16)이다. 이 복수의 명칭은 유대교의 예배에 참여하며 부분적으로 유대 공동체의 재정적 지원자로 활동하는 이방인을 말한다.

사도의 설교의 핵심은 시편 2편 9절에 예언된 미래의 메시아의 증언이다

(13.24-31). 왕의 기름부음은 하나님의 아들로 추대되는 상징적 행위이다. 이어지는 구절은 이사야 55장 3절의 인용이다.

> 내가 너희를 위하여 영원한 언약을 맺으리니 곧 다윗에게 허락한 확실한 은혜이니라.

다윗에게 약속된 은총은 예수님의 부활로 실현된다. 13장 39절에는 문서에서 처음으로 의로움의 정당화(dikaioo)라는 주제가 다루어진다. 그리스도에 대한 믿음은 하나님 앞에서 사람들을 의롭게 만든다. 이와 같은 일은 율법 아래에서는 불가능한 일이다.

15-16장에는 중요한 역사적 사건이 다루어진다. 그것은 서기 48-49년에 개최된 예루살렘 사도회의이다(15.1-16.5). 이 공식적인 지도자의 모임에는 예루살렘의 사도와 안디옥 교구의 전도자가 참가한다. 당시의 초대교구에는 이방의 기독교인에 대한 할례가 첨예한 논쟁의 대상이 된다. 예루살렘 회의에는 야고보('작은 야고보')의 중재로 매우 중요한 사항이 결정된다(15.20, 29). 그 내용은 레위기 17-18장에 의거하여 네 개의 항목, 즉 우상의 제물, 피, '목매어 죽인 것', 음행의 금지이다. '목매어 죽인 것'은 아직 피가 남아있는 죽은 짐승의 고기를 말한다. 피는 하나님에게 속한 생명의 표시이기 때문에 함부로 섭취하거나 제거해서는 안 된다(레 17.11). **"육체의 생명은 피에 있음이라."** 소위 '사도의 칙령'으로 책정된 새로운 대안은 두 명의 예루살렘 기독교인 실라와 유다에 의해 서신으로 안디옥 교회에 전달된다.

역사적인 '사도의 칙령'을 결정한 예루살렘 회의는 갈라디아서 2장 1-21절에서 안디옥 사건으로 다루어진다. 당시의 갈라디아 교구에는 이방의 기독교인에 대한 할례가 시의적 현안으로 대두된다. 첨예한 논쟁을 야기한 유대예식의 갈등은 예루살렘의 모임에서 해소된다. 평소에 이방인과 공동식사를 나누는 베드로는 외부의 적대자가 나타나면 이를 기피한다. 유대의 할례예식 옹호자가 제기할 비판이 두렵기 때문이다. 다른 유대인들도 이와 같은 '외식'에 마음이 흔들린다. 초대교회의 지도자 바나바까지도 유혹당하는 실정이다(2.12-13). 이와 같은 상황에서 바울은 베드로가 취한 이중적 행태의 잘못을 공개적으로 질책한다. 이것은 개인적 적대감이 아니라 중요한 사안의 문제성을 근본적으로 해결하려는 의도에서 나온 것이다. 베드로와 바울의 긴장관계에 관한 저자의 서술은 누가의 기사와의 차이를 보여준다. 누가는 자신의 문서와 갈라디아서 사이의 균형을 해석자의 과제로 남겨놓는다.

(2) 2차 선교여행(15.36-18.22)

바울의 선교활동은 2차와 3차의 선교여행에서 정점에 이른다. 그 내용은 에게 해안의 복음화이다. 다시 말해 지중해에 면한 아시아와 그리스의 남부지역을 포괄하는 거대한 순회전도의 노정이다. 바울은 예루살렘 사도회의 이후 바나바와 헤어져 디모데를 데리고 새로운 장도에 오른다. 루스드라에 거주하는 디모데의 명성은 이미 주변지역에 알려진 상태에 있다(16.2). 그들은 여행의 도상에서 계속해서 하나님의 지시를 받고 북쪽으로 진로를 바꾸어 에게 해의 항구도시 드로아(Troas)에 도착한다. 이곳에서 뜻밖에도 선교여행의 증인이며 기록자가 될 누가와 만나게 된다.

바울은 드로아에 머물며 유럽 대륙에 복음을 전파하는 것이 '하나님의 뜻'이라는 계시를 받게 된다. 여기에도 성령이 작용이 동인이 된다(16.6). 그리하여 마케도니아로 건너가 복음을 전한 후 드로아에서 배를 타고 빌립보에 도착한다. 이것은 에게 해안과 아드리아 해안을 연결시키는 '에그나티아 노정'(Via Egnatia)의 코스이다. 거대한 '로마 거리'의 동쪽 출구에 위치해 있는 빌립보의 명칭은 기원전 350년경에 도시를 재건한 마케도니아 빌립에 유래한다.

바울의 마케도니아 여정은 계시의 환상에 의해 촉발된다(16.6-10). 여기에 제시된 환상의 형태는 이제까지와 구별된다. 승천자나 천상의 존재가 아니라 마케도니아 사람이 전언의 주체로 나타난다. 그는 계시의 수혜자에게 마케도니아로 건너와 '우리를 도우라'고 청한다(16.9). 이것은 직접적인 '부름'의 도식이다. 간결한 환상의 장면은 꿈의 환영이나 천사의 현현과 관계가 없다. 소명의 권고에 대한 따름의 행동은 '우리'라는 주어의 누가의 어법에 의해 서술된다.

바울은 로마의 점령지로서의 빌립보의 전도를 중요하게 생각한다(16.11-15). 그는 후일 빌립보의 그리스도인에게 "우리의 시민권은 하늘에 있다"라고 말하고 있다(빌 3.20). 빌립보의 선교는 자색 옷감을 취급하는 두아디라의 여자 상인 루디아에 의해 대언된다. 두아디라는 자색 염료의 상업으로 알려진 도시이다. 그녀는 안식일에 다른 여인들과 함께 강가에 있다가 바울의 설교를 듣고 회심하여 온 가족이 세례를 받게 된다. 그리고 바울 일행을 자신의 집에 유숙하도록 권유한다.

16장 22-32절에는 바울과 실라가 투옥된 이후 지하 감옥에서 풀려나는 장면이 소개된다. 그 내용은 베드로가 감옥에서 해방된 경우와 유사하다(12.4-11). 그때와 마찬가지로 이번에도 감옥에서 나온 사람은 형제들이 모여 있는 기독교인의 가정을 방문한다(16.40). 깊은 감옥에서 심한 구타를 당한 바울과 실라의 발목에는 쇠고랑이 채워진다. 특별한 형태의 쇠고랑은 사슬이면서 동시에 고문기구의 역할을 한다. 그 속에 있는 여러 개의 구멍이 다리에 심한 불편과 고통을 유발하기 때문이다. 그러나 두 동역자는 한밤중에 자지 않고 기도하며 하나님을 칭송한다(16.25). 기도자의 마음이 하늘에 있을 때에는 다리의 통증이 느껴지지 않는다.

그러자 갑자기 큰 지진이 일어나 옥문이 열리고 발에 묶인 사슬이 벗겨진다. 잠에서 깨어난 간수는 죄수들이 도망한 줄 생각하고 자살하려 시도한다. "우리가 다 여기 있노라"라는 바울의 말은 다른 죄수에 대해 도덕적 조처를 행사할 수 있는 위치에 있음을 시사한다. 스스로 목숨을 끊으려던 경비원은 구원을 받기 위해 무엇을 해야 하는지 묻는다. 이것은 초기기독교의 선교과정에서 반복되는 물음이다. 이에 대한 대답 역시 전형적이다(16,31). **"주 예수를 믿으라 그리하면 너와 네 집이 구원을 받으리라."** 믿음과 구원의 결합은 복음서와 바울서신에 거듭하여 등장하는 복음의 도식이다.

바울과 그의 동반자는 '에그나티아 노정'을 거쳐 마케도니아의 수도 데살로니카에 이른다. 여기에서 새로운 교구를 설립하기 위해 오랫동안 머물게 된다. 선포된 복음의 내용은 데살로니가전서 1장 9-10절에 기록된다. 바울은 세 안식일에 회당에서 구약성서의 낭독을 통해 예수님이 메시아임을 증거한다. 그러나 유대인들이 소요를 빌미로 설교자를 고발하는 사태가 벌어져 가능한 한 빨리 그곳을 떠나게 된다. 다음의 선교지 베뢰아는 데살로니카에 비해 훨씬 친절하게 선교자를 맞이한다. 그러나 그곳의 유대인들은 이곳까지 쫓아와 전도를 방해한다. 바울은 하는 수 없이 베뢰아를 떠나 실라와 디모데가 기다리는 아덴으로 간다. 베뢰아는 그리스 테살리엔(Thessalien)의 도시이며 아덴은 그리스 동남부의 항구도시이다. 베뢰아의 선교는 성공을 거두는 반면 아덴의 선교는 만족할만한 성과를 거두지 못한다.

아덴의 전도에 관한 보고에는 당시의 그리스의 사회상이 반영되어 있다. 서술의 방식도 그리스의 독자를 위해 매우 사실적으로 기술된다. 철학학교의 창시자 에피큐로스의 이름을 따서 칭해진 에피큐로스 학파는 삶의 향유를 인간존재의 의미의 실현이라고 주장한다. 스토아 학파는 창시자 제논

(Zenon, 기원전 340-256년)의 가르침에 근거한다. 스토아(stoa)는 채색된 전당을 뜻한다. 이 학파는 인간의 목표를 사물의 본질을 파악하는 '세계이성'에 두고 있다. 죽음에 이르기까지의 바른 삶에 관해 성찰하는 두 학파와의 논쟁은 예수님과 부활에 관한 증언에 기인한다(17.18).

부활의 문제는 17장 32절에 다시 언급된다. 부활의 사실이 청중에게 이해될 수 없는 것은 육체와 영의 분리에 관한 고대의 관념에 의존하기 때문이다. 이와 같은 사고에서는 두 요소의 재통합이란 생각할 수 없다. 그러나 부활의 이해에는 한편으로 변용(metamorphosis), 다른 한편으로 육체와 영을 분리하지 않는 총체적 인간상이 중요하다. 부활은 육체와 영을 엄격하게 분리하는 사람들에게 인간학적으로 중재되지 않는다. 이와 같은 통찰은 오늘날에도 유럽 대륙 전체에 통용된다.

아덴의 전도에 관한 보고의 중심은 아레오바고(Areopag)의 연설이다(17.22-32). 아레오바고는 지리적 장소라기보다 사람의 모임으로 일종의 법정에 해당한다. 이 명칭은 원래 법정이 열린 언덕 'Ares'(Areios pagos)에 따라 붙여진 것이다. 그러나 신약의 시대에는 아고라(광장)에 있는 왕의 전당에서 법정이 개최된다. 제단의 묘비명에 새겨진 문구 '알지 못하는 하나님'은 의미 있는 설교의 계기가 된다(17.23). 이 모호한 명칭은 생명의 구원으로 존경을 받을 만하지만 아직 그 이름을 인식하지 못하는 미지의 하나님을 가리킨다.

아덴 사람들의 종교심을 인정한 바울은 그들에게 하나님의 존재를 설명한다. 그 중심은 하나님의 창조와 심판의 행위이다. 비교적 길게 진술된 담화의 내용은 세 단계로 전개된다. 그것은 하나님의 '가까이 있음', '하나님의 안에서의' 존재, 그리고 '하나님의 종족'(17.27-29)이다. 설교자는 이와 같은 논증을 위해 그리스의 시인을 도입하고 있다. 17장 28절에는 크레타의 에피메니데스(Epimenides)의 4행시의 마지막 행이 인용된다.

그대 안에 우리는 살고 움직이고 우리로 존재한다.

'몸의 부활'에 관한 아덴의 철학자들의 몰이해에도 불구하고 바울은 철학적 가교를 시도한다. 이를 위한 근거는 '하나님 안에'라는 종교철학적 내재성의 사고이다. 바울은 에피메니데스의 시의 인용으로 '주님 안에', '그리스도 안에'와 같은 기독교의 진술에 다가간다. 다만 하나님 안에서의 내재성이 시인에게는 자연적으로 주어진 것에 반해 바울에게는 기독교적으로 중재된다. 결론적으로 바울은 스토아학파의 우주론과 유대와 헬레니즘의 창조사상의 배경에서 자신의 진술을 전개하고 있다.

이어지는 구문은 시실리의 아라투스(Aratus)의 '현상'에 관한 시의 인용이다. "우리가 그의 소생이다." 여기에서 '소생'으로 번역된 명사는 '동일한 종류'를 뜻한다. 이와 같은 표현은 창세기의 '동형상'의 창조에 연결된다(1.26-27). 인간은 하나님의 형상이기 때문에 하나님과 유사하게 될 수 있다. 유사성의 개념은 위에 제시된 '하나님 안에'라는 명제를 뒷받침한다. 바울이 두 시인의 시구를 직접 인용한 것은 청중으로 하여금 복음의 내용을 쉽게 이해하게 하기 위함이다.

이어지는 선교의 대상은 고린도이다(18.1-11). 그리스의 중요한 상업도시이며 항구도시인 고린도는 기원전 146년 로마의 장군 뭄미우스의(Mummius) 침공으로 파괴된 이후 100년 동안 폐허의 상태로 방치된다. 기원전 46년 율리우스 카이사르가 파손된 로마의 점령지를 다시 건설한다. 고린도는 매우 이완된 도덕적 행태로 소문이 나 있다. 따라서 이곳의 교구는 외부의 영향으로 심한 어려움에 처한다. 바울은 도시주민의 생활에 중요한 역할을 하는 교구를 내버려 둘 수 없어 18개월 동안이나 머물게 된다.

바울은 고린도에서 본도(Pontus)의 유대인 아굴라와 그의 부인 브리스길라와 친교를 맺는다. 본도는 흑해의 남부해안에 면한 소아시아의 북부 지방이다. 두 사람은 바울의 선교활동에 큰 도움을 준다. 지역의 회당은 선교의 거점이다. 그러나 도시의 유대인들은 데살로니카 사람들처럼 바울의 사역을 방해한다. 그런 가운데 '하나님을 경외하는 자' 디도의 친절한 응대를 받게 된다. 여기에 언급된 유스티스 디도는 로마서의 마지막에 저자의 조력자로 명명된 가이우스(Gajus)와 동일인물로 간주된다(16.23). 그의 라틴어 이름은 가이우스 디도이다. 고린도 전도의 성과는 "많은 사람이 믿고 세례를 받는다"라는 말로 대언된다(18.8). 회당장 그리스보의 개종은 이를 위한 계기를 마련한다. 그의 이름은 고린도전서 1장 14절에 등장한다.

고린도에 사는 유대의 적대자들은 허용되지 않은 종교적 선동을 구실로 바울을 로마총독 갈리오에게 고발한다. 갈리오는 서기 51년 7월 1일에서 52년 6월 30일까지 아가야(Achaja)를 통치한 집정관이다. 그는 유명한 스토아 철학자 세네카의 사랑받는 형제이다. 로마의 관할지역 아가야는 그리스의 남부지역 전체에 해당한다. 지혜로운 통치자 갈리오는 접수된 송사의 사건에 개입하지 않으려 한다. 그것은 유대의 법에 관련된 사안이기 때문이다. 그는 흥분한 이방의 군중이 회당장 소스데네를 붙잡아 법정에서 폭력을 가할 때에도 관여하지 않는다.

(3) 3차 선교여행(18.23-21.14)

바울은 서기 52년 봄 고린도를 떠나 잠시 동안 아시아와 팔레스티나 지역을 여행한다. 그리고 대륙을 거쳐 다시 에베소로 돌아온다. 그동안 알렉산드리아의 유대인 아볼로의 사역이 이곳에서 큰 반응을 얻는다. 구약의 지식에 정통한 그는 구약의 구절과 예수님의 역사와의 비교를 통해 예수님이 메시아라는 확신에 도달한다. 그리고 이 사실을 회당에서 가르친다. 고린도에서 바울을 따라온 아굴라와 브리스길라도 함께 경청하며 하나님의 길에 관해 더 많은 것을 이야기한다. 고린도의 일부 신도들은 아볼로를 바울에 맞먹는 지도자로 추대하려 한다. 그러나 두 사람 사이에 경쟁의 관계가 성립될 수 없음은 자명한 일이다.

바울이 에베소에서 선교활동을 벌인 기간은 서기 52년 가을에서 55년 봄까지 2년 반에 걸쳐있다. 활발한 선교의 범위는 에베소를 넘어 근방의 다른 소아시아 지역으로 확대된다. 19장 10절에 의하면 주변의 유대인과 그리스인이 바울의 설교를 들으려 몰려든다. 요한계시록에 등장하는 일곱 교회와 골로새 교구는(골 4.13) 에베소의 선교기간 동안 세워진 것으로 추정된다. 이들은 대부분 소규모의 가정교회이다. 이렇게 볼 때 에개 해안 선교의 종착지인 에베소의 사역은 그 어느 곳보다 큰 성과를 거두었다고 볼 수 있다. 누가는 구체적인 전도의 내용을 몇 개의 장면을 통해 생생하게 재현하고 있다(19.1-20).

첫째 장면에서 독자는 성령에 관해 알지 못하는 열두 명의 사람을 만나게 된다. 그들은 바울에 의해 '예수님의 이름으로' 성령을 받고 방언을 말한다. 이어지는 장면에는 두란노(Tyrannus) 서원으로 장소가 이전된다. 두란노는 헬레니즘의 철학자가 운영하는 학교이다. 바울은 이곳에서 매일 오전 11시부터 오후 4시까지 말씀을 가르친다. 이것은 고린도의 디도의 집에서 행한 사역과 같은 것이다(18.7). 19장 9절에 사용된 동사 '강론하다'(dialegomai)는 '토론을 인도하다'의 뜻이다. 강론의 시간은 서원의 교육이 없는 자유시간에 한정된다. 바울은 오전에는 '가죽의 가공'으로 통하는 천막제작의 작업에 종사한다(18.3). 랍비의 제자는 가르침으로 인한 수입에 생계를 의존하지 않게 하기 위해 수공업의 기술을 익히도록 규정되어 있다. 두란노의 강론은 성령의 능력으로 병을 치유하고 악령을 추방하는 기적을 일으키는 데까지 이른다.

셋째 장면은 여기에 연결된다. 이방의 떠돌이 마술사들은 예수님의 이름을 도용하여 마술책에 나오는 주술을 정당화하려 한다. 제사장 스게와의 일곱 아들도 이에 속한다. 그러나 숨겨진 마술의 힘은 그 실체가 드러나자 효력을 잃게 된다. 이와 같은 사실을 알게 된 도시의 유대인과 그리스인은 함께 예수님의 이름을 칭송한다(19.17). 드디어 마술사들은 5만 드라크마의 값이 나가는 비싼 마술책을 모두 불태워 없애버린다. 이것은 당시의 상황에서 매우 특별한 사건이다. 두루마리 마술책은 그레코 로만 시대에 사회적으로 통용된 중요한 자료의 하나이다. 그것은 에베소서에서 '에베소 문서'(grammata Ephesia)라는 명칭으로 표기된다.

가장 인상적인 장면은 에베소의 소동이다(19.21-41). 이 사건이 보고되기 전에 에게 해안의 선교에 관한 종식과 함께 로마의 방문계획이 언급된다(19.21). 독립적인 이야기의 형태로 되어있는 긴 단락은 당시의 소아시아에 만연한 우상숭배의 현상을 단적으로 보여준다. '디아나'(Diana)라고 불리는 아르테미스(Artemis) 여신을 받드는 제식문화는 에베소를 비롯하여 무려 30개의 장소에 퍼져있다. 아르테미스는 사냥과 숲의 처녀 여신이다. 부유한 상업도시 에베소에는 세계 7대 불가사의에 속하는 아르테미스 신전이 있다. 여기에는 하늘에서 내려온 것으로 알려진 거대한 신상이 놓여있다. 대장장이 데메드리오는 은으로 된 신상의 모상을 제작하여 판매함으로써 막대한 수익을 올리는 인물이다. 그는 많은 사람들의 개종으로 상당한 경제적 타격을 입게 된다. 짧은 여행에서 도시로 돌아온 바울은 은 세공업자의 부정한 행태를 목격하고 "사람의 손으로 만든 물건은 신이 아니다"라고 지적한다(19.26).

데메드리오는 신의 위엄이 훼손당한다는 구실 아래 대규모의 항거집회를 계획한다. 분노한 주민들을 바울의 동반자 가이오와 아리스다고를 데리고 거대한 야외극장에 집결한다. 마케도니아 출신의 두 사람은 누가에게 사건의 정보를 제공한 것으로 보인다. 25,000명을 수용할 수 있는 야외극장은 공적인 집회를 개최하기에 적합한 장소이다. 바울과 친분이 있는 '아시아의 관리'가 바울로 하여금 집회에 참가하지 말도록 권유한다. 사회적으로 높은 계급에 속하는 그들은 군중의 폭거로 제물이 될 바울에게 동정을 느낀 것으로 보인다. 모여든 사람들의 절반은 자신들이 무슨 이유로 극장에 왔는지 모르고 있다. "어떤 이는 이런 말을, 다른 이는 저런 말을"이라는 표현은 저자의 유머감각을 보여준다(19.32). 도시의 원주민 알렉산더가 참가자들을 설득하려 하나 실패한다. "크다 에베소 사람의 아데미여"는 판에 박힌 저항군중의 구호이다(19.28, 34).

마지막으로 도시의 재상(grammateus)이 직접 전면에 나선다. '서기장'으로 표기된 그는 자유도시의 행정을 책임진 최고의 관료이다. 거듭되는 군중의 구호에 맞서 그가 지적한 '우상의 신전지기'는 신전의 경비자를 말한다. 다시 말해 아르테미스 여신의 수호자이다. 지혜로운 재상의 발언은 다음과 같이 요약된다. 첫째, 특별한 죄가 없는 무고한 사람을 체포하는 것은 옳지 못하다. 둘째, 대장장이의 경우와 같은 개인적 불만은 법정에 고발하면 해결된다. 도시에는 재판을 관할할 로마 총독이 집무하고 있다. 셋째, 그밖에 사항은 '민회'를 소집하여 의결되어야 한다. 공식 회의의 기구인 '민회'는 한 달에 3회 개최된다. 재상의 상세한 설명을 들은 군중은 비로소 흩어져 조용히 귀가한다. 재상이 가장 두려워한 것은 예상할 수 없는 대중의 소요이다. 그와 같은 대규모의 봉기는 로마의 당국에 의해 엄한 처벌의 대상이 된다.

이년반 동안의 에베소 선교를 마친 바울은 서기 57년 봄 배를 타고 팔레스티나를 향해 출발한다. 그 목적은 교구를 위한 기부금을 모금하는 것이다. 여기에는 이방교구를 위한 선물을 지참한 사신이 동반한다. 여행의 도중에 드로아와 밀레에 잠시 머물게 된다. 밀레에서 에베소의 장로들을 초청하여 거행한 고별설교는 기독교교회의 지도자를 향한 유일의 연설이다(20.17-35). 의미 있는 설교의 권위는 바울서신에 나오는 경고의 단락에 의해 보증된다. 설교자는 자신에게 닥쳐온 외부의 강한 핍박에 굴하지 않고 주어진 세계선교의 사명을 끝까지 이행하려는 강한 의지를 표명한다(20.24).

나의 생명조차 조금도 귀한 것으로 여기지 아니하노라.

위의 고백적 발언은 머지않아 닥쳐올 순교의 죽음을 암시하는 의미 있는 대목이다.

밀레의 설교 이후 바울은 팔레스티나 항해를 계속한다. 빌립보에서 만난 누가가 동반자로 함께 여행한다. 이 사실은 앞으로의 선교여정 기술에 직접 작용한다. 예루살렘으로의 귀환여행은 '우리'의 문장형식을 통해 사실적으로 서술된다(20.5-21.16). 사건의 역사성을 보증하는 이 문체는 종반의 로마 항해기 기술에 다시 활용된다. 바울 일행은 두로를 거쳐 가이사랴에 도착하여 집사 빌립의 집에 유숙한다. 8장에서의 전도사역 이후 자취를 감춘 그는 네 명의 예언자의 딸과 함께 가이사랴에 살고 있다. 가이사랴에 머무는 동안 유대에서 온 선지자 아가보가 나타나 다가올 핍박을 예고한다(21.10-11). 그는 안디옥에서 흉년의 다가옴을 예언한 인물이다(11.27-28). 사람들은 바울의 예루살렘 방문을 만류하지만 바울은 이에 응하지 않는다. **"주의 뜻대로 이루어지이다"**는(21.14) 겟세마네 동산의 기도에 등장하는 예수님의 순종의 발언을 상기시킨다. 예수님의 예루살렘 여정과 바울의 여행 사이에는 그 어떤 유사성이 엿보인다.

예루살렘의 체류에 관한 보고는 비교적 상세하게 기술된다(21.17-26.32). 그 중심은 여러 차례에 걸친 바울의 변호연설이다. 바울은 예루살렘에 도착하여 교구의 지도자 야고보의 환영을 받는다. 그러나 이곳에는 그를 향한 최후의 박해가 기다리고 있다. 그의 마지막 선교사역은 활동의 범위가 극히 제한된 상황에서 수행된다. 서두의 서술내용은 바울의 체포과정이다(21.27-36). 위대한 이방전도의 업적을 이룩한 지도적 선교사의 핍박에는 유대인의 증오와 로마제국의 권력이 함께 작용한다. 대제사장 아나니아에 의해 고발된 바울은 천부장에 의해 체포되어 가이사랴 총독부의 지하 감옥에 2년 동안 구금된다. 이 사건에는 로마총독과 공회 앞에서의 변호가 선행된다. 안토니아 성곽의 층계 위에 서서 감행된 과감한 히브리어 연설은 몰려든 군중을 진정시키는 데 실패한다(22.2-29).

바울이 체포된 시기는 로마총독 벨릭스의 집정기간(서기 52-59년)의 종반에 속한다. 낮은 계급의 출신인 그는 황제의 궁성에서 활동하는 영향력 있는 인사인 형님의 중재로 집정관의 공직을 얻게 된다. 그에게 '각하'(kratistos, egregius)의 칭호가 부여된 것은 예외에 속한다(23.26). 벨릭스의 세 번째 부인 드루실라는 헤롯 아그립바 I세의 딸로 아그리파 II세의 누이이다. 벨릭스의 통치기간이 끝나자 베스도가 총독의 공직을 물려받는다. 그는 벨릭스에 비해 지혜롭고 존경받을 만한 정치가이다. 베스도는 아그립바 II세와 함께 바울을 심문한 이후 그를 로마로 이송한다. 로마 시민권을 가진 피고가 황제에게 상소하였기 때문이다. 바울이 벨릭스와 아그립바 II세 앞에서 행한 마지막 변호연설은 하나님의 돌보심을 확신하는 진정한 신앙인의 극치를 보여준다.

4) 로마 항해기

예루살렘의 체재에 관한 보고가 끝난 이후에는 거대한 제국의 중심지 로마로 들어가려는 바울의 소원이 성취되는 과정이 그려진다(27.1-28.16). 생명의 위험을 전제한 험난한 항해의 목표는 문서의 마지막에 명시된 '하나님나라의 전파'(28.31)이다. 로마황제를 향한 피고의 상소는 짧은 기간의 로마전도를 가져오는 계기가 된다. 사도행전의 대미를 장식하는 이태리 항해의 스토리는 신약성서에 나오는 가장 역동적 이야기의 하나이다. 바울의 굴하지 않는 믿음의 행적이 그 중심에 놓여있다. 그는 여기에서 곤궁의 상황에서 지혜롭게 행동하는 실천적 인간의 유형으로 나타난다. 이것은 이제까지의 바울과 다른 모습이다. 두 장 전체를 관류하는 방대한 항해의 일지는 고대 그리스의 해양문학을 상기시킨다. 닻, 거룻배, 키, 거룻줄, 널조각, 돛 등의 선원어는 그 증거이다. '네 개의 닻'은 배를 멈추게 하는 조종간 하부의 장치이며 거룻배는 모선에 딸린 작은 구조선이다(27.29-30).

바울 일행이 백부장의 주선으로 탑승한 알렉산드리아의 배는 로마를 향해 곡물을 운반하는 대형 화물선이다. 아우구스트 부대의 백부장은 국가로부터 곡물의 운송을 위임받은 로마군대의 지휘관이다. 그는 이야기의 말미에서 승객의 구조를 주도한 지도적 인물로 나타난다(27.43-44). 9월 중순부터 겨울까지는 지중해의 운항이 매우 위험한 것으로 알려져 있다. 따라서 곡물수송을 담당하는 군인들을 포함한 승객들로서는 생명의 위험이 담보된다. 그들이 크레타 해안을 '바람막이로' 지날 때에 이미 바람과 지형의 악조건으로 곤경에 처하게 된다. 바울이 앞에 나서서 배와 화물의 파손, 그리고 인명피해의 위험을 지적하지만 백부장은 "선주와 선원의 말을 더 믿는다"(27.11). 갑판의 사령관인 그는 전문가의 말을 신뢰한다. 바울은 크레타 섬 남쪽 해안의 항구 '미항'(Kaloi Limenes)에 좀 더 머물기를 권유한다. 그러나 선박의 안내자들은 추운 겨울을 남서부의 뵈닉스에서 보내기 위해 불안한 항해를 계속한다.

정처 없는 난파선의 표류와 기적적인 육지의 안착은 모험적인 항해기의 정점이다(27.13-44). 거대한 곡물선이 목적지인 뵈닉스에 들어서기 전에 산악지대로부터 거센 광풍이 불어와 선박을 반대방향으로 밀어낸다. '유라굴로'에 해당하는 'Euraquilon'은 그리스어 'Euros'(동풍)와 라틴어 'aquilo'(북풍)가 합친 복합조어로 태풍과 같은 대형의 폭풍을 말한다. 사공들이 무거운 배를 가볍게 만든 다음에야 비로소 위험구역인 스르디스(Syrdes) 해안을 벗어난다. 스르디스는 위험한 모래언덕이 있는 북아프리카 해안이다. 바다에 풀어버린 '짐'은 배에 실은 곡물을, 손으로 집어던진 '기구'는 배 안에 남아있는 물건을 가리킨다(27.18-19). 그러나 이미 흔들리던 선박은 모래의 암벽에 부딪쳐 후미가 심하게 파손된다.

바다 가운데로 불어 닥친 격한 풍랑은 '여러 날 동안' 그치지 않는다. 난파된 선박은 방향을 잃은 채 한없이 서쪽으로 밀려간다. "해도 별도 보이지 않는다"(27.20)는 승무원들이 항해의 코스에 완전히 무지함을 말한다. 모든 희망이 사라진 순간에 바울은 일어서서 다음과 같이 선언한다(27.25).

> 나는 내게 말씀하신 그대로 되리라고 하나님을 믿노라.

이것은 천사가 바울에게 전한 구원의 약속을 믿는 확신의 발언이다. 죽음의 공포에 떨던 승객들은 금식기간의 종료와 함께 갑판 위에서 음식을 나누게 된다. 그 인원은 무려 276명에 달한다. 바울의 축도로 이루어진 14일 만의 공동식사는 은혜로운 최후의 만찬에 비견된다. 여기에 사용된 동사 축사하다는 그리스어 'eucharisteo'이다.

바울의 선언은 곧이어 현실로 증명된다. 지중해의 중심부인 아드리아 해안에서 14일 동안 표류하던 배는 뜻밖에도 육지의 근처에 도달한다. 이곳은 그리스 서부에 있는 말타 섬의 인근이다. 선원들은 닻을 끊어버린 후에 '키를 풀어' 배의 전면에 작은 돛(artemion)을 매단다(27.40). 바람의 방향을 따라 운행하다 '경사진 해안'에 정박하기 위해서이다. 결국 백부장의 현명한 지휘 아래 탑승객 전원이 무사히 구조된다. 위에 언급한 하나님의 사자의 또 다른 전언이 그대로 실현된 것이다(27.24).

하나님께서 너와 함께 항해하는 자를 다 네게 주셨다 하였으니

지중해의 해상에서 일어난 난파선의 구조는 바울의 선교여행 도중에 발생한 최대의 기적이라 할 수 있다.

이어서 외딴 섬에서 일어난 뜻밖의 사건과 치유기적이 기술된다(28.1-10). 말타는 '도주'라는 뜻을 가진 페니키아 단어이다. 여기에서도 바울은 불을 피우기 위한 나무를 가져옴으로써 실천적으로 준비된 자의 모습을 보여준다. 따스한 불길 속에 추위에 굳어진 뱀이 일어나 바울의 손을 깨문다. 바울이 뱀을 불에 던진 후에도 아무 일이 일어나지 않은 것을 보자 섬의 주민들은 그를 신으로 생각하게 된다. 이후 바울은 섬의 수장인 보블리오의 부친의 열병을 치유한다. 이 사실이 알려지자 다른 환자들도 바울과 누가를 찾아온다. 두 사람은 귀한 손님으로 대접을 받으며 섬을 떠날 때에는 풍부한 선물까지 받는다.

말타 섬에서 로마에 이르는 항해는 다섯 절의 범위에서 간략하게 기술된다(28.11-16). 서기 60년 초에 이루어진 마지막 여행에는 다른 곡물의 배가 이용된다. 석 달 동안 추운 겨울을 섬에서 보낸 바울이 탄 배는 '머리장식'이 있는 알렉산드리아 선박이다(28.11). 하늘의 쌍둥이 표시는 선원의 보호신으로 간주되는 디오스구로(Dioskouroi)이다. 바울 일행은 그리스도인에 의해 며칠 동안 초대받은 보디올에 배를 놓아두고 로마로 향한다. 로마의 그리스도인 사신들은 70km나 떨어진 압비오 광장(Via Appia)으로 마중 나와 사도를 수도로 안내한다. 로마에 도착한 후로는 당국의 인사에 의해 보호를 받는다.

로마에서의 바울의 사역은 사도행전의 종반을 장식한다(28.17-31). 여기에는 유대인에 의한 복음의 거부라는 주제가 다시 다루어진다. 바울은-항상 그러하듯-예리한 논평자의 위치에서 마지막 발언을 감행한다. 이번에는 이사야서 6장 9-10절에 강조된 들음의 요청을 상기시킨다(28.26-27). 예수님 자신에 의해 거듭하여 인용된 구절(막 4.12, 요 12.40)은 해당문맥에서 특별한 의미를 갖는다. 그것은 그리스도의 복음을 받아들이지 않으려는 로마의 유대인을 향하고 있다. 위대한 예언자에 의해 유대의 백성에게 주어진 우둔함의 경고는 바울의 이방선교의 최후단계에서 영향력을 발휘한다.

이어지는 28장 28절은 하나님의 구원이 이방인에게 이루어질 것을 선언한다. "하나님의 이 구원이 이방인에게로 보내어진 줄 알라." 이 문장은 이제까지의 선교지침에서 반복하여 강조된 사실이다(13.46). 문서를 마감하는 마지막 두 절은 2년 동안의 로마선교를 요약한다(28. 30-31). 이 시기는 서기 60-61년에 해당한다. 바울은 빌린 집에 구금된 상태로 머물면서 찾아오는 사람들을 영접하고 복음을 전한다. 그 내용은 하나님 나라의 선포와 예수 그리스도에 관한 증언이다(28.23). 이로써 서두의 1장 8절에 천명된 세계선교의 수행이 완성에 이른다. 비록 제한된 범위의 활동이지만 선교자 자신이 계획한 로마전도의 실천이다(롬 1.15).

짤막한 보고의 중심은 예수 그리스도의 복음에 관한 '담대한' 전파이다.

방대한 문서의 마지막 단어인 상황의 부사 '거침없이'는 그 방식과 상황을 한 마디로 대언한다. 그 이후의 진행에 관해서는 구체적 언급이 생략되어 있다. 그러나 28장 31절의 한 문장은 메시지의 내용을 잘 표현하고 있다. 바울의 가르침은 유대의 전통적 사상인 하나님 나라의 기대에 기초하고 있다. 그리고 오랜 동안의 희망찬 기대가 어떻게 예수 그리스도에 이르러 실현되었는가를 설파한다. 이것은 그의 내면에 내재한 진리의 개진이다. 새로운 메시아의 오심과 함께 하나님의 나라는 시작되었다. 그를 받아들이는 자는 거룩한 영생의 나라에 들어가게 된다. 예수님은 죽음의 승리를 통해 모든 믿는 자에게 천상의 왕국으로 들어가는 문을 열어준다. 바울의 행적에 관한 누가의 마지막 기술은 철저하게 **복음의 기본정신**에 연결되어 있다. 이것은 '두 권의 책'의 집필에 관한 그의 구상을 뒷받침한다.

누가가 사도행전의 결말을 유보의 상태로 끝낸 데에는 그 어떤 중요한 암시가 들어있다. 아마도 그는 거듭하여 시사한 바울의 순교적 죽음으로(20.24, 21.13) 초기선교의 기술을 마감하려 하였을 것이다. (바울은 서기 64년부터 강화된 네로 황제의 기독교 핍박으로 희생당한 것으로 추정된다.) 그러나 보다 중요한 것은 **'복음의 지속적 전파'**라는 대전제이다. 부활한 예수님에 의해 위임된 세계선교의 노정은 로마의 복음화로 일단락된다. 유럽대륙 전체를 포괄하는 선교는 로마교구의 서바나 전도로 완성에 이른다(롬 15.23). 그러나 이것은 '땅 끝까지' 이르는 구원계획의 종식이 아니다. 문서의 미완은 저자 스스로의 구상에서 나온 것이다. 누가의 역사기술에서 중요한 것은 한 개인의 업적이라기보다 이스라엘의 구원에 의한 전 세계인의 구원이다. 이것이 오늘날에도 유효한 우주적 선교의 강령이다.

제5장

이야기의 실천적 해석

1. 해석의 방법
2. 일곱 개의 사례 해석

1. 해석의 방법

1) 해석의 요청

– 여인의 '머리 가리기'

신약성서의 독서에는 주어진 문안의 의미가 외형적으로 드러나지 않는 경우가 수없이 발견된다. 이에 관한 구체적 실례는 일일이 열거하기 힘들다. 여기에는 내용과 형식에 관련된 여러 다른 유형이 존재한다. 문장의 형식에 있어서는 형식사, 문체론, 수사법 등의 분석에 의해 많은 부분이 설명된다. 독자의 이해를 어렵게 만드는 것은 그 의미가 분명하지 않는 구문이나 단락이다. 이와 같은 경우에는 어둠을 밝힐 수 있는 별도의 수단이나 도구가 필요하게 된다.

바울서신에서 하나의 예를 들어보기로 한다. 고린도전서에는 교회에서의 여인의 자세와 행동에 관한 경고가 거듭하여 등장한다. 여기에 제시된 내용은 서신을 읽는 독자에게 상당한 의아심과 거부감을 야기한다. 저자는 고린도전서 11장 2-16절에서 예배시의 여인의 '머리 가리기'에 관해 서술하고 있다. 그리고 14장 34-35절에는 교회에서의 여인의 '잠잠함'을 강조한다. 언뜻 여성에 대한 지위의 격하로 받아들여지는 의외의 교시는 오늘날의 입장에서 보면 수긍이 가지 않는다. 여기에는 그 어떤 배후의 의미가 내재해 있다. 따라서 독자는 소외감을 자아내는 난문의 구절을 이해하기 위해 노력하게 된다.

그는 우선 서로 연결된 두 대목을 전체의 문맥에서 읽게 된다. 문맥의 연관에 기초한 상호관찰은 성서읽기의 기본지침이다. 고린도전서 11-14장은 교회에서의 여인의 역할에 관한 진술로 둘러싸여 있다. 하나로 이어진 네 장은 교회의 질서라는 실천적 주제를 다룬다. 교회의 질서를 위한 구체적 내용은 기도와 예언을 포함한 예배의 수칙에서 시작된다. 이어서 성만찬의 거행(11장), 다양한 은사(12장), 최고의 카리스마로서의 사랑(13장), 방언과 예언(14장)의 순서로 진행된다. 전체의 전개를 위한 전제는 11장 서두에 제시된 **자연적 창조질서**이다. 여기에는 저자의 신학적 관점이 반영되어 있다. 그는 교회질서의 형성에 관한 논증을 전개하기 위해 창세기에 명시된 인간창조의 원리를 도입한다. 무엇보다 남자와 여자의 관계에 시선을 돌리고 있다.

자연적 창조질서는 11장 3절과 7절에서 '하나님-그리스도-남자-여자'의 존재의 계열화로 제시된다. 유사한 내용이 서신의 다른 곳에도 발견된다. 고린도전서 8장 6절과 15장 28절에는 '하나님-그리스도-(우리)-만물'의 도식이 등장한다. 창세기의 인간창조는 대리성의 관계에 기초한다. 남자는 처음으로 '하나님의 동형상'으로 창조된다(1.27). 반면 여자는 남자의 갈비뼈에서 만들어진다(2.22-23). 남성에게는 하나님과의 관계가 그리스도에 의해, 여성에게는 남자에 의해 중재된다. 이와 같은 논리는 여성의 복종과 예속을 주장하는 근거가 된다.

창조의 원리에 보인 남녀의 비동류성은 남녀의 평등이라는 기독교의 사상에 저촉되지 않는다. 갈라디아서 3장 28절에는 새로운 질서의 문맥에서 '그리스도 안에서의' 남자와 여자의 동일함이 강조된다. 바울은 문서의 진행에서 여성의 권리를 격하하지 않는다. 11장 11-12절에는 남자와 여자의 상호교체와 상호의존의 관계가 지적된다. 이 대목은 여성에 대한 남성의 우위성에 관한 판단을 교정하는 역할을 한다.

논란의 대상이 되는 고린도전서 14장 34절은 원래의 수기에 나오지 않는다. 따라서 후세의 편집과정에서 삽입된 것으로 본다. 심지어 바울의 집필이 아닌 것으로 추정되기도 한다. 실제로 이 부분은 11장 5절의 내용과 상치된다. 앞의 경우에는 영감을 받은 여인의 예언이 언급되는데 반해 뒤의 경우에는 적극적인 가르침에 대한 금지가 지적된다. 그러나 두 대목은 외형상으로 나타나는 것처럼 완전히 모순되지는 않는다. 하나는 조용하고 은밀한 장소에서 수행되는 기도와 예언의 상황을 지적하는데 반해, 다른 하나는 공적 교회의 교육에 관계된다. 예언은 주로 어린 아이, 이웃, 당국을 향한 모든 종류의 종교적 담화를 말한다. 여인의 예언과 침묵이라는 상반된 내용은 각기의 문맥에 관계된다. 작은 범위의 장소에서 이루어지는 예언은 여인에게 소속되지만 교회에서 다수의 청중을 상대로 하는 가르침은 여인의 몫이 아니다. 다만 아동이나 어린 여자에 대한 경우는 제외된다.

여인의 '머리 가림'에 관한 상세한 논평을 이해하기 위해서는 당시의 시대상황에 눈을 돌릴 필요가 있다. 로마의 관습법 제10조에는 이와 관련된 내용이 나타나 있다. 플루타크의 문서에 의하면 로마의 시민은 신에게 제사를 드리기 전에 두건을 착용한다. 그리고 기도와 같은 주술을 행할 때에는 외부의 소리를 막기 위해 귀에까지 올라오는 긴 외투를 걸치기도 한다. 이와 같은 관례는 후세의 일상생활에 영향을 미친다. 그리스의 도시 고린도는 당시에 로마제국의 점령지역에 속한다.

유대의 회당의 예배에도 유사한 전통이 통용된다. 회당에서 기도할 때에는 유대의 남자도 천으로 머리를 가린다. 유대의 여인은 예배에 참석할 때에 머리에 두건을 쓴다. 이에 반해 거룩함에 대한 경외가 없는 그리스 여인은 머리를 가리지 않는다. 머리를 벗은 채로 예배를 드리는 것은 불경에 속한다. 그와 같은 행동은 유대의 기독교인에게 거부감을 자아낸다. 바울 역시 당시의 일반적 관념에 동의하고 있다. 보수적 성향을 지닌 학자 출신의 그에게는 그리스 여인과 같은 무례한 여인의 자세가 참기 어려운 일로 여겨진다. 때문에 일반적 범위를 넘어서는 특별하고 상세한 논증을 펼치게 된다. 머리를 가리는 행위는 다른 사람에 대한 예속을 의미한다. 결혼식에서 신부가 면사포를 쓰는 것은 신랑을 향한 순종의 자세를 표시한다. 저자는 옛 동방에 내려오는 여인의 관습에 관한 모티브를 복종과 예속의 덕목을 강조하기 위해 도입한다. 고린도전서 14장 34절의 종반에는 복종이 율법의 내용으로 규정된다. "율법에 이른 것 같이 오직 복종할 것이요."

머리는 사람의 가장 중요한 신체기관이다. 기도와 예언의 말씀을 인도하는 영적 작용과 활동은 두뇌에서 나온다. 머리의 보호는 기도의 과정에서 악령의 방해를 방어하는 역할을 한다. 이것은 천사의 경우도 마찬가지이다. 사탄과 천사는 천상과 지상의 중간지대에서 배회한다는 점에 공통된다. 구약성서에는 악한 천사에 의한 인간의 유혹이 지적된다. 천사는 위험의 상황에 빠져들기 쉬운 여인의 기도에 동반될 수 있다. '천사들로 말미암아'라는 설명의 부사구는 이와 같은 문맥에서 이해된다(11.10). 그것은 영적 예배의 수호를 위해 천사의 유혹으로부터 보호받는 것을 의미한다.

바울은 11장의 첫 단락에서 천사에 연관된 종교적 논증을 사회의 일반풍습과 예의범절에 연결시키고 있다. 여기에서 감지되는 논리의 비약은 그의 사고가 역사적인 향토의 특성에 의해 깊이 각인되어 있음을 보여준다. 그리스 여인과 구분되는 유대여인의 풍습에 관한 상세한 논증은 이 사실을 뒷받침한다. 11장 13-14절에는 여인의 '머리 가리기'에 대한 요구가 명료하게 제시된다. 동시에 남성에 비해 길게 자라는 여성의 머리에 관한 자연의 본성이 지적된다. 머리를 드러내지 않고 덮는 것은 창조주의 뜻에 합치되는 행위이다. 긴 머리와 '머리 가림'을 연결시키는 저자의 세밀한 논증은 자신의 주장을 정당화하기 위함이다.

여러 상이한 사회적 전통과 다양한 출신의 인간이 혼재된 고린도 교회에는 교인의 외적, 내적 자세와 행동의 규율이 필수적 과제로 대두된다. 공적 예배는 새로이 형성된 종교를 모르는 외부의 집단이 교회를 관찰할 수 있는 유일의 대상이다. 때문에 예배의 행사는 특별히 중요한 의미를 갖는다. 단정한 복장이나 예의바른 언행과 같은 현실적 요건은 도시의 지도자에게 좋은 인상을 부여할 수 있다. 기독교처럼 일치된 종교는 일부의 무례한 신도의 행동으로 혼란을 일으키는 무리의 모임으로 지탄의 대상이 되어서는 안 된다. 교구의 예배에서의 여인의 예의에 관한 자세한 논평의 배후에는 유대출신의 저자 고유의 윤리의식이 배여 있다. 이와 같은 사실은 서한의 다른 곳에서도 발견된다. 독자는 자신의 독서행위를 움직이는 이와 같은 해석의 실마리에 유의하여야 한다.

여인의 지껄임에 관한 금지는 교회에서 요구되는 정숙의 분위기를 유지하기 위함이다. 그리스의 항구도시 고린도에 세워진 교회에는 여인들이 수다를 떨거나 아첨하는 언사로 문제를 일으키는 일이 드물지 않게 발생한다. 고린도전서에 언급된 교회는 작은 단위의 가정교회가 아니라 조직과 제도를 갖춘 공공의 교회이다. 고린도전서 14장의 마지막 단락은 이와 같은 도시교회의 무질서를 바로 잡으려는 의도 아래 서술된다(14.26-40). 여기에는 하나님의 질서에 의한 '화평'이 전제된다(14.33). 이어지는 침묵과 정숙의 요구는 '화평'의 덕목에 근거한다. 교구의 구성원의 언행은 사회의 법규에 불필요하게 저촉되지 않으면서 성서의 말씀에 바탕을 두어야 한다. 침묵은 거룩한 말씀을 받아들이는 적합한 토양이다. 침묵의 실현은 여성스러움의 지위를 고양시킨다.

고린도전서 14장에 제시된 교회의 규율은 '주님의 말씀'에 의거한다(14.37). 이것은 특히 선지자나 스스로를 신령한 자로 생각하는 자에게 해당된다. 바울의 경고는 여성에 대한 사도의 적대심에 기인하지 않는다. 그와 같은 성향은 저자의 문서의 어디에서도 찾아볼 수 없다. 오히려 그는 의문을 갖고 질문을 제기하는 여성을 일반대중의 비난에서 보호하려 한다. 그 무엇을 정확히 알려고 하는 여인들이 조롱당하며 위험에 처해지는 일은 고대사회에서 자주 발견된다.

여성의 보호를 지향하는 바울의 특별한 권면은 긍정적 측면에서 이해된다. 그가 교회의 질서유지를 위해 지적한 '잠잠함'의 요구는 넓게 보아 교회의 모든 신도에게 해당된다. 즉 저자의 개인적 견해가 아니라 일반적으로 통용되는 원리이다. 이와 같은 사실은 해당단락의 결구에서 증명된다. 이제까지의 서술을 정리하는 문장에서 교구의 신도를 위한 일반적 수칙은 '질서와 품위'의 유지로 규정된다(14.40).

모든 것을 품위 있고 질서 있게 하라.

인격형성의 기본요소인 '품위'는 '조화와 아름다움'의 균형을 뜻한다. 바울의 언어사용에는 근대에 이르러 대두된 도덕적, 미적 인간교육의 이념이 나타나 있다. 교회의 질서라는 기본주제의 개진은 인간학적, 윤리적 요구로 귀결된다. 이와 같은 결론은 해석자의 성찰에 의해 더욱 심화될 수 있다.

병행하는 구절과 단락과의 상호조명은 성서해석의 유용한 방식이다. 고린도전서 14장 34-35절의 내용은 목회서신에 속하는 디모데전서 2장 8-15절에서 유사한 형태로 다시 발견된다. 두 문맥 사이에는 뚜렷한 병행이 존재한다. 교회의 예배와 기도를 위한 지침을 제시하는 여덟 절의 단락에는 우선 '거룩한 손'으로 표현되는 기도의 특성이 지적된다(2:8). 그것은 개인적 순수함과 부정한 이웃과의 단절을 전제한다. 여성에게는 단정함, 소박, 정절이 필요한 덕목으로 제시된다. 여기에서 소박(aidos)은 버릇없는 행동을 막아주는 양보와 수치심을, 정절(sophrosyne)은 균형 잡힌 자기제어를 의미한다. 동시에 일상생활의 선행이 권고된다. 동일한 내용이 베드로전서 3장 6절에도 나온다.

이어서 조용함에 대한 요구가 순종과 연관하여 가르침과 남성의 지배의 배제라는 문맥에서 강조된다(2:11). 이와 같은 경고는 고린도전서 14장 35절과 일치한다. 여자가 가르치고 배워야 할 장소는 교회가 아니라 남편이 있는 가정이다. 중요한 공적 자리에 여성이 등장하는 것은 고대사회에서 바람직하지 못한 처사로 간주된다. 단락의 마지막 세 절에는 창세기의 유혹이야기를 통해 이브가 저지른 배반과 죄악에 시선이 옮겨진다(3:1-7). 여자는 남자에 비해 쉽게 사탄의 유혹에 넘어간다(딤후 3:6). 이것은 위에 언급한 여성의 위험에 대한 보호에 연관된다. 아담에 앞선 이브의 악행에 관한 지적은 당시에 문제가 된 거짓교사 집단의 잘못된 행위를 의식한 것으로 보인다. 교구의 모임에는 통제되지 못한 이상한 가르침으로 예언을 행하는 여선지자가 활동한 것으로 알려져 있다.

그러나 단락의 마지막에 이르면 논증의 전환이 이루어진다. 이를 위한 계기를 제공하는 것은 의외로 일상적 현실, 즉 아이를 생산하는 어머니의 숙명이다(2.15).

> 여자들이 만일 정숙함으로써 믿음과 사랑과 거룩함에 거하면 그의 해산함으로 구원을 얻으리라.

여기에서 명사 여인은 복수로 교체된다. 여인들을 대상으로 하는 복합문장의 내용은 이제까지와 전혀 다르다. 우선 믿음과 사랑이 거룩한 구원을 보증하는 원천으로 지적된다. 두 명사에 동반된 '정숙'은 11장 9절의 정절과 같은 어휘이다. 다음으로 구원의 실제적 동인이 해산이라는 사실이 강조된다. 이것은 매우 독특한 발상이다.

여성의 자유는 세상에서 흔히 생각하듯 구속을 가져오는 결혼의 파기를 통해 얻어지지 않는다. 오히려 결혼생활의 실천적 완성에서 진정한 자유가 보증된다. 여기에서 해산은 해산의 과정이나 고통을 지시하는 것이 아니라 어머니의 신분과 역할을 의미한다. 결국 여인의 구원은 모성(母性)의 실현에서 찾아진다. 저자는 여성의 고유속성인 모성을 최고의 단계로 상승시키고 있다. 모성은 인간의 사랑의 극치를 보여주는 하나님의 선물이다. 교회에서의 여성의 위치에 관한 바울의 연속된 성찰은 후기의 서한에서 보다 높은 수준에 도달한다.

2) 응용의 해석

위에 서술한 비교적 상세한 논증에서 다음과 같은 사실이 도출된다. 바울의 서신에 분산되어 다루어진 여성의 자세와 행동에 관한 서술은 외형적, 표면적 관찰에 의해 해명되지 않는다. 서로 병행하는 단락의 의미를 종합적으로 파악하기 위해서는 문헌적, 신학적 분석뿐만 아니라 인간학적, 사회적, 문화적 차원의 성찰이 고려되어야 한다. 저자는 교회의 구성원의 자격에서 인간적 성품과 품위를 존중하고 있다. 아울러 사회적 윤리에 가치를 둔다. 교회와 주변사회의 관계에서 볼 때 교인의 발언과 활동이 중요한 영향을 미치기 때문이다. 세상으로 나아가는 교회의 사역과 전도가 성공을 거두기 위해서는 교인 스스로 모범을 보여야 한다. 이 기본적 요구는 일상생활에서 이웃과의 접촉이 잦은 여인의 경우 특히 강조된다. 그러나 근본적으로 모든 교인에게 해당된다.

주로 단어와 구절의 설명에 집중하는 제한된 범위의 주석(exegesis, enarratio)은 정밀한 독서에서 제기되는 여러 의문을 해결하기에 불충분하다. 때문에 본문의 배후로 들어가 저변에 놓인 깊은 의미를 발굴하는 심층의 해석이 필요하게 된다. 이와 같은 작업은 '난해구문'의 해소에 기여할 뿐만 아니라 열려진 본문의 의미를 풍성하게 만든다. 그 결과는 성서에 내포된 계시의 의미를 포착하게 한다. **해석학의 정체성은 여기에서 정당화된다.** 오랜 역사를 지닌 이 학문분과의 생성은 사회와 문화의 현실적 필요성에 기인한다. 한마디로 해석학(hermeneutics, Hermeneutik)은 '이해할 수 없는 것을 이해하게 만드는' 기술이다. 이와 같은 도전적 명제는 해석학의 역사에서 유용한 방법을 창출하는 원동력이 된다.

해석학의 역사적 기원은 고대 그리스로 거슬러 올라간다. 아테네의 시민에게 전승된 호머(Homer)의 서사시는 당시의 언어로의 번역에도 불구하고 이해되지 않는 낯선 대상으로 받아들여진다. 고전적 '헥사메터'(Hexameter) 형식의 시행으로 표현된 신화적 내용은 일반적 지식과 경험의 범위에서 이해될 수 없기 때문이다. 따라서 진정한 의미를 파악할 수 있는 일정한 방법적 수단이 필요하게 된다. 여기에서 보조분과로서의 해석학이 태동한다. 그것은 텍스트의 난해성을 해소하는 '기술적' 방식으로서의 '해석의 기술'(ars interpretandi)이다.

'해석의 기술'로서의 고전적 해석학은 주로 종교적 텍스트의 해석에 관계된다. 이것은 유대의 랍비의 성문서 해석, 초대교부의 해석, 초기개신교의 해석학에서 증명된다. 해석학의 원래의 영역은 수사학의 범위에 속하는 성서의 주석에 있다. 그러나 해석학은 점차 주석의 범주를 넘어선다. 다시 말해 이해의 기술에 적합한 스스로의 규칙과 기준을 다룬다. 보조학문으로서의 기능은 불명료한 구절(ambigua)의 해명으로 실현된다. 이를 위해 다양한 이론과 방법이 고안된다. 그리스의 학문적 토양에서 생성된 해석학 방법론은 역사적으로 해석학의 체계를 형성하는 기초가 된다. 근세에서 현대에 이르는 해석학의 발전은 이 시기에 이루어진 풍성한 이론적 성과에 크게 힘입고 있다.

해석학의 역사적 성찰은 20세기 후반 이후 점차 순수한 이해의 방법론을 넘어 이해의 과정을 인간의 삶 세계와의 연관으로 구성한다. 그 결과 삶의 실천과 프래그머티즘의 요소가 해석학의 성찰에 도입된다. 해석학과 프래그머티즘은 현실이 언어에 의해 규정된다는 견해에서 일치한다. 프래그머티즘 해석학은 이해의 실천이 공허한 일반화에서 보호되는 학제간 연구를 활성화한다. 거의 모든 정신과학과 예술학에는 이론의 반성에 의해 동반되는 해석학의 **실천적 응용**이 이루어진다.

신학의 분야에도 인접학문과의 방법론적 연계가 중요한 과제로 대두된다. 성서해석학의 위상은 다른 개별분과와의 연관과 중재에서 합당하게 설정된다. 이로 인해 신약성서의 해석은 보다 넓은 인식의 조망에서 추진된다. 나아가 다른 학문분과와의 실제적 협동연구가 이루어진다. 전통적 신학의 주제는 인간학, 문화학, 사회학, 문헌학, 시학, 예술학, 매체학 등과 연관하여 관찰되고 토론된다. 특히 전통적 문헌학과 시학과의 접목은 성서이야기의 관찰과 분석에 크게 기여한다. 서사적 비유이야기는 드라마의 구성과 언어적 은유이론의 기초에서 해석된다. 그 결과 비유이야기 이해의 새로운 조망이 열린다.

지난 한 세기 동안의 성서연구사를 조망해보면 1970년대 이후 해석학이론의 실천적 적용이 활발하게 전개된다. 20세기 후반의 해석학 토론에서 제기된 여러 중요한 문제들이 변화된 시대의 조망에서 관찰되고 평가된다. 특히 Gadamer의 철학적 해석학의 중심을 형성한 언어의 이해가 다양한 방향에서 의미 있게 개진된다. 이 보편적 범주는 상이한 학문분과를 해석학이라는 이름 아래 서로 연계시키는데 큰 기여를 한다. Fuchs와 Ebeling에 의해 제기된 '신해석학'은 해석학을 언어에 입각한 이해이론으로 구성하려는 시도이다. 해석학은 신학의 영역에서 '신앙의 언어이론'으로 구성된다.

해석학적 언어이해에서 유도된 또 다른 중요한 범주는 '언어사건'이다. 언어의 수행적(performativ) 특성과 기능에 집중하는 이 개념은 성서의 이야기를 해석하는 일반적 기준으로 인정된다. 언어의 사용은 새로운 현실의 창출을 통해 독자를 향해 강하게 호소한다. 신약성서에 등장하는 적지 않은 이야기는 수신자의 실존적 변화를 겨냥하고 있다. 이를 실현하기 위한 원동력은 사건을 일으키는 '수행의 말씀'이다. 그 구체적 내용은 이야기의 성격에 따라 다르게 나타난다. 그러나 근본적으로 동일한 목적과 기능을 지닌다. 이야기의 영향사에 연결된 실천의 응용은 여기에서 중요한 역할을 한다.

예를 들어 누가의 자비로운 사마리아인에 관한 에피소드는 응용의 차원에서 그 의미가 명료하게 인식된다(10.25-37). 진정한 이웃의 문제를 다룬 예화에는 특별한 화자의 의도가 들어있다. 그것은 "너도 이와 같이 하라"라는 종결의 말씀으로 대언된다(10.37). 간결한 명령은 수신자를 향한 강한 촉구이다. 서사적 구성을 갖춘 이야기에 서술된 보기 드문 선행은 기독교인의 실천적 윤리의 제고라는 관점에서 이해된다. 여리고의 도상에서 강도의 공격을 받은 자는 자신의 동족인 유대인 상층인사로부터 거듭하여 외면당한다. 오히려 유대인의 혐오의 대상인 이방인에 의해 구조되어 생명을 건진다. 우연히 길을 지나가던 여행자는 피습자가 거의 죽게 된 현장을 목격하고 가까이 다가가 용감하게 구조의 활동을 펼친다. 이것은 독자의 예상과 기대를 무너뜨리는 충격적 사건이다. 새로운 현실의 창출은 동적인 '언어의 힘'에 의해 수행된다.

독자를 종전과 다른 인식의 세계로 인도한 놀라운 기적의 행위는 남을 불쌍히 여기는 '연민'의 감정에 기인한다. '연민'은 모든 놀라운 사역과 행적의 원천이다. 예수님의 기적수행은 '연민'의 발로에서 출발한다. 세밀한 후속의 조처까지 취한 사마리아인의 완전무결한 구조는 하나님의 사랑에 대한 풍성한 반사이다. 하나님의 사랑 안에 머무는 자는 자신이 받은 사랑을 남에게 베풀 수 있다. 이것이 다른 사람이 할 수 없는 것을 감행하게 하는 동인이다.

응용의 해석은 이야기에 말해진 것의 청중으로의 전이를 의미한다. 이와 같은 양상은 이미 화자의 발언에 전제되어 있다. 이야기의 주체는 처음부터 수신자의 반응을 겨냥하고 있다. 이를 위해 다양한 방식과 기법이 동원된다. 여기에는 정서적 조종이 중요한 역할을 한다. 서사적 이야기의 해석에는 청중의 내면에 작용하는 **정서적 지각**의 변화가 마지막 단계를 형성한다. 그 구체적 내용을 서술하는 것이 실천의 응용의 과제이다. 여기에는 감정과 감성을 비롯한 여러 요소가 포함된다. 이것은 최근에 활발하게 논의되는 미적 지각의 차원이다. 이런 점에서 응용의 해석은 인간학적 지각에 연관된다.

부자와 거지 나사로의 비유이야기에 나오는 아브라함과 부자 사이의 대화에는 정서적 지각이 중요하게 작용한다(16.24-28). 다섯 절의 대화를 시작하는 부자의 발언은 매우 격정적 어조로 묘사된다. 그는 "아브라함의 품"에 안겨있는 나사로를 쳐다보면서 다음과 같이 간구한다(16.24).

> 그 손가락 끝에 물을 찍어 내 혀를 서늘하게 하소서
> 내가 이 불꽃 가운데서 괴로워하나이다.

두 부분으로 된 문장은 극심한 고통의 완화를 향한 갈망을 은유의 어법으로 표현한다. 여기에 서술된 '혀의 서늘함'과 불꽃 속의 뜨거움의 대조는 촉각과 느낌에 관계된다. 신체적 감각은 정신적, 내면적 지각으로 이어진다. 자신의 괴로움에서 벗어나려는 부자의 탄원은 청중의 지각적 반응에 강하게 호소한다. 그는 나사로를 심하게 괴롭힌 교만한 부자와 같은 삶을 살지 않기로 다짐하게 된다.

여기에서 **성서의 지각론**에 관해 설명할 필요가 있다. 이 창의적 용어는 성서의 중요한 진술이나 담화가 미적 지각의 차원에서 의미 있게 해명된다는 사실에 근거한다. 신구약성서에는 미적 지각의 특징과 양상을 보여주는 대목이 수없이 발견된다. 대표적 예를 들어보면 시편에 기록된 시와 노래의 찬양(81.1-4), 이사야에 서술된 빛과 영화(60.1-3, 6.10), 마가복음의 세례 장면에 보인 성령의 계시(1.9-11), 히브리서의 영광의 광채(1.3), 요한계시록의 엑스타시 환상(10.8-11) 등이다. 이와 같은 단락이나 구절의 이해에는 공감각이나 복합지각의 작용이 중요한 역할을 한다. 구체적으로 말하면 시각, 청각, 촉각의 협연에서 이루어지는 총체적 지각행위이다. 이 복합행위는 실제의 수행과정에서 통일된 방향으로 움직인다.

신체적 지각은 영적 지각으로 넘어간다. 보기, 듣기, 느낌과 같은 감각의 활동은 텍스트의 독서에서 영적 지각의 차원으로 수행된다. 영적 지각의 해명은 '말씀의 영감'으로 생성된 성서의 의미를 포착하는 필수적 수단이다. 영감을 뜻하는 라틴어 명사 'inspiratio'는 그리스어 'theopneustos'(하나님에 의해 입김을 불어넣어)에 유래한다. 즉 성서의 저자에게 부여된 신적 영력의 작용을 뜻한다. 이와 같은 능력이 성서를 기술하고 해석하는 원천으로 인정된다.

미적 지각의 필요성을 명료하게 보여주는 대표적 모티브는 영광이다. 영광의 그리스어 'doxa'는 빛의 반사를 뜻한다. 은유적 의미로는 보이지 않는 신적 존재에 대한 외형적 가시화이다. 이 특별한 추상명사의 의미는 빛의 지각에 관련된 미적 인식의 차원에서 파악된다. 히브리서 1장 3절은 예배의식의 언어로 구사된 운문의 신앙고백이다. 여기에는 하나님과 아들의 일체성이 영광과 형상으로 표현된다.

> 이는 하나님의 영광의 광채시요, 그 본체의 형상이시라.

짤막한 문장의 전반에서 영광은 '광채'와 연결된다. '광채'의 그리스어 'apaugasma'는 반사되는 빛을 말한다. 하나님의 거룩한 본성은 예수 그리스도를 통해 보이는 빛으로 지각된다. 어둠을 비치는 빛은 영원한 생명을 인식하는 매체이다. 이어지는 '본체의 형상'은 하나님의 아들 예수 그리스도의 존재적 정체성을 지시한다. 형상은 신약성서에서 그리스어 'eicon'으로 표기된다. 여기에는 원상에 대한 모사, 모방의 뜻이 들어있다. 예수 그리스도의 본성은 영광과 형상의 지각에서 올바르게 파악된다.

2. 일곱 개의 사례 해석

아래에는 신약성서에 나오는 이야기 가운데 일곱 개를 골라 실천의 해석을 시도하려 한다. 이들은 특별한 전제가 없이 임의로 선정된 것이다. 따라서 비교적 자유로운 지평에서 조명될 수 있다. 앞장에 서술된 응용의 해석은 전체의 관찰을 위한 방법적 지침이 된다. 개별적으로 읽혀질 대상은 삭개오의 구원, 사마리아 여인의 만남, 니고데모의 방문, 겟세마네의 기도, 로마군대의 조롱극, 엠마오의 두 제자, 바울의 회개의 환상에 관한 이야기이다. 텍스트의 선정이 소수의 분량으로 제한된 것은 비유이야기와 기적이야기는 이미 출간된 두 권의 책에서 구체적 해석이 이루어졌기 때문이다. 여기에 취급된 사례는 이제까지 필자에 의해 본격적으로 다루어지지 않은 텍스트에 한정된다.

1) 부자 세리 삭개오의 구원

누가복음 19.1-10

삭개오의 구원에 관한 이야기는 서사적 이야기의 전형에 속한다. 누가의 고유기사에 속하는 독립된 단락은 서사의 기본구도를 보여준다. 일관된 내용의 에피소드는 장소와 인물(19.2-3), 담화상황의 제시(19.4-7), 극적 전환의 형성(19.8-9), 종결의 말씀(19.10)으로 구성된다. 전체줄거리의 운동은 긴장의 형성과 해소에 의거한다. 첫 절에는 사건이 발생한 장소, 둘째 절에는 주인공의 인물이 소개된다. 장소의 배경은 여리고를 나가는 길목이다. 이것은 예루살렘을 향한 여정의 출발을 지시한다.

여리고의 출구에서 발생한 우발적 사건은 맹인 바디매오의 치유기적에 이어져 있다(18.35-43). 다시 말해 선행하는 기적이야기와 함께 고난의 행로가 동반되는 예루살렘 사역을 위한 준비의 단계이다. 이와 같은 사실은 서사적 이야기에 특별한 의미를 부여한다. 그것은 제자들을 향한 따름과 헌신의 분부이다. 이어지는 은 열 므나의 비유이야기에는 곧 다가올 하나님의 나라를 정치적 왕국으로 오해하는 제자들의 잘못된 기대를 바로 잡으려는 의도가 내포되어 있다(19.11). 여리고를 기점으로 일어난 일련의 사건은 전체의 문맥에서 같은 위치에 있다.

삭개오라는 '이름'의 명명은 특히 강조의 어법으로 표현된다(19.3). 화자는 주인공의 특별한 직업에 주의를 환기시킨다. 세리는 로마당국에 의해 위촉된 세금징수자로 당시의 유대사회에서 지탄의 대상이 되는 불행한 인간의 집단에 속한다. 특히 세리장은 자신이 취득한 금전의 일부를 로마당국에 바침으로써 자신의 자리를 유지한다. 삭개오는 여리고의 세관에서 근무하는 세리의 수장에 속한다. 이와 같은 인물의 설정은 이미 긍정적 결론을 예시한다. 불의의 죄인을 향한 예수님의 관심은 이미 세리 레위의 부름에서 증명된다(5.27-32). 바리새인의 비난을 야기한 소명의 이야기에는 세리와 죄인과의 공동의 식사가 이루어진다. 삭개오의 이야기에는 죄인의 회개와 구원의 과정이 구체적으로 서술된다. 그 내용은 청원자와 구원자의 상호대화에 의거한다. 두 인물은 이야기의 줄거리를 구성하는 주체이다. 이야기의 중반에 불평의 주체로 등장하는 이웃주민은 조연의 역할을 담당한다(19.7).

상대적으로 길게 서술된 상황제시의 중심은 예수님의 유숙의 요청에 따른 삭개오의 '즐거움의 영접'이다. 여기에서 국면의 전환을 위한 계기가 마련된다. 이어지는 두 절은 전체의 정상이다. 그 내용은 주인공의 참회의 고백과 이에 따른 구원의 축원이다. 구원의 축복은 참회의 고백 이후 즉각적으로 이루어진다. 단락을 마감하는 종결의 말씀은 문서의 중심주제인 잃어버린 자의 구원으로 돌아간다. 거대한 '잃어버림의 3부작'은 15장 전체를 구성한다. 여기에 다루어진 세 비유이야기의 기본지침이 삭개오의 이야기에서 다시금 지적된다. 한 절의 결구를 인도하는 '인자'의 호칭은 메시아로서의 구원자의 성격을 지시한다.

부자 세리의 구원은 앞에 소개된 부자 청년의 실패와 대조를 이룬다(18.18-30). 부자라고 해서 모두 '근심하며' 예수님을 떠나가는 것은 아니다(18.23). 삭개오의 경우는 '하나님에게 가능한 것'의 실례이다(18.27).

무릇 사람이 할 수 없는 것을 하나님은 하실 수 있느니라.

사람의 힘으로는 자신의 모든 소유를 한꺼번에 내어놓는 결단을 단행하기 어렵다. 그와 같은 일은 예수님을 통한 하나님의 개입으로 가능한 일이다. 이런 점에서 삭개오의 회개의 사건은 은총의 기적에 속한다.

주인공 삭개오의 준비된 자세는 이야기의 실마리를 형성한다. 그는 자신이 근무하는 도시를 떠나가는 예수님을 직접 보려는 열망에 사로잡혀 있다. '세리와 죄인의 친구'로 알려진 예수님(7.34)은 그가 꼭 한번 만나보고 싶은 특별한 인물이다. 이와 같은 소망은 적극적 행동으로 나타난다. 키가 작은 그는 많은 사람의 뒤에서 앞을 볼 수 없어 뽕나무(돌무화과 나무, sykomorea) 위로 올라간다. 예수님 일행의 코스는 길가의 뽕나무를 '지나가게' 되어있다. 뽕나무의 연한 줄기는 밑에서부터 구부러지기 때문에 삭개오처럼 작은 사람도 어렵지 않게 올라갈 수 있다. 아마도 그는 자신이 예수님의 눈에 띄게 되리라고 생각하지 못하였을 것이다. 그러나 예수님은 나무가 있는 곳에 도착하자 위를 '쳐다보며' 뜻밖의 말을 건넨다(19.5).

내가 오늘 네 집에 유하리라.

이것은 상대방의 속마음을 알아차린 발언이다. 예수님은 이미 삭개오의 내면의 욕구가 무엇인지 간파하고 있다. 하나님의 현존이 예수님 안에 있기 때문이다. 간결한 문장에서 동사 '유숙하다'에는 필연의 의미가 들어있다. 다시 말해 발언자의 강한 의지의 표명이다. 관심과 호의로 가득 찬 한 마디의 말걸기는 삭개오의 마음을 깊은 곳에서 움직인다.

다른 사람의 집에 유숙하는 것은 구원의 행위가 이루어지는 특별한 경우에 가능한 일이다. 사도행전에는 이에 관한 실례가 보고된다. 베드로가 백부장 고넬료의 집에 유숙한 일이 대표적 사례이다(10.23). 예수님의 강한 주문은 모든 것을 예상한 카리스마의 말씀이다. 짤막하고 친절한 한 마디는 세리장 삭개오의 삶을 근본적으로 변화시킨다. 그는 나무에서 급히 내려와

"즐거워하며 예수님을 영접한다"(19.6). 이 순종의 행동에서 구원의 실현은 예비된다. 기뻐하는 마음은 구원을 가져오는 원천이다. 바깥의 길거리에는 '점잖은' 사람들의 무리가 예수님이 부정한 횡령을 자행한 자의 집에 머무는 것에 대한 불만을 표시한다. 이것은 '회개한 죄인'과 식사를 나누는 예수님을 비난하는 바리새인의 태도와 동일하다(5.30).

극도로 긴장된 상황은 다음 장면에서 완전히 새로운 국면으로 전환된다. 삭개오는 이웃사람들이 지켜보는 가운데 예수님 앞으로 나아가 담대하게 위대한 양심선언을 감행한다(19.8).

> 내 소유의 절반을 가난한 자에게 주겠사오며 만일 누구의 것을 속여 빼앗은 일이 있으면 네 갑절이나 갚겠나이다.

위의 내용은 앞에 나온 바리새인과 세리의 비유이야기에 묘사된 통한의 기도와 근본적으로 일치한다(18.13).

> 다만 가슴을 치며 이르되 … 나는 죄인이로소이다.

가슴속 깊은 곳에서 우러나오는 죄인의 고백은 진실된 회개의 모습이다. 동일한 은혜의 사건이 부자 삭개오에게 일어난다. 삭개오의 이야기는 가장 훌륭한 회개의 이야기이다.

삭개오의 자기고백에는 두 가지 사실이 들어있다. 첫째, 자신이 가진 재물의 절반을 가난한 자에게 주겠다는 것이다. 이와 같은 기부의 행위는 구원의 은혜에 대한 감사의 마음에 기인한다. 둘째, 타인으로부터 부당하게 취득한 금전은 네 배로 갚아주겠다는 것이다. 언뜻 과도하게 보이는 약속에는 통렬한 참회의 심정이 배여 있다. 부자 세리 삭개오는 자신의 모든 것을 내어주는 절대의 속죄를 통해 구원받은 자의 모범으로 승화된다.

삭개오의 보기 드문 회개의 발언은 예수님의 최고의 축원으로 이어진다 (19.9).

> 오늘 구원이 이 집에 이르렀으니
> 이 사람도 아브라함의 자손임이로다.

위의 선언은 두 부분으로 구성된다. 복합문장을 시작하는 시간부사 '오늘'은 현장에서의 구원의 실현을 강조한다. 구원이라는 명사는 전반의 문장에서 주어의 역할을 한다. 과거동사 '이르렀다'는 '이루어졌다', '성취되었다'를 의미한다. 격언형식의 후반부는 특별한 호명으로 구원의 성격을 고양시킨다. '아브라함의 자손'은 유대인의 비난의 대상인 삭개오가 다른 유대인과 마찬가지로 복음을 청취할 권한을 지님을 의미한다. 구원의 복음은 회개의 주인공뿐만 아니라 그의 가족 전체에게 주어진다.

이어지는 종결의 말씀은 청중을 향한 고귀한 발언이다(19.10).

> 인자가 온 것은 잃어버린 자를 찾아 구원하려 함이니라.

여기에는 '인자'의 호칭을 통해 메시아의 사명이 강조된다. 한 절의 문장은 세리 레위의 부름을 마감하는 종결의 말씀과 유사하다(5.32).

> 내가 의인을 부르러 온 것이 아니요 죄인을 불러 회개시키러 왔노라.

위의 문장에서 동사 '부르다'는 앞의 인용문에 나오는 '찾다'와 같은 위치에 있다. '부름의 회개'는 '찾음의 구원'과 동일시된다. 잃어버린 양의 비유에는 목자가 잃어버린 양을 찾아 구조한다(15,3-7). 이와 마찬가지로 예수님은 버림받은 죄인을 불러내어 그를 구원으로 인도한다. 구원은 여기에서 찾음과 축복을 의미한다. 19장 10절의 격언적 문장은 잃어버린 자의 구원이라는 문서의 주제를 총괄한다.

삭개오의 이야기는 두 가지 점에서 다른 경우와 구분된다. 첫째, 단호한 회개의 결단에 의한 총체적 경제의 희생이다. 진정으로 자신의 죄를 뉘우친 참회자는 완전무결한 보상을 약속한다. 부당하게 세금을 탈취당한 피해자는 모두 원래의 상태로 복구된다. 둘째, '아브라함의 자손'을 선언한 구원자의 특별한 반응이다. 아브라함에게 약속된 이스라엘의 구원은 새로운 메시아 예수님에 의해 성취된다. 삭개오와 그의 집안의 구원은 이스라엘의 회복을 보여주는 역사적 상징이다. 삭개오의 사건에서 개인의 축복은 우주적 차원으로 확대된다. 세계의 구원은 한 사람의 위대한 회개에서 비롯된다. 그것도 사회에서 비난받는 죄인의 철저한 변화이다.

부자 세리의 구원에 관한 이야기는 몇 가지 관점에서 해석될 수 있다. 가장 기본적인 방향은 잃어버린 자의 구원이라는 구원론의 영역이다. 문서의 중심주제에 속하는 이 용어는 버림받은 자, 밀려난 자를 위한 복음을 의미한다. 부자세리 삭개오는 가난한 자는 아니지만 의롭지 못한 서민의 착취자이다. 그는 사회에서 배척받는 아웃사이더이다. 예수님은 하나님을 모르는 불신앙의 죄인에게 시선을 돌린다. 그를 죄의 질곡에서 해방하기 위함이다. 또 다른 해석의 방향은 실존론의 입장이다. 삭개오의 회개는 새로운 삶의 출발로 이어진다. 자신의 모든 것을 내어놓은 그는 부의 축재를 떠나 봉사와 헌신의 삶을 살게 된다. 그것은 예수님의 후계자에게 요구되는 따름의 길이다.

마지막 방향은 응용의 해석이다. 화자의 조망은 줄거리의 운동에서 독자의 변화를 겨냥하고 있다. 독자는 삭개오의 통렬한 참회에서 커다란 감동을 받는 동시에 강한 자기반성의 계기를 발견한다. 인간은 누구나 상황에 따라 삭개오와 같은 부정과 허위의 삶을 살 수 있다. 세속적, 정치적 권력의 억압은 나약한 인간에게 피하기 어려운 요소로 작용한다. 중요한 것은 언제 어떻게 예수님을 만나 '영접의 기회'를 갖는가 하는 것이다. 이를 위해서는 다른 사람과 구분되는 과감한 의지와 용기가 필요하다.

잃어버린 자의 구원을 선언하는 종결의 말씀은 교회와 교회의 구성원에 관계된다. 버림받은 교회의 신도도 예수님의 은혜에 의해 '다시 찾아지는' 영원한 기쁨에 동참하여야 한다. 진정한 회개를 향한 요청은 믿는 자와 믿지 않는 자 모두에게 해당된다. 믿음을 가진 자도 부자 세리처럼 생각하고 행동할 수 있다. 믿지 않는 자는 잘못된 과거의 청산을 통해 새로운 삶과 신앙의 길로 들어서야 한다. 그 결과는 자기 자신뿐만 아니라 가정과 사회의 구원으로 이어진다. 삭개오의 회개의 이야기에 관한 응용의 해석은 우주적 복음의 실현이라는 선교의 명제를 활성화한다. 한 개인의 구원은 전 세계의 복음화에 직접 기여한다.

2) 니고데모의 변화

요한복음 3.1-21

요한복음의 서두에 배치된 니고데모의 이야기는 문서 전체의 전개에서 중요한 위치에 있다. 이후의 서술은 여기에 제시된 복음의 강령에 근거하고 있다. 그 중심은 단락의 서두를 장식하는 '새로운 탄생'의 개념이다. '거듭남'으로 표현된 심오한 주제는 저자의 신학적 관점의 반사이다. 21절에 걸친 복합단락은 거의 대화와 담화로 구성되어 있다. 인물의 행동은 극도로 자제된 채 대화의 진행이 줄거리를 인도한다. 이와 같은 서술방식은 화자의 의도와 구상을 명료하게 전달하는 데 적합하다. 요한은 독자의 깊은 성찰을 요구하는 대화체의 이야기를 통해 기독교 복음의 원리를 탁월하게 개진하고 있다. 그 방식은 전통적 유대종교와의 대조에 의거한다. 대화의 논증은 이를 위한 유용한 수사적 매체이다.

니고데모의 이야기는 문서의 전개에서 중요한 쉼표의 역할을 한다. 예수님의 사역의 초기에 일어난 포도주의 기적에 관한 소문은 기적의 수행자에 대한 관심과 공감을 증대시킨다. 예수님 그와 같은 대중의 반응이 의미가 없음을 분명하게 한다. 니고데모와의 만남은 이 사실을 보여주는 증거이다. 예수님은 외부의 방문자의 인사말인 찬탄의 언사에 대해 '이중의 아멘'으로 강하게 대응한다(3.3). 이 강조의 어법은 발언된 내용의 한계를 지적하는 부정의 형식이다. 근본적으로 자신의 존재를 변화시키지 않는 한 모든 외형의 찬사는 소용이 없다.

니고데모는 바리새인에 속하는 예루살렘 의회의 최고위원이다. 그의 위치는 첫 절에서 특별하게 지적된다. **"바리새인 중에 니고데모라 하는 사람이 있으니 유대인의 지도자라."** 니고데모는 다른 바리새인과 달리 진지하고 순수한 의도로 예수님을 찾아온다. 주변의 동료의 눈을 피해 야간의 시간을 이용한 것은 그가 높은 지위에 있는 인사임을 암시한다. 갈릴리의 혼인잔치 기적은 이미 그에게 강한 인상을 남긴다. 급작스러운 예수님의 방문은 준비된 행동이다. 그 결과는 새로운 종교로의 귀의로 나타난다.

이와 같은 사실은 주어진 이야기에는 드러나지 않는다. 그러나 니고데모의 변화된 행동은 문서 전체에서 두 차례에 걸쳐 지적된다. 한번은 예수님을 정죄하려는 대제사장과 바리새인들의 경솔한 태도를 반박하는 장면이다(7.51). 여기에는 분명한 확인의 절차가 없이 집행되는 심판의 행위가 경고된다. 다른 한번은 예수님의 매장의 장면이다. 니고데모는 예수님이 십자가에 처형된 이후 아리마대 사람 요셉과 함께 다량의 향유를 지참하고 방치된 시체의 매장에 참여한다(19.39). 이것은 충실한 그리스도의 종이라는 증거이다. 예수님과의 만남 이후에 이루어진 니고데모의 삶의 변화는 단계적으로 진행된다.

전체의 단락은 크게 두 부분으로 나누어진다. 전반부는 예수님과 니고데모 사이의 긴장된 대화이고(3.1-15), 후반부는 여기에 이어진 심오한 해석이다(3.16-21). 보다 긴 전반의 단락은 다시 소수의 단위로 분할된다. 구체적 내용은 거듭남, 성령의 역할, 인자의 올라감의 순서로 전개된다. 여기에 제시된 메시아의 존재와 사명은 후반의 단락에서 복음전파의 수행으로 정리된다. 전체의 진행은 영적 거듭남에서 시작하여 믿음으로 인한 영생의 획득으로 귀결된다. 두 요소는 긴밀하게 연계되어 있다.

제1부의 줄거리는 포도주의 기적에 대한 니고데모의 찬사로 시작된다. 그가 기적을 수행한 예수님을 '하나님에 의해 보내진' 사람으로 인식한 것은 특기할만한 일이다. 종교적 확신이 결여되어 있는 니고데모의 발언이 끝나자 예수님은 도전적 말씀으로 응수한다(3.3).

사람이 거듭나지 아니하면 하나님의 나라를 볼 수 없느니라.

위의 가정법 문장에는 "진실로 진실로 네게 이르노니"라는 자기지시의 진술문이 선행된다. 여기에 사용된 '이중의 아멘'은 앞으로도 두 차례에 걸쳐 반복된다. 특별한 어법의 도식을 동반하는 강조의 문장은 말해질 내용이 매우 중요함을 지시한다. 문장 전체의 의미를 규정하는 동사 '거듭나다'는 '새로이 태어나다'를 뜻한다. 이 복합적 서술어에서 '새로이'는 그리스어에서 '위로부터'의 뜻을 지니고 있다. 즉 새로운 출생의 필요성뿐만 아니라 새로운 출생의 영적 본질을 지시한다. 한마디로 하나님의 성령과 능력에 의해 '다시 태어난다'는 뜻이다.

니고데모는 예수님의 첫 발언에 대해 동문서답의 반응을 보인다(3.4). "어머니의 뱃속에 들어갔다가 다시 나와야 하느냐"라는 대답은 유대의 종교지도자로서 다소 의아스러운 일이다. 그것은 심오한 종교적 내용에 대한 조소의 감정의 표현일 수도 있다. 어쨌든 예수님의 말씀을 일상사의 맥락에서 잘못 이해한 것은 사실이다. 예수님은 두 번째의 아멘을 동반하는 '물과 성령'의 세례를 통해 보다 명료하게 설명한다. 물속으로의 진입이라는 가시적 징표는 세례요한의 세례예식에 연원한다. 물의 제식은 용서의 기도를 준비하기 위한 청결로 이해된다. 이 사면의 기도는 천상의 성령의 보내짐으로 응답된다.

물질적, 정치적 왕권에 대한 관념이 지배하는 당시의 상황에서 '영적 나라'의 개념은 유대인에게 받아들이기 어려운 대상이다. 이 사실은 유대의 종교지도자인 니고데모에게도 크게 예외는 아니다. '하나님의 나라를 보는 것'은 하나님의 나라를 영적으로 인식하는 것이다. 동사 '보다'는 '알다, 경험하다'를 뜻한다. 즉 정신적 지각을 말한다. 예언적 의미를 내포한 예수님의 진술에 대한 니고데모의 오해는 그의 종교적 사고가 지닌 한계를 보여준다. 기독교의 중요한 은유적 명제인 '새로운 출발'은 편협한 의식과 판단에 사로잡혀 있는 세속의 종교인에게 물리적, 육체적으로 불가능한 일이다.

이어지는 세 절은 앞에 주어진 거듭남의 주제를 논증의 형식으로 개진한다(3.6-8). 위에 언급된 성령은 여기에서 육과 영의 이원론에서 설명된다. 육신은 신체적 외형의 속성을 지시한다. 단락의 주제인 영적 '거듭남'은 인간의 통제를 벗어난다. 그것은 하나님의 권능에 속하는 일이다. 3장 7절에는 거듭남이 명령의 형식으로 표현된다. 그것은 하나님 나라에 들어가기 위한 전제조건을 넘어 필수의 요소로 강조된다. 성령은 이어서 바람과 비교하여 설명된다. 성령(pneuma)의 어원인 바람은 성령의 작용을 나타내는 적합한 비유어이다. 바람은 어디에서 와서 어디로 가는지 알 수 없는 비가시의 현상이다. 그러나 바람의 움직임에서 일어나는 효과는 매우 크다. '위로부터 거듭난' 자도 마찬가지이다. 그는 보이지 않는 성령의 활동에 의해 완전히 새롭게 변화된다.

니고데모와 예수님의 상호대화는 세 차례에 걸친 우둔한 질문의 제기와 '이중의 아멘'으로 인도되는 응답으로 진행된다. 세 번째의 답변은 '성령으로 거듭남'에 관한 니고데모의 회의를 반박하는 부분이다(3.10-12). '이스라엘 선생'은 영적 재탄생의 의미를 이해하지 못하는 유대의 종교지도자를 대언하는 집합적 명칭이다. 마지막 답변의 내용은 '우리의 증언'의 거부에 대한 강한 질책이다. 일인칭 복수대명사의 사용은 증언의 보편적 성격을 지시한다. 여기에 지적된 무이해의 문제는 3장 12절에서 '땅의 일'과 '하늘의 일'의 대조로 표현된다. '지상의 일'은 강조된 앞에 강조된 영적 진리로 되돌아가는 반면 '천상의 일'은 지상에서 완전히 드러나지 않는 진리를 가리킨다.

예수님의 증언은 유대의 종교를 규정하는 랍비의 이론과 구분된다. 니고데모의 회의에 대한 예수님의 반박은 자신의 존재에 관한 선언으로 귀결된다(3.13).

위의 객관적 진술문은 이중부정에 의한 긍정의 어법으로 인자의 숙명을 지시한다. '땅으로 내려오는 것'은 성육신(incarnation)의 사건을 가리키며, 올라감은 영광의 고양이라기보다 십자가의 죽음을 예시한다. '로고스'의 육화(1.14)는 인자의 내려옴이다. '위로부터 태어난' 기독교인도 여기에 유추된다. 세례예식에 주어진 계시의 의미에 의해 기독교인은 인자와 동일한 길을 걷는다. 즉 '위로부터 아래로, 그리고 아래에서 위로' 이동한다. 이와 같은 관념의 도식은 기독교가 생성된 시기의 옛 동방에서 일반화된다. 이제 3장 1-13절의 단락은 다음과 같이 정리된다. 믿는 자와 세례를 받은 자는 하늘에서 내려와서 하늘로 돌아간다. 왜냐하면 '위로부터 태어났기' 때문이다. 이와 마찬가지로 인자도 하늘에서 보내져 다시금 하늘로 올라간다. 여기에서 예수님의 숙명이 설명되며 그의 신분이 정당화된다.

이어지는 두 절은 올라감의 심오한 의미를 비유의 상을 통해 구체적으로 개진한다. 쇠로 주조된 뱀에 관한 해석은 예형론에 의거한다. 이스라엘 백성은 구원을 향한 희망으로 모세의 장대에 걸린 놋뱀을 쳐다본다(민 21.4-9). 마찬가지로 예수님이 매달린 십자가를 우러러보는 사람은 영생의 구원에 이르게 된다. 장대의 놋뱀은 십자가상의 의미 있는 예형이다. 양자의 병행에 대한 비교의 거점은 믿음의 필수성이다. '인자'의 올라감은 여기에서 필수적 요소로 규정된다. 3장 15절에 지적된 영원한 생명은 저자가 복음의 목적으로 표현한 '이름에 의한 생명'과 비교된다(20.31). 형용사 '영원한'은 예수님에 의해 주어진 생명의 불멸성을 나타낸다.

상대적으로 짧은 후속단락은 앞의 단락에 연결되어 있다(3.16-21). 비록 발언의 주체가 명확하게 밝혀져 있지 않으나 예수님의 증언의 연속이다. 첫 문장을 인도하는 이유의 접속부사는 이를 입증한다. 여기에는 저자 자신의 사고도 반영되어 있다. 여섯 절의 단락은 믿음을 통한 영생의 구원(3.16-18)과 빛과 어둠의 비유(3.19-21)로 나누어진다. 앞 절을 이어받는 단락의 첫 절은 전체의 총화이다(3.16).

> 하나님이 세상을 이처럼 사랑하사 독생자를 주셨으니
> 이는 그를 믿는 자마다 멸망하지 않고 영생을 얻게 하려 하심이라.

두 부분으로 구성된 복합문장은 완료형의 과거문과 여기에 연결된 현재의 문장으로 되어있다. 즉 과거의 사실은 현재의 진리를 위한 근거가 된다. 하나님의 사랑에 의한 아들의 파송은 믿는 자에게 영생을 부여하기 위함이다. 이것은 예수님의 사명을 대언하는 공식이다. 모든 사람을 향한 하나님의 사랑은 자신을 내어주는 사랑이다. 이와 같은 희생의 사랑은 아들의 죽음으로 나타난다.

소위 '파송의 공식'에 속하는 위의 시행은 '한 문장의 복음'이라고 불린다. 즉 복음에 관한 초기기독교의 요약이다. 여기에는 두 가지 요소가 들어있다. 첫째, 하나님과 아들 사이의 관계이다. 선행하는 주문장의 주어는 하나님이며 목적어는 예수님이다. 하나님은 자신의 아들을 보내는 행동의 주체이다. 둘째, 구원의 목표의 제시이다. 그것은 요한과 바울의 문서에 공통된 신학적 착상에 관한 초기의 증언이다. 고귀한 파송의 담화는 보내지는 사신에 관한 유대의 관념에 연관된다.

이어지는 두 절은 앞 절의 내용을 심판과 구원의 대조를 통해 보완적으로 설명한다. 예수님이 하나님에 의해 세상에 보내진 목적은 세상을 심판하는 것이 아니라 구원하기 위함이다. 그러나 이 구원은 믿는 자에게 주어진다. 3장 18절은 최종의 심판에서 벗어나는 회심의 결단이 '현재 이곳에서' 이루어져야 함을 지적한다. '현재적 종말론'으로 이해되는 중요한 대목은 니고데모의 개종에 크게 작용한 것으로 판단된다.

> 믿지 아니하는 자는 하나님의 독생자의 이름을 믿지 아니하므로 벌써 심판을 받은 것이니라.

유일의 자식을 뜻하는 '독생자'(monogenes)는 이미 서곡의 찬가에 사용된 용어이다(1.14). "아버지의 독생자의 영광이요." 저자 특유의 복합명사는 아버지와 아들 사이에 존재하는 내밀의의 신비관계를 지시한다. 심판과 구원을 가르는 기준은 믿음의 여부에 있다. 믿는다는 것은 '하나님의 독생자의 이름'을 믿는 것이다.

마지막 세 절은 '악을 행하는 자'와 '진리를 따르는 자'의 두 길을 어둠과 빛의 대조로 기술한다. 어둠과 빛의 은유는 서곡의 찬가의 연속이다(1.5). 앞의 경우는 자신의 행위가 밝음에 의해 드러날 것을 두려워하는 자이다. 뒤의 경우는 이와 반대로 하나님 안에서 자신의 행위를 나타내는 자이다(3.21). 빛의 인식은 '행위의 계시'로 귀결된다. 여기에서 빛과 진리의 관계가 성립된다.

> 진리를 따르는 자는 빛으로 오나니.

진리의 그리스어 'aletheia'는 '감추어진 것의 드러남'이라는 뜻이다. 진리는 이 세상에서 일시적으로 은폐되나 결국 빛에 의해 환하게 밝혀진다. 진리는 근본적으로 하나님의 속성이다. '진리를 따르다'라는 표현은 '진리를 행하다'라는 뜻이다. 이와 같은 표현은 랍비의 문서에 발견된다. 진리를 수행하는 자는 어둠을 벗어나 '빛으로 나오게 된다.' 빛과 진리는 인간의 인식과 행위에서 동일한 차원에 놓여진다.

전체이야기의 진행에는 믿음의 원리가 역의 방향으로 전개된다. 즉 종말의 완성에서 시작하여 심판과 구원의 대조를 거쳐 빛과 진리의 인식으로 귀착된다. 종말의 완성은 하나님 나라의 실현으로, 빛과 진리는 선한 행위의 계시로 나타난다. 이와 같은 단계적 서술의 핵심은 '믿음에 의한 영생의 획득'이다. 이 기본주제는 문서의 결론에 강조된 내용과 일치한다(20.31).

> 너희로 믿고 그 이름을 힘입어 생명을 얻게 하려 함이니라.

방대한 이야기의 주제를 형성하는 '거듭남'의 요구는 독자를 향한 메시지이다. 즉 새로운 탄생에 의한 영적 변화의 촉구이다. 인간은 하나님의 성령에 의해 다시 태어나야 한다. 육의 상태에 머물러있는 한 구원의 복음에 참여할 수 없다. 믿음을 통한 구원은 먼 훗날의 일이 아니라 지금 이 순간에 이루어지는 사건이다. 어둠에 빛을 가져오는 계시의 진리는 영생에 대한 회의를 제거한다. 믿음의 영생은 기독교인에게 주어지는 총체적, 종국적 보상이다.

3) 사마리아 여인의 만남

요한복음 4.3-42

니고데모가 유대의 종교지도자에게 보이는 영적 생명의 결여를 대언한다면 사마리아 여인은 혼혈의 이방족이 갖는 잘못된 민속신앙의 소유자이다. 예수님이 유익한 논증의 대화를 통해 니고데모를 기독교의 신앙으로 인도한 것처럼 끈질긴 설득을 통해 이방의 여인을 새로운 메시아의 인식으로 이끈다. 의미 깊은 니고데모와의 만남 이후 예수님은 바리새인의 압박을 피해 '유대를 떠나' 다시 갈릴리로 돌아간다. 바리새인들은 예수님의 행적을 자신들에 대한 커다란 도전과 위협으로 생각하고 있다. 이와 같은 적대적 자세는 예수님의 사역기간 동안 점차적으로 극단화된다.

첫 절은 예수님의 행로를 필연의 사항으로 서술한다. 예루살렘에서 갈릴리로 가려면 사마리아 지방을 통과하는 것이 지름길이다. 이 급박한 여행의 도중에 예수님과 사마리아 여인의 만남이 이루어진다. 두 사람 사이의 값진 대화는 사마리아 주민 전체를 전도하는 획기적 계기가 된다. 공생애 초기에 일어난 거대한 이방전도의 사건은 다른 복음서에 다루어진 데가볼리의 복음화에 비견된다. 세 문서에는 이방지역의 총체적 선교가 악령의 대부의 회심에 기인하는데 비해 요한의 문서에는 불우한 한 여인의 용감한 행동에 비롯된다.

사마리아 여인의 이야기는 예수님과 이방여인의 긴밀한 대화에 의거한다. 두 사람 사이의 문답은 방대한 이야기의 골격을 형성한다(4.7-26). 여기에 제시된 기독교의 주제는 전체의 줄거리가 진행되는 동안 단계적으로 개진된다. 그 방식은 **점진적 고양**의 기법에 의거한다. 네 차례에 걸친 고백은 선지자-메시아-그리스도-'세상의 구주'의 순서로 진행된다(4.19, 25, 29, 42). 여기에는 영적 깨달음의 진전과정이 나타나 있다. '야곱보다 더 큰' 인물의 존재를 부정하던 사마리아 여인은 선지자와 메시아 소망의 인식에 도달한다. 메시아의 계시는 메시아의 기대를 마음에 품고 있는 준비된 자에게 이루어진다. 이것이 길게 진행된 대화의 결론이다.

서두의 네 절은 이야기의 전제이다(4.3-6). 여기에서는 장소, 시간, 상황이 구체적으로 제시된다. 대화의 장소는 수가(Sychar) 마을에서 조금 떨어진 '야곱의 우물'이다. 창세기에 세겜으로 표기된 이곳은(33.18-20, 48.22) 야곱이 요셉에게 부여한 땅이다. 그러나 조상의 역사에 연관된 과거의 장소는 새로운 복음을 전하는 현실의 장소로 이전된다. 대화의 시간은 제6시경이다(4.6).

때가 여섯시쯤 되었더라.

그리스의 계산법으로 제6시는 낮 열두시이다. 이와 같은 시간의 제시는 특별한 의미를 지닌다. 그것은 곧 등장할 사마리아 여인의 일상적 행동을 지시한다. 부정한 결혼생활을 하고 있는 그녀는 사람들의 눈을 피해 햇볕이 내려쬐는 대낮에 먹을 물을 조달한다. 바로 이 저주의 시간이 은혜의 시간으로 변화된다.

4장 7절은 대화의 배경과 동기를 설명한다. 예수님은 거듭된 여행으로 몸이 지쳐 우물가에 자리를 잡고 앉는다. 이것은 평범한 인간의 모습이다. 예수님의 피곤은 육체적인 것이라기보다 정신적인 것이다. 하나님의 구원계획을 이루어야 할 예수님의 사역은 초기단계부터 바리새인과 유대인의 심한 저항에 부딪친다. 예수님이 쉬고 있는 동안 한 사마리아 여인이 우물가로 물을 길러 온다. 이와 같은 만남은 보통 유대인에게 종족과 성의 양면에서 부정적으로 받아들여진다. 그러나 예수님은 여인을 향해 "물을 좀 달라"고 청한다. 사마리아 고장에서 보기 힘든 특이한 일이다. 제자들의 부재에 관한 언급은 이어지는 대화가 어떤 특별한 것임을 시사한다(4.8). 4장 27절로 이어지는 이 삽입문장은 후세에 편입된 것으로 보기도 한다.

23절에 걸친 대화는 크게 세 부분으로 나누어진다. 첫째 단락은 물의 요청에 이어진 '생수'의 담화이다(4.9-15). 예수님의 메시지를 대언하는 이 부분은 대화전체의 중심이다. 여기에 다루어진 '생수'의 모티브는 문서의 방향을 인도한다. 둘째 단락은 여인의 질문에 이어진 진정한 예배의 안내이다(4.16-

24). 이방지역의 관습에 연결된 이 주제는 앞으로 세워질 교회의 예배의식을 위한 지침이다. 장소와 무관한 영적 예배의 강조는 사마리아인의 잘못된 관념을 고쳐준다. 마지막 단락은 메시아의 계시이다(4.25-26). 유대의 역사에서 오랫동안 이어져 내려온 메시아에 대한 기대는 새로운 영적 인식에 도달한 이방의 여인을 통해 실현된다.

세 단계로 전개된 대화는 사마리아 여인의 물음으로 시작된다. 낯선 여행자로부터 '물을 달라'는 뜻밖의 요청을 받은 그녀는 당연히 그 이유를 물어보게 된다. 이와 같은 반문이 '성령의 담화'를 가져온다. 물론 그녀는 상대방의 말투에서 그가 유대인임을 짐작하였을 것이다(4.9).

이는 유대인이 사마리아인과 상종하지 아니함이러라.

위의 문장은 여인의 저항감과 놀라움을 설명하는 저자의 코멘트이다. 사마리아인은 기원전 8세기에 앗시리아에서 이주해온 이방족과 유대인의 혼혈족이다. 바빌론 포로의 시기 이후로는 더욱 이방종교로 전향함으로써 유대인으로부터 심한 혐오의 대상이 된다.

여인의 요구에 대한 예수님의 답변은 더욱 비약적이다(4.10). **"네가 만일 하나님의 선물과 또 네게 물 좀 달라 하는 이가 누구인 줄 알았더라면…"** 복합적 가정법 문장의 선행부에서 명사 '선물'의 그리스어 'dorea'는 신적인 선물을 말한다. 여기에서는 하나님의 성령의 선물을 의미한다. "그이가 누구인 줄"은 예수님만이 선물의 수여자임을 가리킨다. 만일 여인이 이 사실을 알았더라면 성령부여의 능력을 가진 자에게 선물을 달라고 청원하였을 것이다. **"그가 생수를 네게 주리라"**는 가정법 문장의 결론부이다. '생수'의 비유적 사용은 이미 구약에 나온다.

그러나 예수님의 비유적 발언을 이해하지 못한 여인은 '생수'라는 단어를 일상의 의미처럼 '흐르는 물'로 받아들인다. 그리하여 물통도 없으면서 어떻게 '깊은' 우물에서 물을 길어 남에게 줄 수 있느냐고 되묻는다. 여기에서 물통은 물을 퍼서 길어 올리는 두레박이다. 나아가 '야곱의 우물'이 예로부터 주민의 존경을 받아온 성지임을 지적한다. 그녀에게는 우물을 파서 후손에게 물을 공급한 민족의 조상 야곱이 낯선 외부의 사람보다 '더 큰' 인물인 것이다. 이어지는 예수님의 선언은 대화전체의 정점이다(4.14).

> 내가 주는 물을 마시는 자는 영원히 목마르지 아니하리니
> 내가 주는 물은 그 속에서 영생하도록 솟아나는 샘물이 되리라.

위의 문장은 두 부분으로 되어있다. 뒤의 부분은 앞부분에 대한 보완적 설명이다. 예수님은 여기에서 우물의 물(phrear)을 '샘의 물'(pege)로 표현하고 있다. 예수님이 제공하는 물은 신체의 목마름을 진정시킬 뿐만 아니라 영적 기갈을 해소하는 **'영생의 샘물'**이다. 생명수는 사막이 많은 이스라엘 민족에게 매우 귀한 생명의 원천이다. 출애굽기 17장 1-6절에는 '반석의 물'에 관한 기적이 등장한다. '신' 광야를 떠나 심한 기갈에 시달리던 이스라엘 백성은 반석에서 솟아오른 물길의 물로 갈증을 면하게 된다. 모세의 지팡이가 신령한 반석을 쳐서 물이 터져 나오게 한 것은 대속의 고난과 동시에 죽음의 영광을 예시한다. 십자가에 매달린 예수님의 몸에서 마지막으로 뿜어 나온 '피와 물'은 영원한 생명의 분출이다(19.34). '생명의 샘물'의 제공은 영원한 생명과 구원의 약속이다.

영의 눈이 닫힌 여인은 예수님의 구원의 선언을 이해하지 못한다. 그리하여 대낮에 물을 길러오지 않도록 '목마르지 않게 하는' 물을 달라고 부탁한

다. '생명수'를 마치 갈증을 해소하는 '기적의 약'으로 생각하고 있다. 이어지는 대화는 매우 급박하게 전개된다. 예수님은 동일한 답변을 되풀이하는 여인을 향해 "남편을 불러오라"고 이른다. 이 갑작스러운 지시에는 충분한 근거가 있다. 그것은 현실의 질곡에 얽매여있는 여인으로 하여금 스스로의 죄를 깨닫게 하기 위함이다. 그렇지 않다면 '영생의 샘물'의 획득은 그녀에게 불가능하기 때문이다. 그러나 여인은 '남편이 없다'고 잘라 말한다. 이것은 '남편 같은 것은 없다'라는 말이다. 다시 말해 곤경에 빠진 상황에서 나온 자기 조소의 발언이다.

여인의 부정적 응답에 대한 예수님의 반응은 설명을 필요로 한다(4.17). "남편이 없다는 말이 옳다." 다섯 남편을 가지고 있던 그녀의 현재의 남편은 불법 동거자이다. 랍비의 규율에는 세 번 이상의 결혼은 허용되지 않는다. 다시 말해 여인은 올바른 결혼생활을 영위하지 않는 부정한 여인이다. 다섯 남편의 언급은 사마리아의 옛 풍속에 근거한다. 앗수르에서 건너와 이곳에 정착한 이주민들은 예로부터 개별종족의 신들을 섬긴다(왕하 17.24-42). 즉 사마리아에는 다섯 개의 우상의 신이 존재한다. 다섯 남편에 관한 예수님의 발언은 여인의 개인적 신상을 소상히 알고 있다는 증거이다. 상대방이 자신의 모든 것을 투시하고 있다는 사실을 알게 된 그녀는 드디어 선지자의 현존을 고백하게 된다. 예수님의 비범한 능력 앞에서 억눌려있던 양심이 깨어나기 시작한 것이다.

자신의 사생활에 관한 예수님의 정확한 지적은 여인을 몹시 당황하게 만든다. 인간을 창조한 하나님만이 인간의 마음을 알 수 있다. 하나님이 인간의 내면에 있기 때문이다. 고린도전서 14장 25절에는 한 이방인이 교회의 예언에 의해 크게 마음이 움직이는 장면이 소개된다. 자신의 내면이 '다 드러난' 이방인은 무릎을 꿇고 "하나님이 참으로 너희 가운데 계신다"고 고백한다. 타인의 마음을 인식하는 재능은 직접적인 하나님의 현존을 의미한다. 하나님의 현존은 예수님이 하나님의 능력과 기능을 물려받는다는 사실에 의해 보증된다. 이와 같은 사실은 예수님과의 만남에 의한 회개와 믿음으로 이어진다.

영의 세계에 눈을 뜨기 시작한 여인은 대화의 내용을 일반적 종교의 문제로 옮긴다(4.20). 이것은 그녀에게 개인의 신상에 관한 내용보다 편안하게 느껴진다. 그러나 평소에 품고 있던 의문을 해소해보려는 심정도 깔려있다. 그녀가 제기한 질문은 예배의 장소에 관한 것이다. 경배와 예배는 여기에서 같은 의미로 사용된다. 사마리아인에게는 예부터 가리심(Garizim) 산이 성소인 반면, 유대인에게는 예루살렘이다. 가리심은 오늘날의 도시 나불루스(Nablus)와 옛 도시 세겜의 옆에 솟아있는 두 개의 산의 남쪽 부분이다. 사마리아 조상은 기원전 4세기에 이곳에 성전을 세운 이후 여호와를 경배하는 예식을 거행한다. 이것은 예루살렘 성전에서 예배를 드리는 유대인의 전통에 대치된다.

이어지는 네 절은 여인의 질문에 대한 예수님의 답변이다(3.21-24). '이제 때가 온다'는 표현은 확신의 시간이 문 앞에 와있다는 뜻이다. 영적 자세를 갖춘 진정한 예배는 장소에 구애받지 않는다. 예배의 장소에 관한 논쟁은 중요한 것이 아니다. 보다 본질적인 것은 예배의 대상이다. 사마리아인에 대한 유대인의 우월감은 여기에 근거가 있다. 유대인은 모세오경에만 제한되어 있는 사마리아인에 비해 하나님에 관해 더 많은 것을 알고 있다.

4장 23절에는 하나님이 참된 예배자를 찾는다는 사실이 지적된다. 여기에 표현된 '이때'는 4장 21절에 언급된 '예배할 때'의 실현이다. 이제 어떠한 사람도 방해받지 않고 '영과 진리'로 예배할 수 있다. 영과 진리의 결합은 진정한 예배자의 자격을 지시한다. 그는 외형적 의식의 참여로 하나님에게 예배하는 사람들과 구분된다. 진정한 예배자가 영적 자세를 갖추어야 할 결정적 근거는 하나님의 본성에 있다. 하나님은 자신과 일치하는 예배자를 필요로 한다. 여기에서 다음과 같은 결론이 도출된다(4.24).

> 하나님은 영이시니 예배하는 자가 영과 진리로 예배할지니라.

복합문장의 전반은 하나님의 본질에 관한 심오한 진술이다. 하나님이 영이라는 사실은 유대인에게 그리 낯선 것이 아니다. 그러나 예배자가 예배를 받는 자와 근본적으로 동일해야 한다는 명제는 놓치기 쉬운 항목이다. 후반의 문장은 하나님의 본성에 맞는 예배를 드려야함을 다시 강조한다. 한마디로 '영과 진리'의 예배이다. 이것은 예수님의 부활이후 시작될 새로운 교구의 예배를 위한 기본지침이다.

자신의 종교적 문제를 해결한 여인은 이제 새로운 인식의 세계로 들어선다. 그것은 메시아에 관한 발언으로 나타난다(4.25). 물론 메시아의 존재는 아직 이방의 여인에게 막연한 관념에 속한다. 그러나 그녀는 메시아가 오면 모든 것을 해결하리라는 사실을 믿고 있다. 계시자의 출현을 기다리고 있는 것이다. 메시아의 계시는 메시아의 기대를 마음에 품고 있는 준비된 자에게 이루어진다. 예수님은 즉시 자신이 메시아라고 말한다. 이 대목은 '내가 그라'는 자기지시의 어법으로 표현된다(4.26). 여기에서 예수님과 사마리아 여인 사이의 긴 대화는 종료된다.

대화의 마지막을 장식한 메시아의 즉각적 표명은 공관복음의 입장과 차이가 있다. 마가의 복음에는 '메시아의 비밀'이 전체의 줄거리를 인도하는 주도모티브이다. 그러나 요한의 문맥에는 현장에서의 메시아의 '드러냄'이 의미를 갖는다. 예수님의 담대한 자기증거가 이방의 사마리아에는 정치적 발언이나 행위로 간주되기 않기 때문이다. 이와 같은 사실은 거라사 광인의 치유기적에도 동일하게 나타난다. 여기에서 치유의 수혜자는 예수님의 분부와 달리 거대한 주변지역으로 나아가 구원의 복음을 담대하게 전파한다(막 5.20).

이어지는 단락은 의미 있는 대화의 후속기사이다(4.27-42). 여기에는 먹을 것을 사기 위해 떠나간 제자들과의 대화가 선행된다(4.27-38). 시장에서 돌아온 제자들은 스승이 이방여인과 함께 있는 것을 보고 매우 당황한다. 그러나 아무도 무슨 말을 나누었는지 예수님에게 물어보지 않는다. 비교적 긴 단락의 서두에는 예수님과의 만남에서 메시아의 현존을 체험한 여인의 행동이 소개된다(4.28-30). 제자들이 돌아오자 여인은 그 자리에 '물동이를 버려두고' 마을로 들어가 강한 인상을 심어준 예수님을 증언한다(4.29).

이는 그리스도가 아니냐.

짤막한 부정의 의문문은 믿기 어려운 사실을 고백하는 강조의 어법에 의거한다. 선행하는 외침 '와서 보라'는 저자의 문서에서 그리스도를 증언하는 명령의 도식이다. 최초의 제자의 부름에 사용된 의미 있는 증언의 도식은 사마리아 여인의 전도에 다시 사용된다(1.39, 46). 이것은 직접적 만남에 의한 경험의 요구를 지시한다. 확신에 찬 여인의 증언에 접한 주민들은 "동네를 나와 예수님을 향해 몰려온다." 세 절의 보고의 마지막에 지적된 내용은 청중의 흥미를 유발한다.

예수님과 제자들 사이의 대화는 일종의 막간극이다. 그러나 전체줄거리의 진행에서 중요한 의미를 지닌다. 예수님은 무엇을 먹어야 한다는 제자들의 권유에 대해 영적인 것으로 화제를 돌린다. 여기에서 중요한 것은 하나님의 뜻이 어디에 있는가 하는 문제이다. 즉 예수님 자신의 사명에 관한 의식이 전면에 대두된다. 추수에 관한 지적은 주어진 위임의 실현을 명료하게 한다. 추수의 시점은 미리 예견할 수 없다. 영적 추수는 계절의 법칙에 종속되지 않는다. "눈을 들어 밭을 보라"라는 구절은 사마리아 사람들이 도시에서 언덕을 넘어 자신들을 향해 오는 것을 볼 수 있음을 암시한다(4.35). 사마리아인의 찾아옴은 여인의 가슴속에 뿌려진 영적 씨앗의 추수로 간주된다. 예수님의 말씀은 영적 혜안의 부름을 위한 비유의 발언으로 이해된다.

네 절의 종결부에는 사마리아 사람들이 예수님을 믿게 된 사실이 기술된다(4.39-42). 단락의 첫 절에는 그들의 믿음이 처음에는 제한되어있음을 지적한다. 여인의 진술은 근본적으로 예수님의 비범한 능력에 관한 것이기 때문이다. 그러나 그들이 예수님과 만난 지 이틀 후에는 '더욱 많은 사람이' 예수님을 믿게 된다. 여인의 증언을 청취한 사마리아 주민은 예수님을 찾아가 자신들과 함께 유숙하기를 청원한다. 예수님은 그들과 함께 이틀을 유숙하며 말씀을 전한다. 직접적인 말씀의 청취는 믿음의 성장을 가져오는 동인이다. 단락의 중심은 예수님 자신의 '말씀의 힘'에 대한 증거이다. 사마리아인의 믿음은 다음과 같은 신앙고백으로 표현된다(4.42).

그가 참으로 세상의 구주신 줄 앎이라.

2격의 명사구 '세상의 구주'는 이방인에게도 어렵지 않게 이해되는 표현이다. 즉 모든 민족에게 해당되는 우주적 호칭이다. 예수님이 말씀의 증거에서 자신에게 주어진 위임에 관해 많은 것을 말하였음은 의심의 여지가 없다. 그러나 구원의 실현에 관한 한 사마리아인의 인식은 그 이상의 심화과정을 필요로 한다. 이와 같은 요구는 예수님의 말씀에 의해 믿음에 도달한 모든 사람에게 해당된다. 신앙을 갖춘 신도라 하더라도 부단한 노력과 정진을 통해 자신의 믿음을 더욱 높은 수준으로 고양시켜야 한다.

4) 겟세마네의 기도

마태복음 26.36-46
마가복음 14.32-42
누가복음 22.39-46

겟세마네의 기도는 마가의 복음에서 최후의 만찬과 예수님의 납치 사이에 놓여있다. 따라서 일종의 중간극의 성격을 지닌다. 이야기의 마지막은 바로 다음 단락의 첫 절로 이어진다(14.43). "예수께서 말씀하실 때에." 두 단락은 예수님의 납치를 위한 유다의 중재에 의해 긴밀하게 연계된다. 예수님은 적의 연합부대에 의해 강제로 체포되기 직전 어두운 숲속에서 홀로 처절한 투쟁의 기도를 감행한다. 이것은 십자가에 처형될 고난자가 통과해야 할 필연의 과정이다. 이런 점에서 단순한 막간극의 범위를 넘어선다.

새로운 장면의 시작은 선행하는 단락의 마지막에 연결되어 있다(14.26). "이에 그들이 찬미하고 감람산으로 가니라." 여기에서 '찬미하다'의 내용은 시편 113-118편에 해당하는 '할렐'(Hallel)의 제2부이다.

이 부분은 유대의 예배에서 유월절과 초막절 축제에 낭송되거나 찬송된다. 유월절 축제에는 식사의 서두에 113편과 114편이, 식사의 마지막에 115-118편이 칭송된다. 여섯 편의 시편은 114편의 탈출의 노래로 인해, 또한 120-136편의 '거대한 할렐'과 구분하기 위해 '이집트의 할렐'로도 표기된다.

유월절 식사예식의 순서를 '할렐'의 찬송으로 마친 예수님은 열한 명의 제자를 데리고 겟세마네 동산으로 향한다. 다가오는 죽음에 직면하여 간절하게 기도하기 위함이다. 고독한 기도의 장소로 명명된 겟세마네(Gethsemane)는 올리브산 동쪽 기슭의 기드론 계곡 상부에 위치해 있는 작은 동산이다. 기드론 계곡은 예루살렘 북쪽에서 시작하여 사해로 흘러들어간다. 계곡의 서쪽 면에는 '기혼'(Gihon)이라고 불리는 샘이 있다. 이 샘의 물은 터널을 지나 예루살렘 성벽의 뒤로 돌아간다. '기혼' 샘은 요한복음에 나오는 선천적 맹인의 개안기적에 나오는 실로암 연못과 동일시되기도 한다(9.7). 겟세마네라는 복합명사는 '기름을 짜는 기구'를 뜻한다. 다시 말해 고통과 압박에 짓눌리는 기도자(tapeinosis)의 모습을 시사한다.

요한은 예수님이 고별설교 시리즈를 마치고 떠나가는 장소를 '기드론 시내 건너편'이라고 표기하고 있다(18.1). 이것은 새로운 출발을 지시한다. 이후로는 예수님의 납치로 시작되는 고난의 노정이 진행된다. 전승의 고유명사 '기드론'은 신약에서 요한에 의해서만 사용된다. 그는 예수님이 제자들과 함께 동산으로 들어간 사실만 기록하고 있다. 여기에서 이루어진 기도의 내용은 그의 문서에서 유보된다. 예수님은 동굴의 숲인 겟세마네 동산에 자주 기도하러 올라간 것으로 추측된다. 누가는 병행단락의 첫 절에서 '습관을 따라'라고 지적하고 있다(22.39). 이와 같은 사실을 알고 있는 유다는 스승을 붙잡아 적에게 넘겨주기 위해 동산의 아래에서 대기하고 있다.

열한 절의 단락은 일정한 구성방식에 의거한다. 즉 세 절의 서언 이후 14장 35절과 42절 사이에 대립의 구도가 형성된다. 그것은 "땅 위에 엎드리어"와 "일어나라 함께 가자"에 의한 약함과 강함의 대조이다. 두 절의 한가운데 놓여있는 14장 38절은 전체의 중심이다.

위의 문장에는 약함과 강함의 대조에 부응하여 육과 영의 대립이 조성된다. 영은 하나님에게 기도하는 신앙인에게 주어지는 성령이다. 이에 반해 육은 사탄의 유혹에 견디지 못하는 자연적 인간의 속성이다. 이야기의 포인트는 기도하는 예수님과 잠자는 제자의 상호비교이다. 예수님은 여기에서 육신의 세계에 종속된 제자들의 대립적 모형으로 규정된다. 그는 스스로 고난을 제어할 수 있는 영웅적 인물은 아니다. 그러나 간절한 기도를 통한 하나님과의 접촉에 의해 인간적 난관을 극복한다. 이 중요한 사실은 히브리서 5장 7절에 다음과 같이 진술된다.

> 그는 육체에 계실 때에 자기를 죽음에서 능히 구원하실 이에게 심한 통곡과 눈물로 간구와 소원을 올렸고 그의 경건하심으로 말미암아 들으심을 얻었느니라.

예수님은 진지하고 간곡한 탄원으로 죽음에서 벗어나기를 기도한다. 그의 인간적 본성은 죽음의 공포에 사로잡혀 있다. 그러나 순종과 겸손으로 하나님의 뜻에 따른다. 그는 모든 사건의 발생과 진행이 하나님의 계획 아래 있음을 터득한다. 이와 같은 깨달음의 기도는 '들음'의 반응에 도달한다. 고난의 기도자는 죽음에 이르기까지 하나님의 뜻을 이행하리라고 결심함으로써 '고통의 잔'을 마실 수 있도록 영적으로 강건하게 된다.

단락의 서두에 비쳐진 고독한 기도자의 모습은 신적 자제와 위엄을 갖춘 초지상의 인물이 아니다. 그것은 보통사람처럼 불안과 두려움에 떠는 나약함의 반영이다. 예수님도 하나의 인간이기 때문이다. 그러면 예수님은 전신을 엄습하는 죽음의 공포에 어떻게 대처하는가? 이에 대한 대답은 이원적으로 진행된 짤막한 산상기도에 명료하게 주어진다. 이야기의 상황 제시는 산상의 변용의 경우와 유사하다. 그때와 마찬가지로 예수님은 세 명의 믿을만한 제자, 즉 베드로, 요한, 야고보를 데리고 산으로 올라간다. 다가오는 죽음을 앞두고 홀로 기도하기 위함이다. 그러나 산 위에서 전개된 장면은 산상변용의 대립상이다.

전체이야기의 포인트는 두 차례에 걸친 진지한 기도의 내용이다. 예수님은 나머지 여덟 명의 제자에게 산의 입구에 '앉아있으라'고 분부한 후에 산에 오른다. 이제 혼자 남은 그의 마음은 "심히 놀라며 슬퍼한다"고 표현된다. 여기에서 동사 '놀라다'는 '떨다'를, '슬퍼하다'는 '두려워하다'를 가리킨다. 다시 말해 극단의 공포의 심정을 나타낸다. 이와 같은 슬픔과 두려움은 자신의 백성의 비난과 닥쳐올 속죄의 죽음의 양면에 기인한다. 그리고 "내 마음이 심히 괴로워"라고 자신의 심경을 솔직하게 토로한다(14.34). 예수님 자신의 인간적 심리상태를 그대로 표현한 경우는 복음서에서 이곳이 유일하다. 그것은 한 인간에게 주어진 깊은 영혼의 고통을 보여준다. 예수님이 세 명의 제자와 거리를 취한 것은 밀려오는 두려움과 고통에서 벗어날 수 있도록 하나님 아버지에게 간청하기 위함이다. 누가는 '돌을 던질 만큼'이라고 비유적으로 표현하고 있다(22.41).

어둠의 숲속에 자리를 잡은 예수님의 기도는 다음과 같이 울려나온다(14.36).

이 잔을 내게서 옮기시옵소서.

위의 문장에서 목적어 '이 잔'은 '고뇌의 잔', '죽음의 잔'이다. 유대인은 죽은 자의 시체 앞에서 '슬픔의 잔'을 함께 나눈다. 이미 10장 38절에 암시된 특별한 단어는 예언서에 유래한다. 이사야 51장 17절에는 '분노의 잔', 예레미야 25장 15절에는 '진노의 술잔'이라는 용어가 사용된다. 이와 같은 표현은 요한계시록으로 이어진다(14.10). "그도 하나님의 진노의 포도주를 마시리니." 여기에 언급된 '진노의 포도주 잔'은 가혹한 형벌의 음료를 나타낸다. 예수님에게 주어진 '고뇌의 잔'은 단순한 육체적 고통이 아니라 죄가 없는 영혼이 받아들여야 할 고통의 숙명이다. 예수님의 청원은 십자가에 의해 부과된 무거운 짐과 하나님 아래로의 예속을 동시에 보여준다.

요한에 의하면 예수님은 유다가 안내하는 체포대에 의해 납치당하는 순간 다음과 같이 말하며 제자들의 저항을 만류한다(18.11).

> 아버지께서 주신 잔을 내가 마시지 아니하겠느냐.

예수님은 자신에게 주어진 고난을 회피하지 않는다. '나'를 주어로 하는 부정의 의문문은 겟세마네의 내면의 투쟁을 암시한다. 요한복음에는 겟세마네 기도의 이야기가 유보되어 있다.

위에 인용한 기도에는 '모든 것이 가능하오니'라는 상황의 구문이 선행된다. 여기에는 자신에게 주어진 '죽음의 잔'을 될 수 있으면 피하려는 발언자의 소원이 내재해 있다. 이것은 한 인간으로서 자연스러운 현상이다. 그러나 이어지는 기도는 완전히 새로운 차원으로 전환된다(14.36).

> 나의 원대로 마시옵고 아버지의 원대로 하옵소서.

위의 발언은 앞의 청원에 대한 깊은 자성에서 나온 것이다. 기도자는 자신의 죽음이 돌이킬 수 없는 하나님의 계획임을 확인한다. '죽음의 잔'은 대속의 구원을 가져오는 희망의 성배로 이전된다. 비록 인간의 속성을 가진 아들에게 참을 수 없이 괴로운 일이라 하더라도 그것이 불변하는 '아버지의 뜻'이라면 인내로 순종해야 한다. 스스로를 완전히 버리는 절대폐기의 고백에는 진정한 하나님 아들의 위대함이 드러난다. 아버지의 숭고한 의지를 간파한 영적 투시력은 자신의 운명을 전능한 하나님의 손에 맡기게 한다. 하나님의 뜻에 따르는 것은 승리이며 자신의 의지대로 움직이는 것은 패배이다. 이 위대한 진리는 모든 제자들에게 통용된다.

첫 번째 기도를 물리치는 두 번째 기도는 겟세마네 이야기의 핵심이다. 교리적 관점에는 순수한 인간적 의지를 지닌 예수님이 하나님의 뜻에 순종한다는 진리가 명백하게 천명된다. 역사적 측면에는 종국적으로 주어질 승리가 예시된다. 십자가의 승리는 자기 자신을 과감히 버리는 낮아짐의 기도에서 얻어진다. 인간의 최대의 적은 하나님에 거역하는 죄와 죽음이다. 예수님은 철저하게 하나님 아버지에 예속됨으로써 구원의 사역을 이룩한다. 이것이 겟세마네의 기도가 갖는 고귀한 의미다.

두 단계에 걸친 기도에 사용된 이중의 호칭 '아바 아버지'는 마가의 이야기에만 등장한다(14.36). 아람어 명사 '아바'(abba)는 아버지에 대한 친근과 애호의 표시이다. 여기에 같은 뜻의 그리스어 명사 'pater'가 추가된 것은 저자의 번역이 아니다. 그것은 아버지와 아들의 혼연일체를 지시한다. 주석가에 의하면 두 명사의 결합은 초기기독교의 예식적 기도형식에 속한다. 그러나 '아바 아버지'는 예수님의 기도의 습관을 반영하는 것으로 보인다. 두 언어로 된 특별한 호칭은 일부의 제자들에 의해 계승된다. 로마서 8장 15절과 갈라디아 4장 6절에 동일한 표현이 사용된다.

여기에서 주목할 점은 예수님이 십자가 위에서 운명하기 직전에 남긴 마지막 절규가 겟세마네 기도의 호칭으로 돌아간다는 사실이다(15.34).

엘리, 엘리, 라마 사박다니.

(Eloi Eloi lama sabacthani)

강한 탄식의 의문문에 사용된 호격주어 '엘리'(eloi), 즉 '나의 하나님'은 바로 '아바 아버지'의 연속이다. 일인칭 소유대명사를 사용한 유사한 호칭은 아버지에 대한 무한한 신뢰의 표시이다. 고독한 겟세마네의 기도는 십자가의 죽음을 예비하는 의미 있는 행사이다. 이런 점에서 고난사의 진행에서 중요한 의미를 지닌다.

예수님이 기도를 마치고 돌아오자 세 명의 제자는 깊은 잠에 떨어져있다. 진지하고 엄숙한 기도자의 자세와 정반대의 상황이다. 예수님은 베드로를 향해 "한 시간도 깨어있지 못하느냐"고 책망한다(14.37). 그는 겟세마네 동산으로 가는 도중에 죽음이 닥치더라도 스승을 따르겠다고 장담한 인물이다(14.31). "내가 주와 함께 죽을지언정 주를 부인하지 않겠나이다." 이처럼 굳게 맹세한 그가 지금은 단 한 시간도 깨어있지 못한다. 이어서 예수님은 "시험에 들지 않게 깨어 기도하라"고 분부한다(막 14.38). 예수님은 이와 같은 요구를 이행한 살아있는 모형이다.

위에 인용한 구절은 누가의 병행단락에서 전체이야기를 둘러싸는 틀의 도식을 형성한다(22.40, 46). 누가는 겟세마네의 장면을 기도의 경고로 구성하고 있다.

22.40: 유혹에 빠지지 않게 기도하라.

22.46: 시험에 들지 않게 일어나 기도하라.

서로 일치하는 두 문장은 기도의 목적을 분명하게 제시한다. 그것은 사탄의 유혹에 넘어가지 않기 위해서이다. 사탄은 인간의 믿음이 이완된 틈을 타서 본색을 드러내기 마련이다. 배반자 유다의 경우는 대표적 예이다. '깨어있음'에 대한 경고는 앞장의 묵시설교를 마감하는 문지기의 비유이야기의 보완이다(13.33-37). 의미 있는 종결의 경고에는 집을 지키는 문지기에게 요구되는 기다림의 자세가 강조된다. '깨어있으라'는 다섯 절의 단락에 네 차례나 등장한다. 단호한 명령의 동사는 제자들을 향한 '영적 맑음'의 유지에 대한 촉구이다.

영의 능력은 이미 언급한 14장 38절에서 육과 영의 대조를 통해 강조된다. 인간이 '육신의 약함'을 극복할 수 있는 것은 오로지 하나님이 부여한 성령의 힘에 의해서이다. 나약한 육의 상태에서는 자신이 원하는 것을 얻을 수 없다. 영을 상실한 것은 이미 죽은 것이나 마찬가지이다. 제자들을 향한 예수님의 훈시는 하나님의 말씀의 권능으로 악마와의 싸움에서 승리한 예수님의 최초의 기적을 상기시킨다(1.12-13). 예수님은 다시금 절박한 위기의 상황에서 영적 기도의 힘으로 악마의 유혹을 물리친다.

이어지는 예수님의 기도는 첫 번째 경우와 내용이 동일하다. 그러나 그 강도는 앞의 경우에 비해 높다. 누가는 '땀이 피가 되도록'이라는 수사적 비유로 묘사하고 있다(눅 22.44). 흘러내리는 땀의 핏방울을 지시하는 특이한 어법은 기도자가 얼마나 열성적으로 온 힘을 다해 기도하였는가를 잘 보여준다. 누가는 또한 예수님이 기도하기 전에 천사가 나타나 '힘을 더하여 주었다'고 지적하고 있다(22.43). 천사의 나타남이나 활동은 곤궁에 처한 약한 인간의 마음을 강하게 만든다. 초자연의 능력은 심리적 강화를 가져온다. 이와 같은 모티브는 순교의 이야기에 즐겨 사용된다.

예수님이 기도를 마치고 완전히 지친 몸으로 돌아와 보니 제자들은 여전히 잠에서 헤매며 당황한 모습을 보인다. 스승의 간절한 호소에도 불구하고 다시금 육신의 나락으로 떨어진 것이다. 나약한 육체의 인간이 성령의 능력을 부여받는 것은 이처럼 힘든 일이다. 예수님은 마지막으로 제자들에게 다음과 같이 말한다(14.41).

> 이제는 자고 쉬라 그만 되었다.

두 부분으로 된 복합문장에서 앞의 명령문 "자고 쉬라"는 "더 자고 쉬려느냐"라는 의문문으로 바꾸어 쓸 수 있다. 여기에는 아이러니의 의미가 담겨있다. 뒤의 진술문 "그만 되었다"는 이에 대한 부정의 답변이다. 이어지는 발언 "때가 왔다"는 배반자의 주도로 적의 손에 '팔려 넘어갈' 시간이 다가왔음을 가리킨다.

제자들을 향한 예수님의 말씀과 다음 장면 사이에는 약간의 시차가 있는 것으로 보인다. 이야기의 결구는 이제까지 진행된 긴장의 상황을 종료한다(14.42). "일어나라 함께 가자." 이것은 더 이상 경고의 담화가 아니다. 이미 산 아래에서 대기하고 있는 체포대를 향한 발걸음의 이동이다. 예수님은 두 차례의 기도를 통해 깊은 인간적 고뇌에서 벗어나 죽음을 맞이할 준비가 된 것이다. 짤막한 떠남의 촉구는 처절한 자기와의 투쟁을 통해 고결한 승리를 획득한 고독한 기도자의 의연함을 보여준다.

5) 로마군대의 조롱극

마태복음 27.27-31
마가복음 15.16-20

요한복음 19.2-5

빌라도의 재판은 예수님의 고난사의 정점이다. 역사적 사료에 입각한 자전적 사건은 예수님이 십자가에 못 박혀 죽게 된 이유와 동인을 알게 한다는 점에서 매우 중요하다. 나아가 그 후의 유대민족의 역사를 이해하는 근거가 된다. 이것은 마태가 기술한 종결의 장면에서 드러난다. 여기에서 유대의 백성은 '피의 살해'와 무관함을 주장하는 빌라도의 변명에 대해 다음과 같이 응수한다(27.25).

그 피를 우리와 우리의 자손에게 돌릴지어다.

이 무서운 저주의 발언은 역사적으로 증명된다. 유대민족은 얼마 지나지 않아 유대의 전쟁에 의해 심판을 받는다. 이와 같은 사실은 이미 유대인의 선지자 박해에 관한 예언적 경고에 암시되어 있다(23.35). 예수님은 "의인 아벨의 피로부터 사가랴의 피까지 땅 위에서 흘린 의로운 피가 너희에게 돌아가리라"고 말한다. 여기에 언급된 사가랴는 보통 역대하에 나오는 사가랴와 동일시된다(24.22). 역대하는 히브리어 경전의 최후의 문서이다. 아벨은 구약성서의 첫 번째 순교자, 사가랴는 마지막 순교자로 간주된다.

빌라도에 의한 예수님의 재판은 유대 최고의회의 고발에 의한 로마총독의 유대인 재판이다. 따라서 매우 복잡한 정치적, 문화적 요인이 배경에 놓여있다. 이와 같은 사실은 불합리한 재판의 진행과 결과를 이해하는 근거가 된다. 그러나 당시의 사회제도에 따른 역사적 재판은 성서의 문맥에서 이해되어야 한다. 그것은 구속사의 실현이라는 기본관점이다. 예수님의 고난과 죽음은 이미 구약에 거듭하여 예언된 약속이다. 이와 같은 약속의 실현이 무능한 지상의 통치자의 실수에 기인하는 것은 거대한 아이러니이다. 우리 인간의 입장에서는 이해되지 않는 부조리의 사건이라도 역사의 진행을 주관하는 하나님의 편에서는 영원히 지속되는 구원계획에 속한다. 성서의 독자에게 지워지지 않는 인상을 남긴 비극적 이야기에서 얻어지는 귀중한 교훈이다.

빌라도의 재판에서 십자가의 처형이 결정된 이후에는 별도의 행사가 따른다. 그 내용은 채찍질과 조롱극이다. 채찍질은 십자가에 못 박기 이전에 로마 시민권이 없는 남성 범죄자에게 가해지는 가혹한 형벌이다. 채찍은 여러 개의 뼈나 납의 꼬리가 달린 날카로운 가죽 끈을 말한다. 사형수는 채찍으로 심하게 얻어맞아 육체의 힘을 모두 소진하고 거의 죽음의 상태에 이르게 된다. 구레네(Kyrene) 사람 시몬이 골고다의 언덕으로 올라가는 예수님의 십자가를 '억지로' 짊어진 것은 반복된 채찍질과 구타로 이미 체력을 상실하였기 때문이다(막 15.21).

로마군병의 조롱극은 고대문화에 유래하는 연극의 일종으로 단순한 즉흥적 해프닝이 아니다. 고대의 군사축제에는 '바보의 왕'을 처단하기 전에 유사한 형태의 조소와 희롱이 자행되었다고 한다. 군인들은 예수님의 몸에 길게 늘어진 붉은 옷을 입히고 머리 위에 가시관을 엮어 씌어준다. 자주빛 옷은 로마병정의 군복이며 가시관은 황금의 왕관에 대한 희화이다. 팔레스티나 지방에는 날카로운 가시를 가진 식물이 여러 곳에서 발견된다. 아칸서스 나무의 잎사귀로 만든 화관은 가시면류관이라 불린다. 예수님의 머리 위에 놓인 가시면류관은 구세주의 고통과 승리를 동시에 나타내는 상징이다. 고난극의 모티브를 규정하는 비유의 상은 후세의 작가들에 의해 창작의 소재로 선호된다.

조롱극에 관한 이야기는 세 편의 복음서에 공통으로 다루어진다. 마가의 문안에는 바라바의 교환극에 이어지는 후속의 단락이다(15.16-20). 예수님의 처형에 대조되는 바라바의 사면은 빌라도 재판의 중심이다. 우스꽝스러운 연극이 집행된 장소는 관저의 건물 안에 있는 광장이다. 막간의 이벤트에 '모든 군대'가 동원된 것은 그것이 대규모의 행사임을 말한다(15.16). 폭력이 동반된 행사가 끝난 후에는 죄수를 십자가에 못 박기 위해 옷을 갈아입혀 밖으로 끌고 나간다. 조롱극의 중반을 장식하는 군인들의 가식적 인사말은 실패한 군인의 왕에 대한 야유이며 모욕이다(15.18).

유대인의 왕이여 평안할지어다.

빌라도의 재판의 서두에 등장한 명칭 '유대인의 왕'은 여기에서 또 다른 문맥으로 사용된다. 그것은 유대인에 대한 로마인의 증오를 반영한다. 로마의 군인들은 이 말을 하며 예수님을 구타한다.

마태의 병행단락은 마가의 문안과 거의 유사하다(27.27-31). 다만 세부적인 행사의 내용에서 새로운 요소가 추가된다. 조롱극의 집행자들은 '바보의 왕'의 오른손에 등나무 몽둥이를 쥐어준 다음 다시 빼앗아 머리를 때린다. 그리고 그 앞에 무릎을 꿇고 거짓충성을 맹세한다. 강제로 주어진 등나무 몽둥이는 왕의 지팡이에 대한 패러디다. 다시 말해 '유대인의 왕'의 헛된 권력을 지시한다. 이와 같은 희화적 행동은 동시대의 예식과 조롱에 대한 모방이다.

모욕과 희롱은 이어지는 십자가의 처형에도 계속된다(마 27.39-42). 눈요기를 즐기는 행인들은 "성전을 헐고 사흘에 짓는 자여 십자가에서 내려오라"고 말하며 예수님을 비웃는다. 이와 같은 유혹은 문서의 초반에 등장하는 사탄의 시험에 병행된다. 마귀는 예수님을 성전꼭대기에 세우고 "하나님의 아들이어든 뛰어내리라"라고 말한다. 이에 대해 예수님은 "주 너의 하나님을 시험하지 말라"고 답변한다(4.6). 또한 대제사장과 율법학자는 "그가 남은 구원하였으되 자기는 구원할 수 없다"고 조롱한다. 예수님이 온갖 모욕을 이겨내고 십자가 위에 머문 것은 구원의 사역을 실현하기 위함이다. 하나님에 의한 대속의 구원은 아무런 대가도 없이 이루어진다.

요한복음에는 조롱극이 빌라도의 재판의 마지막 단계에 편입된다(19.2-5). 다시 말해 재판이 완전히 끝나기 전에 집행된다. 네 절의 단락은 독립된 형태로 기술된다. 본래의 행사에는 채찍질이 선행된다. 누가의 지적에 의하면 빌라도는 채찍질을 통해 십자가의 처형을 피해보려 한 것으로 보인다(23.16). "때려서 놓겠노라." 이것은 피고가 무죄라는 사실을 다시 한 번 설명한 것과 맥을 같이한다. 희롱과 폭력의 행동이 완료시칭으로 표기된 것은 계속적 진행을 의미한다(19.3).

단락의 마지막 두 절은 별도의 후속장면이다(19.4-5). 독자의 관심과 흥미를 유발하는 특별한 대목은 저자 고유의 기사이다. 재판장 빌라도는 조롱극이 끝나자 관정 밖으로 나아와 유대의 군중에게 피고의 무죄를 설득한다. 이것은 그의 변덕과 나약함을 보여주는 표시이다. 이어서 예수님이 자주색 옷을 입고 가시관을 머리에 쓴 채 건물에서 나오는 것을 보자 군중을 향해 다음과 같이 외친다(요 19.5).

> 보라 이 사람이로다.

수수께끼 같은 발언은 진정한 의도를 가늠하기 어렵다. 여기에는 확신 없는 판결을 수행한 우유부단한 재판장의 착잡한 심경이 배어 있다. 그는 온갖 멸시와 고초를 당하고 다시 나타난 가련한 '미지의 왕'을 본 느낌을 즉흥적으로 표현한다. 이를 통해 자신을 압박하는 유대인 집단의 동정을 불러일으키려 하였을 것이다. 명령형 동사 '보라'는 청중의 주의를 환기시키는 어법이다.

그러나 빌라도의 마지막 호소는 강압조의 고함으로 응답될 뿐이다(19.6). “십자가에 못 박게 하소서.” 하나의 동사로 된 위협의 명령문은 모든 복음서에 등장한다. 기계음처럼 반복되는 군중의 부르짖음은 재판장의 설득과 무관한 일방적 답변의 도식이다. 나아가 그들은 피고가 ‘황제의 충신’이 아니라고 위협한다(19.12). 여기에서 ‘충신’이라는 명사는 ‘친구’라는 뜻이다. ‘황제의 친구’는 로마황제의 통치를 대리하는 집정관에게 주어지는 존칭이다. 이어지는 재판의 종결장면은 매우 격정적으로 진행된다. 그 과정은 재판장, 유대군중, 대제사장, 3자의 대화에 의해 전개된다(19.14-16).

빌라도: 보라 너희 왕이로다.

유대군중: 없이 하소서 없이 하소서 그를 십자가에 못 박게 하소서.

빌라도: 너희 왕을 십자가에 못 박으랴.

대제사장: 가이사 외에는 우리에게 왕이 없나이다.

네 단계로 진행된 대화는 재판장과 유대군중 및 대제사장 사이의 대립을 첨예하게 보여준다. 극도로 흥분한 관중의 설득에 실패한 빌라도는 피고가 ‘유대인의 왕’이라는 사실을 다시 환기시킨다. 재판의 서두에 언급된 명칭의 반복적 사용은 피고의 처형이 로마의 총독과 무관함을 나타낸다. 그럼에도 불구하고 새 시대의 메시아를 제거하기 위한 집단적 공작은 중단되지 않는다. 빌라도의 반문 “너희 왕을 십자가에 못 박으랴”는 아이러니의 의미를 지니고 있다. 이에 대한 대제사장의 응수는 빌라도가 무시할 수 없는 극단적 발언이다(19.15).

가이사 외에는 우리에게 왕이 없나이다.

이것은 로마의 시민을 능가하는 황제에 대한 충성의 맹세이다. 이로써 이스라엘의 하나님의 국가의 공적 대리자는 하나님으로부터 완전히 떨어져나가는 어둠의 나락으로 떨어진다. 재판석 앞에 힘없이 서 있는 죄 없는 피고는 로마황제 '가이사'의 반역자로 낙인찍혀 사형의 형벌에 처해진다.

예수님의 죽음은 기존의 권력을 유지하려는 대제사장과 심리적 불안을 느낀 빌라도가 만들어낸 합작이다. 여기에 허위의 모함과 선동에 넘어간 몽매한 일부군중이 합세한다. 하나님의 소유 백성인 이스라엘 민족의 메시아는 바로 동족인 유대인과 종교지도자 집단에 의해 사형에 처해진다. 이 얼마나 모순된 역사의 현실인가! 새 시대의 구원자를 가장 잔인한 방식으로 살해한 유대민족은 그 후 참혹한 비극의 역사를 겪게 된다. 서기 70년 로마제국의 침공으로 멸망한 유대민족은 서기 130년 디아스포라의 운명으로 전세계에 흩어진다. 기원전 586년 바빌론의 포로로 잡혀간 이후 700년만의 일이다.

다시 문제가 되는 빌라도의 발언으로 돌아가자. 조롱극의 행사에 이어진 빌라도의 촉구의 외침은 허무한 메아리로 끝난다. 그러나 자세히 살펴보면 그 속에는 간과할 수 없는 중요한 의미가 들어있다. 여기에는 발언자의 의사와 관계없이 고난자로서의 메시아의 존재가 암시된다. 위에 인용한 짤막한 명령문은 다음과 같이 고쳐 쓸 수 있다. "그를 보아라. 이 사람을." 두 부분으로 된 문장에는 다시 표기되는 명사구 '이 사람'에 악센트가 주어진다. 조롱극의 대상이 된 예수님은 사람의 몸으로 세상에 온 하나님의 아들이다. 그는 지금 하나의 '인간'으로 모든 군중 앞에 비천한 자태로 서있다. 그러나 가장 낮은 모습으로 십자가에 매달려 죽음으로써 최고의 영광을 획득한다.

아무런 반응도 얻지 못한 빌라도의 즉흥적 외침은 성서의 독자에 의해 새로운 의미를 획득한다. 지시대명사의 명사구 '이 사람'은 복음서의 중요한 주제인 인자의 신학으로 용해된다.

"이 사람을 보라"를 뜻하는 라틴어 문장 '에케 호모(Ecce homo)'는 후세에 여러 방향으로 해석된다. 그 의미가 독자를 향해 '열려있기' 때문이다. 일상의 관용구에는 연민을 자아내는 어떤 사람에 관한 측은한 마음의 상태를 가리키는 격언적 어구로 사용된다. 이것은 주어진 문구의 일차적 의미에 부응한다. 그러나 고난자의 신분과 사명에 연관된 심층의 해석은 좁은 범위의 이해를 넘어선다. 여기에는 부당하게 고통을 당한 예수님을 향한 친근과 애호의 감정이 저변에 놓여있다. 아무런 죄도 없는 피고를 십자가의 사형에 처한 무능한 통치자의 회한의 고백은 영향사의 과정에서 수신자의 상황으로 이전된다. 따라서 풍성한 응용의 해석이 야기된다.

후세의 미술사 발전에서 '에케 호모' 성화는 하나의 유형을 형성하고 있다. 이것은 주어진 소재가 많은 화가에게 신선한 창작의 충동을 불러일으키기 때문이다. 초기의 수용단계에는 텍스트의 형상화가 빌라도 재판의 배경에서 이루어진다. 조롱극의 대상인 '바보의 왕'뿐만 아니라 재판장, 유대의 관중, 그리고 사형수를 부축하는 두 명의 군인도 함께 묘사된다. 화면의 상단에 서있는 빌라도는 아래의 광장에 운집한 흥분한 관중을 향해 '에케 호모'라고 부르짖는다. 이와 같은 장면적 가공의 이해에는 '형상의 이야기'가 중요한 역할을 한다. 일정한 줄거리를 동반한 '말하는' 그림은 서사의 구조와 기법에서 관찰된다. 관찰자는 제2의 시각적 텍스트에서 '에케 호모'의 문맥을 재현하게 된다. 그리고 재구성된 그림이야기에서 전승된 경구의 의미를 새로이 해석하게 된다.

17세기 이후로는 '에케 호모' 성화에서 고난자의 상이 단독으로 묘사된다.

자주색 옷과 가시관은 화면의 주인공을 특징짓는 두 요소이다. 때로는 예리한 채찍도 고문의 도구로 주어진다. 무엇보다 무거운 가시관 아래 짓눌려 피를 흘리며 괴로워하는 예수님의 얼굴이 전면에 부각된다. 여기에 묘사된 눈빛과 표정은 침착과 자제의 반사이다. 일부의 유화에는 힘을 잃은 채 허공을 응시하는 희미한 눈빛이 감지된다. 그러나 처절한 슬픔과 아픔을 대언하는 고난자의 모습에는 강한 인내로 고통을 극복하는 초월자의 인내가 배여 있다. 가시관이 씌워진 머리의 주위에는 천상의 광륜이 밝은 광채를 발한다. 강한 신비의 힘을 방사하는 원형의 후광은 하나님의 아들에게 나타난 신적 현현의 표시이다. 이것은 원래의 문안에서 볼 수 없는 계시의 도상이다.

6) 엠마오의 두 제자

마가복음 16.12-13
누가복음 24.13-35

부활 이후의 현현에 관한 누가의 서술은 감동적인 엠마오 도상의 이야기에 집중되어 있다(24.13-35). 마가의 문안에 간략하게 기술된 독립된 사건(16.12-13)은 누가의 특종기사에 속한다. 빈 무덤의 부활에 관한 기사에 이어진 후속의 이야기는 누가의 문학적 능력을 보여주는 범례이다. 여기에 인상적으로 서술된 내용은 강한 영적 호소력으로 인해 원시공동체의 신앙과 예배에 커다란 영향력을 행사한다. 간단한 여행일기 형식의 현현의 이야기는 부활사의 범위에서 쓰인 가장 아름다운 이야기의 하나이다.

엠마오의 여정은 디베랴 호수의 고기잡이 기적과 함께 부활의 현현을 증언하는 대표적 사례이다. 누가는 두 제자가 부활한 예수님을 만나 함께 여행한 인상적인 재회의 사건을 상세하게 기술하고 있다. 동일한 내용이 마가의 복음에서 요약적으로 다루어진 것은 16장 9-20절의 종결부가 추후에 삽입되었기 때문이다. 편집자는 누가의 모형에 의존하여 엠마오의 기사를 축소한 것으로 보인다. 여기에서 예수님이 '다른 모습으로' 나타났다는 것은 부활자의 몸에 내재한 고유의 힘을 지시한다(16.12). 제자들에게는 초자연의 인물을 알아볼 수 있는 능력이 결여되어 있다. 예수님이 두 제자의 중간에 서서 걸어가는 것은 전형적인 현현의 모습이다.

이야기의 장소의 배경을 이루는 엠마오(Emmaus)는 예루살렘에서 북서쪽으로 11km 정도 떨어져 있는 촌락으로 알려져 있다. 그러나 정확한 지리적 위치는 확정하기 어렵다. 첫 절에 표기된 '이십오 리'의 거리가 해당되는 장소를 추정하는 척도로 사용된다. 두 제자 가운데 이름이 밝혀진 글로바(Kleopas)는 넓은 범위의 제자에 속한다(24.33). 'Kleopatros'의 약자에 해당하는 이 이름은 요한복음에서 마리아의 남편으로 언급된 동명의 인물과 구분된다(19.25). 글로바와 함께 여행한 또 다른 제자가 저자 자신이라는 주장은 나름대로 설득력이 있다. 일어난 사건의 묘사가 마치 눈앞에 보는 것처럼 너무나도 생동감이 넘치기 때문이다. 그러나 누가가 실제로 글로바와 함께 여행하였는지는 확인하기 어렵다. 누가 자신의 행적은 복음서에서 별로 언급된 적이 없다. 다만 부활의 날 오후에 예루살렘 도시의 외곽에서 일어난 부활자의 나타남이 누가에게 지울 수 없는 인상을 남긴 것은 분명하다.

설화의 형태를 지닌 엠마오의 이야기는 서사의 특성을 뚜렷하게 보여준다. 전체의 구조는 명료한 시간, 장소, 인물, 행위에 의거한다. 시간은 부활의 사건이 일어난 일요일 오후, 장소는 엠마오의 교외, 등장인물은 두 제자와 부활한 예수님이다. 줄거리의 진행은 주로 두 제자와 예수님의 행위와 대화로 이루어진다. 양자의 관계는 이야기를 형성하는 기본틀이다. 내용의 구성은 크게 엠마오의 여정과 대화(24.13-27), 숙소의 저녁식사와 두 제자의 고백(24.28-32), 두 제자의 예루살렘 귀환과 보고(24.32-35)의 세 부분으로 되어있다. 이와 같은 전개를 통해 예수님의 자기계시와 두 제자의 부활 고백이 단계적으로 이루어진다. 이것은 믿기 어려운 부활의 사실에 대한 가장 명백한 증거이다.

전체줄거리의 운동에서 중점이 주어지는 부분은 중간에 놓인 저녁식사의 장면이다. 여기에서 부활자의 정체성을 보증하는 성경풀이가 이루어진다. 예수님의 생존의 사역을 회상하게 하는 특별한 행위는 두 제자의 '마음을 뜨겁게' 만든다. 그 결과는 확고한 부활의 증언으로 이어진다. 강한 성령의 작용을 야기한 고백의 이야기는 강한 영적 호소력으로 인해 원시공동체의 신앙과 예배에 막대한 영향력을 행사한다. 독자는 이야기를 읽어가는 동안 '살아 있는' 예수님이 자신과 함께함을 체험하며 커다란 은혜를 받게 된다.

현현의 사건이 발생한 시점은 빈 무덤의 부활이 일어난 날의 오후이다. 이야기를 열어주는 시간부사 '그날에'는 이 사실을 입증한다(24.13). 두 사람의 제자가 엠마오 마을을 향해 걸어가면서 그 사이에 일어난 일을 생각하며 '슬픔'에 잠긴다. 그들이 이야기를 나누며 걸어갈 때에 예수님이 가까이 다가와 동행한다. 그러나 한동안의 산책과 대화에도 불구하고 동반자가 누구인지 알지 못한다. 그들의 눈이 '가리어져 있기' 때문이다(24.16). '눈의 닫힘'은 영적 능력의 상실을 의미한다. 물론 예수님이 비참하게 처형된 악의 도시를 떠나는 도피의 행인에게 옛 스승과의 해후란 상상하기 어려운 일이다.

예수님은 두 제자에게 서로 나눈 대화의 내용이 무엇인지 물어본다. 이에 대한 글로바의 대답은 무려 여섯 절에 걸쳐 있다(24.19-24). 전반의 세 절은 나사렛 예수의 무고한 죽음에 관한 최고의 증언이다. "말과 일에 능한 선지자"는 예수님의 신분을 나타내는 탁월한 표현이다(24.19). 이와 함께 이스라엘의 구원에 관한 기대의 좌절이 나타나 있다. 후반의 세 절은 빈 무덤의 부활에 관한 믿음의 결여를 보여준다. 그 이유는 증인들이 본 대상이 부활한 예수님이 아니라 천사이기 때문이다. 이것은 신체의 접촉으로 확인하지 못한 것을 믿지 못한 도마의 경우와 유사하다. 예수님은 도마에게 "손을 옆구리에 넣으라"고 말씀하시면서 '보지 않고 믿는 자'의 축복을 지적한다(요 20.29).

부활의 소식을 풍문으로 전해들은 제3자가 그 내용을 진실로 판단하기란 어려운 일이다. 글로바의 부정적 자세에 대해 예수님은 '이완된 마음'을 가진 '미련한 자'라고 책망한다(24.25). 이어서 율법과 예언서에 의거하여 그리스도의 고난과 영광을 자세히 설명한다(24.27).

> 모세와 모든 선지자의 글로 시작하여 모든 성경에 쓴 바 자기에 관한 것을 자세히 설명하시니라.

유대의 성서는 모세의 율법, 예언서, 그리고 기타 문서의 세 부분으로 구성된다. 앞의 두 문서는 예수님의 시대에 완전하게 정착된다. 시편이 포함된 마지막 그룹은 사실적으로 완성되기는 하였으나 몇 개의 문서의 위치가 논란의 대상이 된다. 예수님이 세 번째 유형을 생략하는 것은 구약을 예언의 시각에서 관찰하기 때문이다.

부활자에 의한 성경의 풀이는 이어지는 단락에도 수행된다. 열한 제자에게 보인 현현의 이야기에는 성경의 대상에서 앞에 언급된 두 문서에 시편이 추가된다. 즉 구약성서 전체의 해석을 통해 그리스도의 사흘만의 부활과 이스라엘의 구원이 구체적으로 설명된다(24.44-47). 두 차례에 걸쳐 이루어진 성서해석의 요점은 "어떻게 성경을 통해 메시아의 고난과 부활을 이해하는가"라는 물음이다. 성서 전체의 문맥에 관계된 기본질문은 여기에서 권위 있는 해석의 주체에 관계된다. 성서는 원래 이해하기 어려운 난해한 문서이다. 따라서 유능한 해석자에 의해 그 의미가 해명되어야 한다. 그는 은폐된 계시의 의미를 드러내는 '해석의 천사'(angelus interpres)이다. 이와 같은 고전적 해석의 관념이 현현의 이야기에 전용된다. 다시 살아난 부활자는 성경의 해석을 통해 자기 자신을 증언하고 제자들을 새로운 깨달음으로 인도한다.

의미 있는 대화가 진행되는 동안 여행자들은 마을 가까이 이르게 된다. 날이 어두워지자 두 제자는 여행을 계속하려는 동행자에게 함께 유숙할 것을 강하게 권한다(24.29).

> 우리와 함께 유하사이다. 때가 저물어가고 날이 이미 기울었나이다.

비유적으로 표현된 '날의 기울음'은 새로운 출발을 암시한다. 함축적 의미를 담은 두 문장은 후세에 찬송가 가사로 선정될 정도로 강한 여운을 남긴다. "저물었으니 함께하소서." 특별한 권유를 받은 예수님은 숙소에 들어가 제자들과 함께 식사를 나누게 된다. 바로 이 뜻밖의 식탁이 '가리어진' 제자들의 눈을 뜨게 한다. 두 제자는 함께 유숙할 손님에게 늦은 저녁식사를 대접한다. 그러나 초대받은 손님은 식탁의 자리에서 고유의 권능을 지닌 초대자로 등장한다. 그는 떡을 떼어 축사하고 두 제자에게 나누어준다(24.30). 축복받은 합일의 공동식사는 초대교회에서 '새로운 성찬예식'을 거행하는 계기가 된다.

뜻밖의 식사축도는 오천 명 급식기적과 최후의 만찬에 보인 예수님의 행동을 기억나게 한다. 제자들의 눈에는 즉시 비늘이 벗겨져 예수님을 알아보게 된다. '눈이 밝아지는' 것은 영적 개안으로 인한 새로운 인식의 작용이다. 그러자 예수님은 두 제자의 시야에서 사라진다. 이것은 시간과 공간의 제한을 넘어서는 초월자에게 가능한 일이다. 이제야 제자들은 여행의 도상에서 왜 미지의 여행 동반자의 말에 그처럼 사로잡혔는지를 깨닫게 된다. 그들이 다른 제자들에게 스스로 체험한 내용을 즉각적으로 전달한 것은 순수한 믿음에 의거한다. 이어지는 대화는 전체이야기의 정상이며 결론이다(24,32).

우리에게 성경을 풀어주실 때에 우리 속에서 마음이 뜨겁지 아니하더냐.

두 제자가 잊었던 스승을 다시 찾게 된 또 다른 중요한 이유는 성경의 풀이로 '마음이 뜨거워졌기' 때문이다. 여기에서 동사 '풀어주다'는 '열어주다'를 뜻한다. 즉 닫힌 성경의 의미를 '열어서' 드러내는 것이다. 1장 45절에는 '이해를 열어주다'라고 표현된다. 성경의 열림은 이해의 열림을 가져온다. 이와 같은 해석의 행위는 '마음의 뜨거움'을 일으킨다. 성서의 문맥에서 '타오른 가슴'은 무엇을 말하려 하나 뜻대로 되지 않아 침묵이나 고통의 압박이 발생하는 상태를 말한다. 여기에서는 내면의 영혼을 사로잡는 종교적, 영적 지각의 차원에서 이해된다. 한마디로 활발한 성령의 활동의 표시로서의 불길의 타오름을 의미한다. 성령이 작용하는 예수님은 성령으로 쓰인 성경을 이해하게 만든다.

식사를 마친 두 제자는 즉시 자리에서 일어나 예루살렘으로 돌아가 경험한 사실을 열한 제자에게 전한다(24,32-35). 그곳에 있던 제자들은 주님이 살아나서 시몬에게 다시 보이셨다고 증언한다. 예수님은 정말로 부활한 것이다(24,34). 부활자가 시몬에게 나타난 사실은 고린도전서 15장 5절에도 지적된다. 두 사람도 주님이 길에서 성경을 풀어주고 식사시간에 축도를 한 사실을 보고한다. 주님은 정말로 부활한 것이다. 두 제자의 흥분된 보고는 방안에 일어난 갑작스러운 예수님의 출현에 의해 중단된다(24,36). 이와 함께 마지막 현현의 이야기가 시작된다.

부활자가 열한 제자에게 갑자기 나타난 초자연의 사건은 현장에 있는 사람들을 공포로 몰아넣는다(24.36-43). 그들은 자신들이 본 것을 영의 존재라고 생각한다. 그러나 예수님은 '평강'의 축원으로 그들을 안심시키며 몸과 뼈와 못자국이 있는 손과 발을 보여준다. 이것은 십자가 처형의 상흔이다. 뿐만 아니라 '부활의 육체'에 관한 분명한 증거를 제시하기 위해 함께 자리에 앉아 음식을 먹는다. 죽은 자의 영이나 천사는 음식을 먹을 수 없다. 여기에 지적된 간소한 물고기의 식사는 디베랴 호수의 고기잡이 이야기의 아침식사와 병행된다(요 21.9). 두 편의 현현이야기의 중심을 형성하는 공동의 식사는 예수님이 완전히 새로운 몸으로 부활하였음을 보여주는 살아있는 징표이다.

'몸의 부활'은 부활의 장이라고 불리는 고린도전서 15장의 결론이다(15.35-58). 그리스도의 부활, 기독교인의 부활, '부활의 몸'의 세 난제로 개진된 체계적 부활의 서술은 여기에서 목표에 이른다. 새로운 단락을 열어주는 첫 절에는 주제의 전개를 위한 도입의 질문이 제기된다(15.35).

죽은 자들이 어떻게 다시 살아나며 어떠한 몸으로 오느냐.

위의 난해한 물음에는 두 가지 사항이 들어있다. 첫째, 어떻게 죽음이 삶으로 인도되는가 하는 것이다. 밀알의 비유는 삶을 계속 영위하려면 죽음이 필수적이라는 사실을 가르친다(요 12.24). 둘째, '부활의 몸'의 본질에 관한 것이다. 이에 대한 답변은 단락의 중간에 주어진다(15.44).

육의 몸으로 심고 신령한 몸으로 다시 살아나나니

위의 문장은 밀알의 숙명을 지시하는 '심음'과 '다시 태어남'의 대조에 의거한다. 그것은 '육의 몸'에서 '영의 몸'으로의 전환이다. 앞의 경우는 자연적 생명에 종속된 물리적 육체이며, 뒤의 경우는 이와 반대로 하나님의 영에 의해 지배되는 신성한 육체이다. **부활은 영적 육체로 다시 태어나는 것이다.** 예수님이 부활자로 지상에 출현한 것은 이 사실을 보여주는 확실한 증거이다. 여기에서 '몸'은 인간의 지각과 인식을 중재하는 본질적 기관이다. 다시 말해 인간 전체를 의미한다. 부활한 예수님이 제자들을 향해 "성령을 받으라"고 말하며 '숨을 내쉰 것'은 몸의 현존을 보여주는 탁월한 사례이다(요 20.22). 호흡(pneuma)의 부여는 새로운 창조를 의미한다(창 2.7). 하나님의 성령에 의해 구현된 '몸의 부활'은 부활의 현실성을 확신하게 하는 명확한 근거이다.

7) 바울의 회개의 환상

사도행전 9.1-22

사도행전의 후반은 사도바울이 수행한 세계선교의 노정을 다룬다. 초기 기독교 선교사의 중심을 형성한 역사적 과업의 전기를 마련한 것은 사울의 극적 회심에 따른 복음전파의 소명이다. 사도행전 9장 1-9절에 기록된 내용은 문서의 종반에서 바울 자신의 증언으로 두 차례나 반복된다. 한 번은 성곽의 층계 위에서 유대의 군중을 향해, 다른 한 번은 베스도 총독이 동석한 아그립바 왕의 면전에서 감행한(22.6-16, 26.12-18) 변호의 연설이다. 서로 병행된 두 단락에는 회개의 환상이 삼인칭 주어가 아니라 일인칭 주어의 형식으로 진술된다. 따라서 진술의 내용이 보다 강한 현실성을 지닌다. 세 차례에 걸친 회개의 이야기에서 과거의 이력에 관한 고백은 단계적으로 개진된다.

위대한 '민족의 선교사' 바울의 생애에 관해서는 구체적으로 알려진 것이 별로 없다. 그의 출생과 사망, 그리고 수학과정과 내용은 역사의 기록으로 남아있지 않다. 다만 그의 생애의 후반을 형성하는 선구적 선교활동은 사도행전과 저자 자신의 서신에 의해 상세하게 보고된다. 바울의 원래의 이름은 사울이다. 그는 소아시아에 있는 그리스의 도시 다소에서 태어난 로마 시민권의 소유자이다. 그의 유대의 양친은 그리스인이 아니라 '히브리인 가운데 히브리인'으로 교육을 받는다(빌 3.5). 예루살렘에서 힐렐(Hillel)의 제자인 저명한 랍비 가말리엘(Gamaliel)의 문하에서 수학한 사울은 옛 이론과 새로운 가르침 사이의 불화를 명료하게 인식하고 혁명적 운동을 말살하는 옛 전통의 수호자가 된다. 가말리엘은 산헤드린의 바리새파를 대변하는 인물이다.

스데반의 죽음 이후 기독교인에 대한 박해는 더욱 강화된다. 유대의 종교당국에 의해 주도된 집단적 박해의 주동자는 다소의 사울이다. 스데반의 최후의 장면을 가까이에서 목격한(7.58) 그에게 팔레스티나뿐만 아니라 마다스쿠스(다메섹)에 있는 신앙인을 추적하는 임무가 주어진다. 시리아의 수도이며 교통의 요지인 마다스쿠스는 디아스포라의 유대인이 거주하는 곳이다. 사울은 유대에서 시리아의 옛 도시로 도피하는 모든 믿는 자들을 체포하여 예루살렘으로 데려오기 위해 마다스쿠스로 향한다. 이 체포여행의 도상에서 그는 자신의 삶을 총체적으로 변화시킨 부활한 그리스도의 환상을 체험한다. 그때부터 그는 추적과 말살의 대상인 기독교인을 위해 싸우는 열성적 투사가 된다.

사울의 회개의 과정을 다룬 긴 복합단락은 회개의 환상(9.1-9), 아나니아와의 만남(9.10-19), 마다스쿠스 선교(9.20-22)의 세 부분으로 구성된다. 전체이야기의 중심은 사울의 삶과 종교를 총체적으로 변화시킨 회개의 환상이다. 제1부의 이야기는 사울이 대제사장을 찾아가는 장면에서 시작된다. 당시의 대제사장은 공의회를 소집하여 예수님을 심문한 가야바로 추측된다. '위협과 살의'로 가득 찬 사울이 대제사장의 허가를 받아 추적하려는 대상은 '도를 따르는 사람들'이다(9.2). '길의 추종자'를 뜻하는 특별한 표현은 초기 유대기독교에서 믿는 자들을 가리키는 명칭이다. 대제사장의 공문을 지참한 사울이 마다스쿠스에 가까이 이르자 갑자기 놀라운 계시의 사건이 일어난다. 이후에 나오는 두 변호연설에 의하면 하늘의 환상이 보인 시간은 낮 열두시이다(22.6, 26.13). 환상의 내용은 두 단계로 전개된다. 처음의 단계는 다음과 같이 묘사된다(9.3).

홀연히 하늘로부터 빛이 그를 둘러 비추는지라.

갑자기 하늘에서 비쳐오는 빛이 사울의 주변을 덮는다. 26장 12절에는 '해보다 더 밝은 빛'이라고 표현된다. 강렬한 태양의 광채는 거대한 신적 현현의 현상이다. 사울이 땅에 엎드러지자 예수님의 음성이 그의 귓전에 울려온다(9.4).

사울아 사울아 어찌하여 나를 박해하느냐.

상대방의 이름을 두 번이나 호명한 도전적 물음은 듣는 자의 마음을 깊은 곳에서 움직인다. 26장 14절에 의하면 천상의 음성은 계시의 수혜자에게 히브리어(아람어)로 들려온다. 깜짝 놀란 사울은 "주여 누구시오니이까?"라고 묻는다. 그러자 "네가 박해하는 예수라"라는 응답이 주어진다(9.5). 여기에서 사울의 마음은 완전하게 변화된다. 그는 이미 자신의 죄를 뉘우치고 새로운 신앙의 세계로 들어갈 준비가 된 것이다. 강력한 천상의 계시는 살기등

등하던 유대학자의 적개심을 순식간에 녹여버린다.

사울이 마다스쿠스 교외의 길가에서 체험한 것은 전형적인 회개의 환상에 속한다. 이와 같은 장르의 형식은 유대초기의 문서에 선호된다. 유명한 개종의 인물들이 하나님의 자기계시에 의해 추구하던 목표에 이르기 때문이다. 이를 위한 형식적 특징은 다음과 같다. 빛이 보이며 소리가 울려온다. 하나님은 '나'의 문체로 말을 한다. 그는 자신을 추구된 자로 규정한다. 개종하는 사람은 "제가 여기 있나이다"로 응답한다. 빛과 소리, 자기담화, 여기 있음은 소명의 사건을 구성하는 세 요소이다. 세 단계로 전개되는 회개의 과정은 계시의 사건을 향한 현현의 전통에 의해 인도된다.

빛과 비침은 유대의 전승에서 회개의 사건을 지시하는 기본매체이다. 빛의 빛남은 무지와 어둠의 시간에 이어진다. '백성의 빛'이라는 이사야의 인용은 빛의 담화에 관한 선교적 수용을 뒷받침한다(13.47). 빛과 소리의 특별한 결합은 회개의 사건을 지시하는 징표적 현상이다. 사울의 환상은 유대와 초기유대의 환상문학의 틀에 속한다. 그러나 여기에 서술된 내용은 새로운 형태의 것이다. 사울의 환상과 일반적 회개의 환상 사이에는 계시의 주체에 차이가 있다. 사울의 환상에서 예수님이 스스로를 계시하는 하나님의 자리에 위치한다면 그것은 예수님이 하나님을 대리한다는 사실을 지시한다.

주변의 동료들은 천상의 소리만 듣고 그 이상의 아무것도 보지 못하고 말도 하지 못한다(9.7). 그러나 세 번째 간증에는 그들이 빛을 보기는 하였으나 하늘의 음성을 듣지 못하였다고 진술된다(22.9). 이와 같은 오차는 시각과 청각의 이중환상에 관한 수용의 문제에 기인하는 것으로 보인다. 사울은 곧 땅에서 일어나 눈을 떴으나 아무것도 보지 못한다. 이것은 두 눈이 강렬한 빛과 마주친 데 기인한다. 마치 태양 속을 들여다본 자가 처음에 아무것도 보지 못하는 것과 흡사하다. 그러나 사울의 '눈 멈'은 회개의 결단에 대한 초자연의 징표이다. 그것은 새로운 영적 개안을 위한 예비단계이다. 눈이 먼 사울은 사람들의 손에 이끌려 마다스쿠스 시내로 들어간다. 이곳에서 사흘 동안 보지도 못하고 음식도 먹지 못한다. 아무것도 먹지 못한 것은 후일의 세례예식 이전의 금식행위에 연결된다.

제2부에는 사울과 아나니아의 만남이 기술된다(9.10-19). 이 부분은 회개의 환상에 이어진 후속단락이다. 여기에서 사울의 회개에 의한 최초의 선교활동이 준비된다. 아나니아는 이를 중재하는 중요한 인물이다. 마다스쿠스에는 예루살렘과 접촉이 없는 유대기독교인이 거주한다. 이들은 '도상의' 기독교인이라 불린다. 이와 같은 명명은 사울이 마다스쿠스의 '도상'에서 회개한 사실과 통한다. '그 길'은 요한복음 14장 14-16절에서 하나님에게 가는 통로로서의 예수님 자신으로 설명된다. '도상'에서의 사울의 회개는 이에 대한 회상으로 볼 수 있다.

원래부터 마다스쿠스에 살고 있던 아나니아는 예루살렘의 박해에 관해 풍문으로 들은 것으로 보인다. 따라서 기독교인을 핍박한 사울의 활동에 관해서도 이미 알고 있다(9.13). 그리스도의 복음이 어떻게 마다스쿠스에 들어왔는지는 확실하게 알려져 있지 않다. 아마도 갈릴리로부터 어떤 경로를 통해 그곳까지 전해졌을 가능성이 있다. 유대기독교인 아나니아는 22장 12절에서 바울에 의해 '율법에 따른 경건한 사람', '유대인의 칭찬을 받는' 사람으로 소개된다. 그는 예루살렘의 열두 사도처럼 성령을 중재하는 능력의 소유자이다. 그는 세례를 베풀고 성령을 부여하는 은사를 지닌 예언자이다.

아나니아의 환상과 사울의 환상은 긴밀하게 연계되어 있다(9.10-16). 두 환상의 증인은 증언의 내용을 서로 보증한다. 이와 같은 상호성의 관계는 다음 장에 등장하는 고넬료와 베드로의 환상의 경우와 동일하다. 백부장 고넬료의 환상도 전통적 유대기독교의 환상의 형태로 묘사된다(10.1-8). 하루가

지난 후 베드로에게 보인 하늘의 환상에는 두 개의 환상이 연속적으로 전개된다(10.9-16). '황홀한 중에'라는 서두의 상황 제시는 자기를 벗어나는 엑스타시의 상태를 말한다(10.10).

아나니아의 환상도 고전적 환상의 전통에 의거하고 있다. 즉 이름의 부름, 여기 있음의 응답, 이의의 제기의 3원적 도식이다. 주님은 아나니아에게 사울이 아나니아의 안수로 다시 보게 되는 환상을 이미 보았다고 전한다(9.12). 아나니아는 사울을 찾아가라는 주님의 분부에 대해 사울이 주님의 성도에게 해를 끼치고 주님의 이름을 부르는 성도를 결박할 권한을 받은 자라고 이의를 표명한다. 이에 대해 계시자는 그가 '나의 그릇(도구)'이며 "내 이름을 위하여 고난을 받아야 할 자"라고 말한다(9.16). 물론 사울은 주님의 이름을 부르는 다른 사람들에 비해 훨씬 큰 고통을 당한다. 그리스도의 왕국에서 왕을 위해 겪는 고통은 미래의 보상에 대한 확실한 징표이다.

선지자 아나니아는 하나님의 분부대로 시내의 '곧은 거리'('직가')로 바울을 찾아가 안수한다. 이와 같은 이름의 거리는 오늘날에도 존재한다. 여기에서 안수는 공동체의 징표이며 기독교인 동반자에 대한 인사의 표시이다. '사랑하는 형제'라는 호칭은 뒤의 경우를 뒷받침한다(9.17). 그러나 아나니아의 안수는 하나님에 의해 위임받은 자의 특별한 행위이다. 그는 이어서 주님이 자신에게 전한 대로 안수 받은 사람이 다시 보게 되리라고 말한다. 그러자 즉시 사울의 눈에서 '비늘 같은 것이 벗겨져' 다시 보게 된다(9.18). 이것은 영적 개안의 기적이다. 이어서 일어난 자에 대한 성령의 세례가 베풀어진다. 성령의 충만은 예언적 직분을 수행하기 위한 필수요소이다. 특별한 성령의 은사는 곧이어 수행될 힘찬 설교를 위한 동인으로 작용한다.

제3부의 내용은 비교적 간략하게 서술된다(9.20-22). 사울은 마다스쿠스에 며칠간 머물며 이방인이 아닌 유대인을 향한 선교를 수행한다. 마다스쿠스

회당에 들어가 '예수님이 하나님의 아들임을' 전파한다(9.20). 사도행전에서 단 한번 등장하는 '하나님의 아들'이라는 명칭이 사울의 첫 번째 설교에 사용된 것은 특기할 만한 일이다. 그러나 설교를 들은 유대인들은 회당의 설교자가 기독교인을 붙잡아 대제사장에게 데려올 인물이라고 말하며 커다란 충격에 사로잡힌다. 사울은 더욱 힘을 내어 자신이 증거하는 대상이 그리스도임을 강조한다. 여기에서 증거하다에 해당하는 그리스어 동사 'symbibazo'는 예언과 동시에 예언의 실현을 뜻한다.

이어지는 짧은 단락에는 생명의 위험에 처한 사울의 상황이 보고된다(9.23-25). 유대인들은 어느 정도의 시간이 지나자 회의를 소집하여 그리스도의 증언자를 살해할 것을 결의한다. 이 내용은 바울서신에서 저자 자신에 의해 직접 진술된다. 고린도후서 11장 32절에는 다음과 같이 기록되어 있다.

다메섹에서 아레다 왕의 고관이 나를 잡으려고 다메섹 성을 지켰다.

위의 구절은 공적으로 준비된 사울의 살해에 관한 구체적 진술이다. 유대교구의 지도자들은 아레타스(Aretas) 왕의 대리자와 함께 공동의 계획을 추진한 것으로 보인다. 아레타스는 당시에 이스라엘 동남쪽에 위치한 나바테아(Nabataea) 왕국을 통치한 왕이다. 이어지는 11장 33절의 내용은 사도행전 9장 25절과 거의 일치한다. 여기에는 사울의 제자들이 사울을 "광주리에 담아 성벽에서 달아 내렸다"라고 서술된다.

사울은 적대세력의 위협을 피해 예루살렘으로 피신한다. 이곳에서의 상황은 9장 26-31절에 서술된다. 사울은 예루살렘에서 제자들을 사귀려고 노력하지만 그들은 사울의 본심을 믿지 못한다. 그러나 바나바가 그들을 사도에게 데려가 사울이 어떻게 환상을 보았으며 마다스쿠스에서 설교하였는지를 전한다. 사도라는 명사는 여기에서 넓은 의미로 사용된다. 그리하여 사울은 예루살렘에서 담대하게 복음을 전파하고 그리스의 유대인들과 변론한다. 그 장소는 스데반이 활동한 예루살렘 회당이다. 그러나 다시금 생명의 위협을 느끼고 가이사랴로 갔다가 다소로 들어간다. 단락의 마지막 절에는 극심한 핍박 가운데에도 살아남은 예루살렘 교구의 평화가 지적된다(9.31).

사울이 본격적인 복음의 선포자로 등장하는 13장 9절 이후로는 그의 이름이 사울에서 바울로 바뀐다. 히브리어에서 라틴어 이름으로의 이행은 이방지역을 향한 앞으로의 선교활동을 예시한다. 바울이 수행한 세계선교의 사명은 "이방의 빛으로 삼아 땅 끝까지 구원하는" 일이다(13.47). 이 구절은 이사야에 나오는 두 번째 하나님의 종의 노래에 연유한다(49.6). 의미 있는 예언적 문장의 인용은 예수님으로부터 시작된 구원의 사역이 그의 후계자에 의해 지속적으로 수행될 것임을 지시한다.

바울이 체험한 회개의 환상은 기독교의 신앙이 계시에 의거함을 보여주는 명백한 증거이다. 저자 누가는 사도로서의 바울의 소명이 세계구원의 역사에서 차지하는 위치를 분명하게 의식하고 있다. 문서의 후반은 회개의 결단으로 하나님의 나라의 복음을 전파한 바울의 헌신의 선교사역에 바쳐져 있다. 기독교인을 추적하여 체포하는 핍박의 현장에서 바울에게 주어진 천상의 계시는 우주적 선교사역을 수행하는 결정적 계기가 된다. 부활한 그리스도와의 만남에 의해 이루어진 바울의 소명은 하나님에 의해 예비된 구원의 사건이다. 기독교 교회의 역사는 여기에서 새로이 시작된다.

참고문헌

성경구문의 인용은 성경전서 개역개정판(2010)에 의거함.

Berger, K.: Kommentar zum Neuen Testament. Gütersloh 2011.

—— Hermeneutik des Neuen Testaments. Tübingen 1999.

Bull, K-H.: Bibelkunde des Neuen Testaments. 1997 Göttingen.

Dibelius, M.: Die Formgeschichte des Evangeliums. 4. Aufl. Tübingen 1961.

Drechsel, J.(Hg.): Bibel Lexikon. Giessen 1994.

Ebner, M./ Schreiber, S.: Einleitung in das Neue Testament. 2008 Stuttgart.

Guthrie, D./ Motyer, J. A.(Hg.): Kommentar zur Bibel. Leicester 1970.

성서원본

Die Bibel. Nach Martin Luthers Übersetzung. Jubiläumsausgabe. Revidiert 2017.

문학용어

Meyers kleines Lexikon. Literatur. Mannheim 1986.

Metzler Literatur Lexikon. Hg. v. G. und I. Schweikle. 2. Aufl. Stuttgart 1990.

용어색인

성서 biblia

해석 interpretation, Interpretation

영감 inspiratio

내러티브 narrative

실천 practica

대홍수 mabbul

그리스도의 현현 Christophanie

언약 berit

거대서사 grand narrative

방주 teba, arca

머물음 nuach

무지개 qeschet

할라카 halacha

하가다 haggada

요단강 저편 eber hajjarden

영광 kabod, doxa

메시아 meschiach

갈대의 바다 jam suph

사사기 schophetim

왕의 통치에 관한 책 Basileion

이중이야기 Dublette

구원자 goel

구원하다 gaal

자비, 인애 hesed, chesed

제비 뽑음 purim

전능자 shaddai

대장부 geber

베헤못 Behemoth

리워야단 Leviathan

이것이 내력(세대)이다 elle toledot

창세기 geneseos, genesis

혼돈과 공허 tohu wabohu

혼돈의 바다 Tiamat

탑, 요새 migdol

혼돈, 혼잡 balal

태초에 bereshith

영원 nunc stans

로고스 logos

창조하다 bara

말씀 dabar

무로부터의 창조 creatio ex nihilo

궁창 raqia

형상 tselem, demut

육신 basar

영혼 nefesch

생령 nefesch hajja

성령 ruach, pneuma

하나님 Elohim

여호와 Jahwe

에덴 Heden, edinu

낙원, 과수원 paradeisos

안개 ed

배필 ezer

케루빔 cherubim

이야기 narratio

이야기하다 narro

단편 novella, Novelle

새로움 novella, novus

단편의 모형 Novellas ejemplares

역설 para-doxa

아이러니 eironeia

패러디 parodia

케리그마 kerygma

파라디그마 Paradigma

원본 origio

변두리 이야기 Perikope

현현 epiphanes

양심 syneidesis, conseientia

신화 mythous

수태고지 annunciatio

재림 parousia

배교 apostasia

불법 anomias

목수 tekton

대화 dialogs

디아트리베 Diatribe

논증 argumentatio

주장 propositio

근거 probatio

결론 sententia

나는 …이다 ego eimi

전기 biographia

구세주 salvator

가지 neser

전기적 비교 synkrisis

천사의 현현 Angelophanie

구원자 Josua

나실인 nesir

마리아 찬송 Magnificat

고난 passio, pathein

고난 받아 passus

호산나 hosianna

구원 soteria

유월절 pascha

살 sarx

언약 diatheke

산헤드린 synedrion

십자가 처형의 넘김 paredoken

프레토리움 praetorium

표제 titulus

가바다 gabbata

골고다의 길 Via Dolorosa

횡목 antenna

휴식의 장소 requies

시체의 찾음 Ossilegium

위로 받아들이다 analambano

가이사 sebastos, Augustus

엑스타시 ekstasis

자유민 libertinoi

방언 Glossolalie

경건한 eulabes

공동, 참여 koinonia

종 pais

존귀하게 되다 doxaza

내시 eunouches

기독교인 Christianos

의로움의 정당화 dikaioo

에그나티아 노정 Via Egnatia

스토아, 채색된 전당 stoa

변용 metamorphosis

강론하다 dialegomai

에베소의 문서 grammata Ephesia

재상 grammateus

각하 kratistos, egregius

유라굴로, 대형의 폭풍 Euraquilon

돛 artemion

디오스구로 Dioskouroi

소박 aidos

정절 sophrosyne

주석 exegesis, enarratio

해석학 hermeneutics, Hermeneutik

헥사메터 Hexameter

해석의 기술 ars interpretandi

불명료한 구절 ambigua

수행적 performativ

하나님에 의해 입김을 불어넣어 theopneustos

광채 apaugasma

형상 eicon

뽕나무 sykomorea

성육신 incarnation

독생자 monogenes

진리 aletheia

선물 dorea

우물의 물 phrear

샘의 물 pege

기도자 apeinosis

아바 abba

아버지 pater

엘리, 엘리, 라마 사박다니 Eloi Eloi lama sabacthani

엘리, 나의 하나님 eloi

이 사람을 보라 Ecce homo

해석의 천사 angelus interpres

증거하다 symbibazo